JN122721

刊行にあたって

　本書は、銀行業務検定試験「法務2級」に合格することを目的として編集された公式テキストです。

　銀行業務検定試験「法務2級」は論述式の試験ですので、解答にあたっては、いかにわかりやすく的確に文章をまとめるかが問われます。そのためには、十分な法務知識を必要とすることはもちろんですが、過去の出題傾向に即した練習問題を何度も解き、実際に解答を書いてみることが大切です。その際、出題の意図・ポイントを的確に把握したうえで文章をまとめる、そうした点に配慮して本書は構成されています。

　金融機関の行職員にとって法務知識は日々の業務を遂行するうえで必要不可欠なものです。とくに顧客とのトラブルが生じた場合には、迅速・的確な対応が求められます。その裏付けとして、十分な法務知識を日頃より身に付け研鑽することが肝要です。そして、その習得度合いをはかるためにも銀行業務検定試験にチャレンジしてください。

　実際の過去の問題と解答例・解説についても、『法務2級問題解説集』（銀行業務検定協会編）に最近10回分が収録されていますので、本書とあわせて有効に活用し、銀行業務検定試験「法務2級」に合格され、よりいっそう日常業務に邁進されることを祈念して止みません。

　2024年2月

経済法令研究会

目　　次

預　　金

1　預金の成立

2　預金の払戻しと銀行の免責

3　相続預金の払戻し

4　預金に対する差押え

手形・小切手

融　資

☆　**本書の内容等に関する追加情報および訂正等について**　☆

本書の内容等につき発行後に追加情報のお知らせおよび誤記の訂正等の必要が生じた場合には，当社ホームページに掲載いたします。

（ホームページ 書籍・DVD・定期刊行誌 メニュー下部の 追補・正誤表 ）

1　本書の利用方法

　本書の基本問題と応用問題は、預金、手形・小切手、融資に関するテーマについて金融機関の行職員として当然身に付けておくべき法務知識を念頭に作成されたものです。

　本書には基本問題および応用問題を掲載していますが、実際に法務2級の検定試験を受けたつもりで所定の時間内に自分で解答を書いてみて、解答例と比較検討してみましょう。自分が採点者になったつもりで、訂正を加え、採点をしてみる。それを繰り返すことによって、おのずと書き方の要領を体得できます。

　ただし、解答例はあくまで例であり、本書は紙幅の都合から正解の選択肢の理由のみの記述に絞られているところもあります。要は、解答例のほか、以下に示す本書の解説に記載されている論点等をたどりながら、3つの選択肢のそれぞれの正誤について、法律的・実務的な裏付けを踏まえて解答を書き示すことが重要なのです。

　「問題理解と解答作成ポイント」は基本問題についての解説ですが、熟読することによってテーマに対する問題点の所在と重要ポイントを把握でき、より理解を深めることができます。

　「関連事項」には、学習効果を高めるため問題に関連した重要用語と重要判例を掲げています。

　「follow up」には、一歩踏み込んだ知識や補足事項をまとめています。

　なお、2017年から2018年にかけて、立て続けに民法の大幅な改正が行われ、主に債権法（「民法第三編　債権」部分）を対象とした改正（総則その他債権法以外の改正も含む。以下、「2017年民法改正」、「2017年改正民法」という。）は2017年に成立し2020年から施行され、相続法（「民法第五編　相続」部分）を対象とした改正（関連する特別法を含む。以下、「2018年相続法改正」、「2018年改正相続法」という。）は2018年に成立し2019年から2020年にかけ

て順次施行されています。検定試験は、その時点の法律に基づいて出題されるため、一連の改正後の法律が適用されることに注意してください。そのほか民法その他の法令における成年年齢の見直しについても、2018年に成立し2022年4月に施行されました（その後を含めて民法の改正はこれまで何回か行われていますが、特に注記をしないで「改正前民法」という場合は、2017年から2018年の一連の改正前の民法をいうこととします）。

　なお、本文中に引用した判例では、2017年改正民法では使用されていない規律や用語（「債権の準占有者に対する弁済」、「時効の中断」など）が含まれていることに注意してください。

2　記述式答案の書き方

⑴　時間配分

　法務2級の検定試験は、所定の時間内に一定数の問題について三肢択一をするほか、三肢の各々について正否の理由を記載しなければなりません。したがって、1問当りの時間配分を考慮に入れて各問題に取り組む必要があります。しかし、出題のすべてについて解答が書きやすいとはかぎらないため、まずひととおり全部の問題に目をとおし、書きやすい問題から順次手をつけるとよいでしょう。最初に難しい問題に取り組んで、いたずらに時間を費やすのは得策ではありません。

⑵　ポイントの把握

　まず、問題を精読して、どこに問題のポイントがあるのか、それを素早く把握することが第1となります。出題者は必ず一定の意図のもとに出題し、受験者がそれに答えることを期待しているからです。設問と関係のないことを長々と書いても採点の際には配慮されないでしょう。

　解答の方法には、出題の趣旨に基づいてまず全般的な説明から始めて三肢について検討を加え、最後に結論を出す方法と、最初に結論を出してから三肢のそれぞれについて説明する方法があります。いずれの方法をとる

かは、問題の内容や解答の書きやすさによりますが、いずれにせよ結論が不明確であったりポイントからはずれたもので読み手にそれが伝わらなかったりすると得点に結びつかないでしょう。

(3) 表現力

出題の趣旨を正しく把握し、問題のポイントを自分なりに上手にまとめたつもりでも、記述内容が不明瞭で読み手にそれが伝わらなかったり、論理が飛躍していたりする文章では得点に結びつかないでしょう。

記述式試験では、表現力もきわめて重要な要素となります。せっかく理解していても表現力の巧拙によって得点に差がつくのです。

そのため、試験問題集や事例研究等によって、ふだんから表現力の向上に努めておく必要があります。

記述式解答を書く場合の一般的注意点は次のとおりです。

① 解答は、要領よく明瞭に書く。理解に苦しむような表現は避ける。

② 論理的に首尾一貫した文章であることを心がける。法律問題であるから、解答に矛盾があったり誤解を招くような表現は避ける。

③ 理由や根拠を明確に書く。根拠となる法令や判例がある場合は、可能なかぎり「民法○○条」とか「最高裁平成○年○月○日判決」などと文中または文末に明記する。一方で、選択肢の表現をなぞったり、その結論を逆にして書いただけでは、法的根拠の記述とはなりえないことにも注意する。

④ 解答にあたっては、誤字、脱字、「て、に、を、は」の使い方などにも注意する。

3 答案の具体例（悪い例、良い例）

法務2級の検定試験問題のなかから1つの実例をとりあげて、答案構成の方法について具体的に学んでみることにしましょう。

次の事例を読んで、以下の質問に答えてください。

> 10月15日付でAがBに振り出した当店当座小切手について、10月18日にAから「支払呈示された場合には『詐取』の事由で不渡返還してほしい」との申出があった。なお、支払資金はある。

〔質問〕　Aの申出に対する銀行の処理として、次のうち正しいものを指摘し、それぞれの正否の理由を述べてください。

(1) 「詐取」の申出が真実であることを確認しないかぎり、Aの申出には応じることはできない。

(2) 小切手の呈示期間が経過した後でなければ、Aの申出には応じることはできない。

(3) とくに疑わしい事情がないかぎり、Aの申出に応じるべきである。

〔解答例―１〕（悪い例）

択一解答　(3)

　当座勘定取引契約の法的性質は、取引先が振り出した手形・小切手の支払を銀行に委託する支払委託契約である。したがって、当座取引先Aが振り出した小切手についてAから不渡返還の申出があれば、銀行は受任者の善管注意義務として小切手を不渡返還しなければならない。次に、本件小切手は支払呈示期間内に呈示されたものであるが、委任者であるAから不渡返還の申出があった以上、Aの申出に従い不渡返還せざるをえない。

> よって、⑴、⑵は誤りで、⑶が本問の正解である。

択一解答の⑶は正しいですが、記述部分について説明不足です。

・波線①──当座勘定取引契約の法的性質の説明不足

当座勘定取引は手形・小切手の支払委託契約であるとする説明は正しいですが、同時に支払資金を銀行に寄託する消費寄託契約でもあるという点が説明不足です。

・波線②──不渡返還事由の誤り

Aから申出があれば受任者の「善管注意義務」として不渡返還するという説明は用語の使い方が不正確です。善管注意義務は一般に注意義務の程度に関する用語であって、「委任事務の処理にあたっての受任者の義務」として、返還することになります。

・波線③──支払委託取消しの効力についての説明不足

小切手の支払呈示期間内における支払委託の取消しについて説明不足です。さらに、支払呈示期間経過後でなければ支払委託の取消しの効力がない理由と、呈示期間内であっても当座取引先から支払委託の取消しの申出があれば不渡返還する理由を明確に区別して述べる必要があります。

〔解答例─2〕(悪い例)

> **択一解答** ⑵
>
> 当座勘定取引契約は、取引先が振り出した手形・小切手の支払を銀行に委託する支払委託契約と支払資金を銀行に寄託する消費寄託契約を内容とする混合契約であるとされている。したがって、AからA振出の小切手について不渡返還の申出があれば、支払委託が解消されたことになるので、不渡返還せざるをえない。しかし、小切手法は、支払呈示期間内における支払委託の取消しは、正当な小切手所持人に対して効力を有しないとしているので、呈示期間が経過した後でなけれ

ば、Aの申出に応じることはできない。よって、⑵が正解である。

・波線①——小切手所持人に対する銀行の支払義務の有無についての誤り

　呈示期間内における支払委託の取消しは、正当な所持人に対して効力を有しないとする説明が誤りです。説明の内容から択一の⑵を正解としたことになりますが、実務は⑶のとおり行われています。

・⑴と⑶についての理由の欠如

　⑵を正解とするのであれば、⑴と⑶が誤りである理由も述べてほしいところです。

　なお、当座勘定取引契約は、手形・小切手の支払委託契約と手形・小切手の支払資金を銀行に寄託する消費寄託契約を内容とする混合契約であるとする前段の説明は正しい。また、Aから不渡返還の申出があれば小切手を不渡返還せざるをえないとする説明も正しい。

〔解答例―3〕〔良い例〕

択一解答　⑶

　当座勘定取引契約の法的性質は、取引先が振り出した手形・小切手の支払を銀行に委託する支払委託契約と、その支払資金を銀行に寄託する消費寄託契約との混合契約であるとされる。このため、当座勘定取引先からその振り出した小切手について不渡返還の申出があれば、委任契約の受任者としての銀行はその申出に従う義務を負うことになり、小切手の支払をすることができない。そして、この申出事由の真偽について、判例は、支払銀行は、支払拒絶の申出の事由の真偽を調査する義務はなく、その一方的申出に従って処理するのが業務上相当であるとしている（大阪地判昭和37・9・14）。したがって、⑴は誤りである。

　なお、小切手法32条では、支払委託の取消しは呈示期間経過後にお

いてのみその効力を生じる旨を定めているが、銀行は取引先との委任契約により支払事務を担当するだけで、正当な所持人に対して小切手上の支払義務を直接負っていない。このため、たとえ呈示期間内でも取引先から決済しないで不渡返還するように申出があれば銀行は委任者である取引先の指図どおり取り扱わなければならない。したがって、(2)は誤りであり、(3)が正しく、これが本問の正解である。

◆銀行業務検定試験「法務2級」出題項目◆

	2023年10月156回
1	預金の相続
2	振込人の誤振込による預金の成立と組戻し
3	取引時確認と本人確認
4	預金に対する差押え・滞納処分の競合
5	手形の善意取得と除権決定
6	電子記録債権
7	成年後見人である顧客との融資取引
8	取引先の民事再生手続の開始と銀行の対応
9	連帯保証人に対する請求と抗弁
10	取引先の合併と債権の管理

	2023年6月155回
1	預金の相続
2	制限行為能力者の預金
3	休眠預金等活用法
4	裏書の連続の判断
5	自己宛小切手の事故届と支払責任
6	白地の不当充当と手形上の権利
7	債務の相続
8	時効の管理
9	仮差押え
10	抵当権実行と抵当権消滅請求

	2022年10月153回
1	取引時確認
2	預金の相続
3	誤振込による預金の成立と受取人の地位
4	手形の記載事項
5	線引小切手と線引の抹消
6	振出日白地手形の取扱い
7	債務の相続と担保
8	共同根抵当権の確定
9	第三者弁済
10	破産手続と相殺

	2022年6月152回
1	預金取引先の死亡と相続預金の取扱い
2	預金の差押え
3	盗難カードによる普通預金の不正払戻し
4	手形の偽造
5	線引小切手と線引の抹消
6	電子記録債権
7	高齢者との融資取引
8	信用保証協会の保証
9	個人貸金等根保証契約
10	抵当権にもとづく妨害排除請求

	2021年10月150回
1	取引先が反社である場合の当座勘定取引の解約
2	預金の相続
3	取引時確認と本人確認
4	裏書の連続の判断
5	受取人の記載のある持参人払式小切手の支払
6	小切手の依頼返却
7	時効の管理
8	貸金等根保証契約の内容と被保証債権の譲渡
9	貸付金の預金に対する差押えと相殺による回収
10	根抵当権と民事再生手続

◆銀行業務検定試験「法務2級」出題範囲◆

【預　金】

1　通　則
2　受　入
3　管　理
4　支　払
5　時　効
6　相　続
7　差押え
8　譲渡・質入
9　当座勘定
10　各種預金　ほか

【手形・小切手】

1　通　則
2　振出・記載事項
3　引受・裏書・保証
4　呈示・支払
5　線引小切手・自己宛小切手
6　利益相反・時効
7　偽造・変造・事故届・善意取得
　　　　　　　　ほか

【融　資】

1　共通事項
2　取引の相手方
3　各種の融資取引
4　担保・保証
5　管理・回収(任意・強制回収)
6　法的整理手続　ほか

【その他金融法務全般】

1　内国為替
2　付随業務
3　民商法一般
4　電子記録債権法　ほか

本書の利用にあたって
　全国銀行協会制定の銀行取引約定書ひな型は、平成12年4月18日付で
廃止され、各銀行の自己責任において銀行取引約定書を取り扱うことに
なりましたが、本書では従前の条項・内容にもとづいて解説しています。

預金

1　預金の成立

1　振込金の誤入金と預金の成立

出題【23年10月・問2／22年10月・問3】

基本問題

　　甲銀行Ｘ支店は、取引先Ａから乙銀行Ｙ支店の取引先Ｂの普通預金口座に振込を依頼されたところ、乙銀行Ｙ支店は同姓同名の取引先Ｃの普通預金口座に振込金を入金記帳し、その旨をＣに通知した。

　　この場合の法律関係について、次のうち正しいものを指摘し、それぞれの正否の理由を述べてください。

(1)　Ｙ支店がＣの預金口座に振込金を入金記帳し、その旨をＣに通知した以上Ｃの預金となる。

(2)　入金の前提となるＣを受取人とする振込が法的に存在しなかったのであるから、Ｃの口座に入金記帳されてもＣの預金とはならない。

(3)　普通預金規定によれば、為替による振込金も受け入れる旨の特約がなされているので、誤入金であってもＣの預金となる。

☞**本問のポイント**

・被仕向銀行の誤入金と預金債権の成立

問題理解と解答作成ポイント

　本問は、被仕向銀行が受取人の預金口座への振込金の入金処理に際して、誤って別人の預金口座に入金してしまった場合の預金債権の成否について理解を求めるのが出題のねらいである。

　本問のポイントの第1は、Cの預金口座に振込金を入金記帳し、その旨をCに通知したからといってCの預金になるいわれはないという点である。Cの預金とすべき法的原因・根拠が存在しないからである。

　第2に、普通預金規定には為替による振込金も預金として受け入れる旨を規定しているが、それはCが正当な受取人である場合のことであって、誤入金による振込金についてまで預金として受け入れる趣旨のものではない。事務的には、いったんCの口座に入金記帳しCに通知した以上、Cの同意を得ないと取消しできないのではないかとの危惧があるかもしれないが、そもそもCに対する振込そのものが存在しないのであるから、法的にCの預金となるわけがない。振込人の依頼どおり振込はなされたが原因関係が存在しない場合（平成8年の最高裁判例）と明確に区別する必要がある。

★関連事項

仕向銀行

　送金・振込においては資金を送付する側の銀行、代金取立においては取立手形を依頼送付する銀行をいう。

被仕向銀行

　送金・振込においては仕向銀行から資金の送付を受ける側の銀行、代金取立においては仕向銀行から取立の依頼を受けた側の銀行をいう。

《関連判例》

●振込依頼人と受取人との間に振込の原因となる法律関係が存在しない場合における振込にかかる普通預金契約の成否（最判平成8・4・26金融・商事判例995号3頁）

「振込依頼人から受取人の銀行の普通預金口座に振込みがあったときは、両者の間に振込みの原因となる法律関係が存在するか否かにかかわらず、受取人と銀行との間に振込金額相当の普通預金契約が成立する」

● 誤振込と知りながら預金の払戻しを受けた受取人の刑事責任（最判平成15・3・12金融法務事情1697号49頁）

「誤振込があったことを知った受取人が、その情を秘して預金の払戻しを請求し、錯誤に陥った銀行窓口係員から払戻しを受けた場合には、詐欺罪が成立する」

● 原因関係が存在しない振込みに係る預金の払戻請求と権利濫用（最判平成20・10・10金融・商事判例1308号60頁）

「振込依頼人と受取人との間に振込の原因となる法律関係が存在しない場合において、受取人が当該振込にかかる預金の払戻しを請求することは、詐欺罪等の犯行の一部を成す場合など、著しく正義に反するような特段の事情があるときは権利の濫用にあたる場合があるとしても、受取人が振込依頼人に対して不当利得返還義務を負担しているというだけでは、権利の濫用にあたるということはできない」

【基本問題解答例】

択一解答　(2)

　振込金による預金債権は、仕向銀行からの振込通知に基づき被仕向銀行が受取人の預金口座に入金することによって成立する。しかし、被仕向銀行の過誤により正当な受取人以外の者の口座に入金記帳されたときは、被仕向銀行が誤入金先に入金の旨を通知したとしても、その者に対する振込関係が存在しないから預金債権を取得することにはならない。したがって、(1)は誤りである。

　次に、普通預金規定2条1項は、為替による振込金をその預金口座に受け入れる旨を規定しているが、これは取引先への振込が真正であることが前提とされ、誤入金についてまで預金債権の成立を認めるものではない。つまり、Cの預金債権とすべき法的原因は存在しない。したがって、(3)も誤りである。

預
金

　前記のとおり、乙銀行Ｙ支店とＣとの間には振込自体が存在しなかったのであるから、Ｃの預金債権となるいわれはない。したがって、⑵が正解となる。

```
━━━━━━━━━━━ 応 用 問 題 ━━━━━━━━━━━
```

　　甲銀行Ｘ支店の取引先Ａは、乙銀行Ｙ支店にある「Ｂ社」の普通預金口座宛てに振込依頼をしようとして、誤って取引先名簿の隣の欄に記載されていた乙銀行Ｙ支店にある「Ｃ社」の社名等と普通預金口座を受取人欄に記載して振込手続を行い、振込金は「Ｃ社」の普通預金口座に入金記帳された。

　　この場合の法律関係について、次のうち正しいものを指摘し、それぞれの正否の理由を述べてください。

　⑴　振込依頼人Ａの指示したとおりの口座に入金されている以上、ＡとＣ社との間の振込の原因となる法律関係の存否にかかわらずＣ社の預金が成立する。

　⑵　Ａの内心の効果意思と表示された内容が一致しないから、この振込みは錯誤により取り消され、Ｃ社の預金は成立しない。

　⑶　甲銀行Ｘ支店とＣ社との間に、振込金をＣ社の預金とすべき預金契約は存在しないから、Ｃ社について預金は成立しない。

☞ **基本問題との相違点**

・振込における原因関係の存否と預金の成立

【応用問題解答例】

択一解答　⑴

　振込依頼人ＡとＣ社との間に振込の原因となる法律関係が存在するか否

かにかかわらず、Ｃ社と乙銀行Ｙ支店との間に振込金相当額の普通預金契約が成立する、とするのが判例である（最判平成8・4・26金融・商事判例995号3頁）。したがって、⑴が正解である。

　上記のように、振込による預金は原因関係の存否にかかわらず成立し、仮にＡが錯誤により振込みを行ったとしてもＡに重大な過失があるから、取り消すことはできない（民法95条3項）。したがって、⑵は誤りである。

　振込契約における仕向銀行の義務は被仕向銀行に振込資金を送金し、合わせて受取人の普通預金口座に振込依頼人からの振込金として入金を依頼することであり、振込による預金契約は仕向銀行と受取人との契約に基づいて成立するわけではないから、⑶の説明も誤りである。

~ *follow up* ~

　　被仕向銀行が誤って別人の預金口座に入金処理した場合には、その別人に対して預金債権は成立しないが、一方、振込依頼人が受取人名を誤記したことにより他人口座に入金された場合には、前記最高裁平成8年判決により、他人口座に預金債権が成立する。

　　なお、誤振込であることを知って預金の払戻しを受けた預金者について詐欺罪の成立を認めた判例があるが、当該事案における判断であり、必ず刑事責任が成立するとは言えないことに注意する必要がある。

2 　預金の払戻しと銀行の免責

預
金

2　普通預金の払戻しと銀行の免責

基本問題

　甲銀行Ｘ支店の窓口に、Ａ名義の普通預金通帳と届出印を持参した
Ａの妻Ｂが現れ、預金全額の払戻しを請求した。甲銀行の窓口担当者
はＢと面識があり格別不審な点もなかったので払戻しに応じたところ、
翌日Ａから「離婚協議中のＢが自分に無断で払戻しを行った。」との
連絡があった。

　この場合の甲銀行の預金払戻しの法律上の効力について、次のうち
正しいものを指摘し、それぞれの正否の理由を述べてください。

(1)　甲銀行は預金者と払戻請求者とが異なることを知って払戻しに
　　応じたので、払戻しは無効である。

(2)　甲銀行が、ＢがＡに無断で払戻しを請求した事実を知っていた
　　かどうかにかかわらず、離婚協議中のＢに支払った甲銀行には
　　過失があるので、払戻しは無効である。

(3)　Ｂは預金通帳と届出印を持参しており、ほかに疑うべき不審な
　　事情もなかったのであるから、払戻しは有効である。

☞本問のポイント

・受領権者としての外観を有する者への弁済規定（民法478条）の代理人
　への適用

・弁済者の過失の有無

・夫名義預金の妻への払戻しについての免責約款の適用

問題理解と解答作成ポイント

　本問は、預金の払戻しについて民法478条ないし免責約款の適用の可否をめぐる最も基本的な事例である。ポイントは、①受領権者としての外観を有する無権利者に対する弁済の効力、②預金規定の免責約款の適用の可否、③男性名義の預金を女性が払戻請求した場合の免責の可否である。

　まず、民法478条は、受領権者以外の者であって取引上の社会通念に照らして受領権者としての外観を有する者（改正前民法でいう「債権の準占有者」）に対してした弁済は、弁済者が善意・無過失の場合に限り有効としており、これにより預金者らしい外観を有する者に対して、銀行が善意・無過失で預金者と信じて払戻しを行った場合は、実は無権利者であったとしても有効な払戻しであったとみなされる。その場合、判例は、受領権者らしい外観の者が預金者本人のみならず代理人であった場合にも適用されるとしているので、男性名義の預金を女性が払戻請求した場合にも同条が適用されることになる。

　次に、免責約款は預金規定に設けられた特約で、払戻請求書の印影と届出印とを相当の注意をもって照合し、相違ないと認めて払戻しに応じた場合には、払戻しの相手方が真の預金者でなかったとしても、銀行は責任を免れるとするものである。ただし、判例・通説は、免責約款は民法478条の規定を排除もしくはその要件を軽減するものではなく、民法478条適用の一場面としてとらえている。

　なお、通帳や印鑑の紛失届や改印届が提出された場合、紛失や改印の手続きにおいて銀行に過失があると、新通帳や新届出印は確認資料として無価値であるから、新通帳・新届出印で確認しても無過失とは認定されない。

預
金

★関連事項

善意・無過失

　善意・無過失とは、ある事実を知らず、かつ知らないことについて過失がなかったことをいう。善意だけでなく無過失も加わらないと保護されない場合がある。

受領権者らしい外観の者

　たとえば、預金証書とその払戻しに必要な印鑑を所有する者、債権譲渡が無効である場合の譲受人、外観上相続人に見えるような者などである。このような者に対する弁済は、弁済者が善意・無過失である場合は有効とされる（民法478条）。

免責約款

　将来、当事者の一方が責任を負うべき事項が発生した場合に、相手方が責任を問わない旨を特約した条項で免責条項ともいう。たとえば金融機関取引では、相当の注意をして支払った預金や手形について、証書・手形・印章などの偽造・変造・盗用などがあって取引先に損害が生じても、金融機関は責任を負わない旨の免責条項を定めておくことが多い。合理的であるものは有効だが、強行法規に反したり、不当に約款の作成者の利益を図ることを内容とするものは無効である。

《関連判例》

●盗難預金通帳・印鑑による払戻しと銀行の過失の有無（最判昭和42・4・15金融・商事判例62号2頁。なお、下記記載は原審である東京高判昭和41・9・1の判決からの引用）。

「本件預金は女性名義であるのに右払戻しを請求したのは男性であったという点であるが、預金の払戻しのために来店するのは必ずしも預金者本人であるとは限らないのであるから、右の点について同支店係員が不審を懐かなかったとしてもこれをもって被控訴銀行に過失があるということはで

きない」

●債権の準占有者に対する弁済（最判昭和37・8・21民集16巻9号1809頁）

「①債権者の代理人と称して債権を行使する者も、民法478条のいわゆる債権の準占有者に当たる。②民法478条により債権の準占有者に対する弁済が有効とされるのは、弁済者が善意かつ無過失である場合に限られる」

●改印・通帳再発行後の預金払戻しと民法478条の準用（最判昭和41・11・18金融・商事判例38号2頁）

「通帳および印鑑の紛失届が銀行の誤認に基づいて受理された場合には、再発行の通帳および改印後の新印章は預金債権者の当否を確認する資料としては無価値であるから、それによる預金の支払は債権の準占有者に対する支払とはいえず銀行は過失の責を免れない」

【基本問題解答例】

択一解答　(3)

　預金通帳（または預金証書）と届出印の持参者に対する払戻しは、その払戻しの際、銀行が善意・無過失であれば、民法478条の受領権者としての外観を有する者に対する払戻しとして有効となる。本問では、預金者と払戻請求者が異なっていることは明らかであるが、民法478条は本人の場合のみならず代理人の場合にも適用されるので、別人であるという理由のみで銀行に過失ありとはいえず(1)は誤りである。

　次に、BがAに無断で払戻請求したことについてはそのような事実を銀行が知らず、また知っていなければならない事情もないから、その点につき銀行に過失はなく、払戻しは有効であるから(2)も誤りである。

　上記のとおり、預金者と払戻請求者とが別人であっても、預金の払戻しの際に銀行が無権限であるとの事実を知らず、預金通帳と届出印を持参した者に対し印鑑照合のうえ相違ないと認めて払戻しをしたのであれば、他に不審な事由のない限り銀行は善意・無過失とされ、民法478条ないし免

免責約款の適用により払戻しは有効とされる。したがって、(3)が正解である。

～ *follow up* ～

　預金の払戻しの相手方は通常は預金者であるが、預金に対して差押命令や転付命令が発令された場合のほか、預金者について成年後見が開始されたり、破産手続が開始されたような場合は預金者本人に対する払戻しは禁止される。

　成年後見が開始された場合は成年後見人が（民法859条）、破産手続が開始された場合は破産管財人が（破産法78条1項）、それぞれ本人に代わって財産管理権を行使することになるから、払戻手続は成年後見人や破産管財人に対して行うことになる（2004年の破産法改正前は破産管財人が100万円以上の払戻しを受ける場合には裁判所の許可が必要とされていたが、かかる制限は廃止されている。なお、破産手続開始決定前であっても、裁判所により保全管理人が選任された場合は、財産管理権は保全管理人に属する）。

　一方、破産手続と異なり預金者について民事再生手続が開始された場合、裁判所が管財人や保全管理人を選任したときを除いて預金者は引き続き財産の管理処分権を有するから、払戻手続も預金者本人に対して行うことになる。また、成年後見と異なり、預金者について保佐や補助が開始された場合、払戻しの相手方は預金者本人であるが、保佐については保佐人の同意が必要であり（民法13条1項1号）、補助についても補助人の同意が必要とされる場合がある（同法17条1項）。

3　印鑑照合と銀行の注意義務

基本問題

　　甲銀行の係員は、相当の注意をして見れば手形の印影と届出印鑑とが相違していることが識別できた偽造手形の支払をしてしまった。甲銀行の当座勘定規定には、届出の印鑑と手形の印影を相当の注意をもって照合し、相違ないものと認めて支払をしたときは、偽造手形であっても銀行は責任を負わない旨の免責約款がある。

　　甲銀行の責任と免責約款との関係について、次のうち正しいものを指摘し、それぞれの正否の理由を述べてください。

(1)　印鑑照合のうえ相違ないものと認めて支払をした以上、かりに銀行に過失があったとしても免責約款により銀行は免責される。

(2)　通常人の注意をもって印鑑照合を行ったのであれば、多少の相違を見落としたとしても銀行は免責約款により免責される。

(3)　印鑑照合事務に習熟している銀行員が相当の注意で熟視するならば、肉眼でも判別できるような印影の相違を見落としたのであれば、免責約款は適用されず銀行は責任を免れない。

☞本問のポイント

・印鑑照合における銀行の過失と免責約款の適用
・印鑑照合における銀行の注意義務の程度

問題理解と解答作成ポイント

　本問は、当座勘定取引契約に基づき届出の印鑑と手形上の印影とを照合するにあたって、支払担当者である銀行がどの程度の注意義務を尽くせば偽造手形を支払った場合でも当座勘定規定の免責約款により救われるかを問うものである。

　この点について最高裁判例は、①印鑑照合事務に習熟している銀行員が、社会通念上一般に期待されている業務上相当の注意義務をもって慎重に行うことが必要であり、また、②届出の印鑑と手形の印影とが符合すると認めて支払をした場合は責任を負わない旨の免責約款は、銀行が手形の印影照合にあたって尽くすべき注意義務の程度を軽減するものではないとしている。

　銀行取引における印鑑照合の注意義務の程度を示す基本的問題であり、上記判例の趣旨をよく理解しておく必要がある。

★関連事項

当座勘定規定

　当座取引を開始する際に金融機関から取引先に交付するもので、手形・小切手の受入・支払に関する取扱いや、解約・免責条項などを定めている当座勘定取引についての基本契約書である。

免責約款

　9頁参照。

《関連判例》

●手形支払に関する免責約款の効力（最判昭和46・6・10金融・商事判例267号7頁）

「銀行が当座勘定取引契約に基づき、届出の印鑑と手形上の印影とを照合するにあたっては、照合事務担当者に対して社会通念上一般に期待されている業務上相当の注意をもって慎重に行なうことを要し、右事務に習熟している銀行員が右のような注意を払って熟視するならば肉眼で発見しうるような印影の相違が看過されて偽造手形が支払われたときは、その支払による不利益を取引先に帰せしめることは許されない」

【基本問題解答例】

択一解答 (3)

　銀行の印鑑照合事務に求められる注意義務の程度は、通常人のそれよりも高度なものであり、習熟した銀行員が相当の注意を払って熟視したならば、肉眼でも識別できるような印影の相違を見落とし偽造手形の支払をした場合は銀行側に過失があり、その不利益を取引先の負担とすることは許されない。免責約款はあくまで必要な注意義務が尽くされることを前提としているものであって、銀行が注意義務を尽くさず過失ありとされたときは適用されない。

　したがって、過失があっても免責されるとする(1)および注意義務の程度を「通常人の注意」とした(2)は誤りであり、過失（見落とし）があれば免責約款は適用されないとする(3)が正しい。

```
応 用 問 題
```

　普通預金の払戻しに関する次の説明のなかで、銀行が免責されると思われるケースを指摘し、それぞれの正否の理由を述べてください。

(1)　預金者の長男が、預金通帳と、届出と異なる印鑑を持参して払戻しを請求したが、顔見知りのため払戻しに応じた。

(2)　預金者から、電話で、金種別を指定した払戻しの依頼があった。しばらくして、いつもと違う使用人が来店し払戻しを請求したが、払戻請求書の印影は不鮮明で確認できなかった。しかし、先に電話を受けていたので払戻しに応じた。

(3)　いつも銀行に出入りしている取引先の経理課長が預金通帳と届出の印鑑を持参したので払戻しに応じたところ、支払当時、同人は取引先をすでに退職していたことが後日判明した。

預
金

☞ 基本問題との相違点

・印鑑照合における免責約款に反する払戻しと過失の有無

【応用問題解答例】

択一解答　(3)

　普通預金は、原則として通帳の提示と届出印鑑との照合により払戻しに応じることになっているが、かりに無権利者に支払った場合でも、銀行が善意・無過失であれば、普通預金規定の免責約款および民法478条の法理によって銀行は免責される場合がある。

　しかし、払戻請求者が預金者の長男で顔見知りであったというだけで、本人に連絡なしに、しかも印鑑相違で支払うことは、免責されるための十分な注意義務を果たしたとはいいがたく、過失が認められる。

　また、取引先から事前に電話があったとしても、来店した使用人がいつもと違うことや、何より払戻請求書の印影が不鮮明という事情があれば、当然、取引先に電話で確認して、払戻請求書の再提出を求めるなどの措置を講じるべきであり、過失が認められる。

　これに対し、経理課長がすでに退職していたとはいえ、銀行がその事実を知らず、また知らないことに過失がなかったとすれば、銀行の善意・無過失が認められることになろう。以上から、(1)、(2)は誤りであり、(3)が正解となる。

～ *follow up* ～

　　印鑑照合事務における「相当の注意をもってする印鑑照合」に該当するには、ある程度印鑑照合事務に習熟した行職員が、平面照合の方法でもよいが、慎重に熟視する必要がある。偽造印による預金支払につき免責が認められた一例として、最高裁平成10年3月27日判決（金融・商事判例1049号12頁）がある。

4　盗難キャッシュカード・通帳による預金の払戻し

出題【22年6月・問4】

基本問題

　甲銀行の取引先Aから、盗難キャッシュカードによりATMから預金が不正に払戻しされたとの連絡があった。甲銀行は、預金が不正に払戻しされたことについて善意・無過失であったが、甲銀行のAの損害についての補てん義務について、次のうち正しいものを指摘し、それぞれの正否の理由を述べてください。

　⑴　甲銀行は善意・無過失であるから、民法478条により受領権者としての外観を有する者に対する弁済として有効とされ、Aの過失の有無にかかわらず、Aの損害を補てんする義務はない。

　⑵　甲銀行が善意・無過失で、Aに過失があったことを証明した場合は、甲銀行は払戻金額の4分の3を補てんしなければならない。

　⑶　甲銀行が善意・無過失で、カードの不正使用についてAに重大な過失があったことを証明した場合でも、甲銀行はAの損害の全部または一部を負担しなければならない。

☞本問のポイント

・盗難カードによる不正払戻しと民法478条
・根拠法令の理解
「偽造カード等及び盗難カード等を用いて行われる不正な機械式預貯金払戻し等からの預貯金者の保護等に関する法律」
・偽造・盗難キャッシュカードに関する預金者保護の申し合わせ（平成17年10月全国銀行協会、以下「預金者保護申し合わせ」という。）
・カード規定試案（平成18年10月6日全国銀行協会）

問題理解と解答作成ポイント

　本問は、「偽造カード等及び盗難カード等を用いて行われる不正な機械式預貯金払戻し等からの預貯金者の保護等に関する法律」（以下「預貯金者保護法」という）に基づく出題である。同法は、偽造・盗難カードを用いたＡＴＭ等からの不正な預貯金引出しが続発し、深刻な社会問題となったことから立法化されたものである。同法により保護される払戻しには、総合口座の貸越などのＡＴＭによる借入れも含まれる。本問のポイントは、①偽造カードを使用したＡＴＭ等の預金払戻機による払戻しについては民法478条の適用は排除されるが、盗難カード（盗取された真正カード）を使用したＡＴＭ等の預金払戻機による払戻しには同法と重ねて民法478条が適用されること、②盗難カードの被害者である預貯金者に対して、銀行がその損害を補てんするのはどのような場合か、③銀行が補てんする負担割合は預貯金者の過失の程度により異なる、ということである。

　なお、全国銀行協会は、平成20年2月19日、預金者保護および信頼性確保の観点から、預貯金者保護法の対象となっていない盗難通帳およびインターネット・バンキングによる預金等の不正払戻しにつき、銀行に過失がない場合でも、預金者に責任がない限り、積極的に補償に応じる旨の申し合わせを行い公表した。

　その骨子は、従来の預貯金者保護法に基づく偽造・盗難キャッシュカードの被害補償に加え、盗難通帳やインターネット・バンキングについても、銀行が無過失であっても補償対象とすることであり、本文のほか、「普通預金規定（個人用）［参考例］」、「重大な過失または過失となりうる場合」、「インターネット・バンキングに係る補償の対象・要件・基準等について」を公表している。補償の対象は、盗難通帳およびインターネット・バンキングのいずれも、預貯金者保護法と同様に個人としている。

　補償基準については、いずれも預金者無過失の場合は銀行無過失のとき

でも全額補償としているが、預金者に過失・重過失がある場合については、それぞれの取引の形態に応じた規定が設けられている（参考：「銀行法務21」687号28頁）。

★関連事項

真正カード等・偽造カード等・盗難カード等

預貯金者保護法では、①「真正カード等」とは、預貯金等契約に基づき預貯金者に交付された預貯金の引出用のカードまたは通帳（通帳によりＡＴＭから払戻しができる金融機関があったため通帳も含まれている）、②「偽造カード等」とは真正カード以外のカード等やこれに類似するもの、③「盗難カード等」とは、盗取された真正カード等をいう（同法2条3～5項）。金融機関が作成したカードでも、預貯金者に交付される前に盗取された場合は偽造カードになる。

偽造カードによる払戻しの効力

偽造カードによる払戻しは、預貯金者に故意がある場合、または金融機関が善意無過失で預貯金者に重過失がある場合のみ、有効な払戻しとなる（預貯金者保護法4条1項）。

盗難カードによる払戻しの効力

盗難カードによる払戻しについては民法478条の適用が排除されないので、金融機関が善意無過失であれば有効な払戻しとなるが、その場合でも、預貯金者はその故意によることが証明された場合を除き、預貯金者保護法に基づき金融機関に対して損害の補てんを請求できる（預貯金者保護法5条）。ただし、以下のような条件等が定められている。

⑴　金融機関に対して速やかに盗取された旨を通知し、状況の説明や捜査機関に対して被害届を提出したことの申し出等を行ったことが条件とされる（同条1項）。

⑵　金融機関が善意・無過失で、かつ預貯金者に過失があった場合は、

補てん額は払戻金額の４分の３とされる（同条２項）。

(3)　金融機関が善意無過失で、かつ①預貯金者に重過失があったこと、②払戻しが預貯金者の配偶者、二親等以内の親族、同居の親族その他の同居人または家事使用人によって行われたこと、③預貯金者が重要な事項について金融機関に虚偽の説明を行ったことのいずれかに該当する場合などは金融機関は補てん義務を負わない（同条３項）。

過失・重過失

全国銀行協会が公表した「偽造・盗難キャッシュカードに関する預金者保護の申し合わせ」（平成17年10月６日）には「重大な過失または過失となりうる場合」が例示されている。

重大な過失となりうる場合の例としては、①本人が他人に暗証番号を知らせた場合、②本人が暗証番号をキャッシュカード上に書き記していた場合、③本人が他人にキャッシュカードを渡した場合、④その他上記と同程度の著しい注意義務違反が認められる場合があげられている。

また、過失にあたる例として、金融機関から個別的、具体的、複数回にわたる変更要請を受けていたにもかかわらず生年月日などを暗証とし、かつキャッシュカードと暗証を推測させる免許証などの書類をともに携行・保管していた場合などがあげられている。

【基本問題解答例】

択一解答　(2)

盗難カードによる払戻しについては、民法478条の規定と預貯金者保護法がいずれも適用されるため、甲銀行が善意・無過失で弁済が有効とされる場合であっても、預貯金者保護法に基づきＡの過失の有無とその程度により甲銀行がＡの損失を補てんしなければならない場合がある。

甲銀行がＡに過失があったことを証明した場合でも、その過失が重大な過失でないかぎり甲銀行はＡの損失の４分の３を補てんしなければならな

い（預貯金者保護法5条1項・2項）。また、甲銀行が善意・無過失であり、Aに重大な過失があった場合には、甲銀行は補てん義務を免れる（預貯金者保護法5条3項1号イ）。

　以上により、(2)が正解である。

応 用 問 題

　甲銀行の取引先Aから、キャッシュカードが盗難にあい、それを使用してATMから預金を不正に払戻しされたとの連絡があった。甲銀行は、預金が不正に払戻しされたことについて善意・無過失であったが、この場合の甲銀行のAに対する損害補てん義務について、次のうち正しいものを指摘し、それぞれの正否の理由を述べてください。

　(1)　Aが、生年月日など容易に推測される暗証番号を設定していたときは、Aに当然に重過失が認められ甲銀行は補てん義務を負わない。

　(2)　Aの同居している子がAのキャッシュカードを盗取して使用したことを甲銀行が証明できたときは、甲銀行は補てん義務を負わない。

　(3)　普通預金口座には残高がなく払戻しが総合口座の貸越によって行われたときは、甲銀行は補てん義務を負わない。

☞ **基本問題との相違点**

・**盗難カードによる払戻しに関して銀行が補てん義務を負う場合**

【応用問題解答例】

択一解答 (2)

　預貯金者保護法では、盗難カードにより不正な払戻しが行われた場合、

銀行は原則として預金者の損害を補てんする義務を負うが、銀行が善意・無過失で、かつ預金者に過失がある場合は補てん対象額の4分の3を補てんすればよく、重過失がある場合は補てん義務を免除される（同法5条2項、3項1号イ）。しかし、生年月日や電話番号など推測しやすい暗証番号を設定していた場合でも、それだけでは預金者の過失や重過失は認められない。したがって、⑴は誤りである。

　預貯金者保護法では、銀行が善意・無過失で、不正払戻しが預金者の配偶者や二親等以内の親族、同居の親族等によって行われたことを証明したときは、補てん義務を負わないとされている（同法5条3項1号ロ）。したがって、⑵は正しく、これが本問の正解である。

　預貯金者保護法による補てんに関する規定は、総合口座の貸越による払戻しについても適用される（同法5条4項）。したがって、⑶は誤りである。

～ *follow up* ～

　近年の金融犯罪に関する主要な立法としては、ほかに平成19年制定の振り込め詐欺救済法（犯罪利用預金口座等に係る資金による被害回復分配金の支払等に関する法律）が挙げられる。同法は、預金口座等への振込みを利用して行われた詐欺等の犯罪行為のよる被害者に対して、当該犯罪行為に利用された預金口座等の資金を分配することにより、その被害を回復することを目的としている。ただし、対象が「振込み」を利用した犯罪行為に限られること、原資は犯罪行為に利用された預金口座等の残高の範囲に限られることなどの制約があり、同法によっても個人等を対象とした詐欺行為について損害が全て回復する訳ではない。ちなみに、同法が適用される場合には、預金保険機構が一定の役割をはたすこととされているが、預金保険機構から不足額が拠出されることはない。

3　相続預金の払戻し

5　相続預金の帰属
出題【23年10月・問1／23年6月・問1／22年10月・問2／21年10月・問2】

基本問題

　甲銀行の預金取引先Eが死亡した。調査したところ相続関係は以下のとおりであることが判明した。Eに遺言はなく姉Dは相続開始後に相続を放棄している。この場合の預金の法定相続分について、次のうち正しいものを指摘し、それぞれの正否の理由を述べてください。

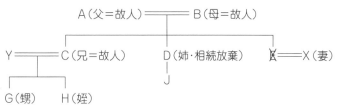

(1)　Xの法定相続分は預金全部に及ぶ。

(2)　Xの法定相続分は4分の3、Jの法定相続分は4分の1である。

(3)　Xの法定相続分は4分の3、GとHの法定相続分はそれぞれ8分の1である。

☞本問のポイント

・法定相続分
・相続放棄の効力
・代襲相続制度

問題理解と解答作成ポイント

　本問は、相続放棄と代襲相続があった場合の法定相続分に関する問題で

ある。銀行業務では、預貸取引を問わず相続がらみの問題が日常ひんぱん
に発生するだけに相続に関する一応の知識は持ち合せておく必要がある。
本問の第1のポイントは法定相続分であるが、法定相続分は民法900条に
明記されている。もっとも、遺言や遺産分割協議などがあった場合は、原
則としてそれらが優先して相続分が決まることに留意する必要がある。第
2は、相続放棄であるが、相続放棄をした者は、その相続に関しては、は
じめから相続人とならなかったものとみなす（民法939条）とされている。
第3に、代襲相続の有無と代襲相続人の相続分が問題となるが、代襲相続
人は被代襲相続人の法定相続分を同順位（頭割り）で相続することを理解
しておけばよい。

★関連事項

相続分

　相続人が数人いる場合に、各相続人が相続すべき相続財産の割合をいう。
指定相続分と法定相続分とがある。前者は、被相続人の遺言または第三者
に委任して相続分を指定することである。後者は、法律の規定による相続
分の割合で民法900条に定められている。これによると、配偶者と子が相
続人のときは、配偶者が2分の1、他を同順位で子が均分相続する。配偶
者と直系尊属とが相続人のときは、配偶者が3分の2、他を直系尊属が同
順位で均分相続する。配偶者と兄弟姉妹が相続人のときは、配偶者が4分
の3、他を兄弟姉妹が均分相続する。

代襲相続

　相続開始以前に、推定相続人である子または兄弟姉妹が死亡・相続欠格
または相続人の廃除によりその相続権を失った場合、その者の子が同順位
でする相続をいう。推定相続人が相続放棄をした場合は代襲相続はできな
い。胎児であっても上記の条件が備わった場合には代襲相続が認められる。
　なお、代襲者がすでに死亡などで代襲相続できない場合は、代襲者の子

がさらに代襲相続をすることになる。これを再代襲というが、再代襲は直系卑属についてのみ認められ、兄弟姉妹には認められない(民法887条・889条・939条)。

相続放棄

相続人が相続そのものをしないという意思表示をいう。相続した財産を放棄する場合と異なる。相続の放棄は、家庭裁判所への申述という形でなされなければならず、その受理によりはじめて有効に成立する。相続人は自己のために相続の開始があったことを知った時から3か月以内に放棄もしくは限定承認をしないかぎり、単純承認をしたことになる。相続を放棄した者は、その相続については、はじめから相続人とならなかったものとみなされる(民法915条・916条・938条・939条)。

《関連判例》

●嫡出でない子の相続分(最決平成25・9・4金融・商事判例1429号10頁)

「民法900条4号ただし書(平成25年12月改正前)の規定のうち嫡出でない子の相続分を嫡出子の相続分の2分の1とする部分は、遅くとも平成13年7月当時において、憲法14条1項に違反していたものである」

※本判決を受けて、民法900条4号ただし書の該当部分は削除されている。

【基本問題解答例】

択一解答 (3)

被相続人に配偶者がいる場合は、常に相続人となる(民法890条)。また、被相続人に直系卑属も直系尊属もいない場合、兄弟姉妹がいれば相続人となる(民法889条1項2号)。その兄弟姉妹が相続開始以前に死亡したときは、その子が代襲して相続する(同条2項)。したがって、GとHも相続人となる。

一方、Dは相続を放棄しているが、相続を放棄した者は、その相続についてはじめから相続人とならなかったものとみなされるから(民法939条)、

Dの子であるJについては代襲相続の規定は適用されない。したがって、設問の相続における法定相続人はX、G、Hの3名であるから、(1)と(2)は誤りである。

　この場合に、Xの法定相続分は4分の3、GとHはすでに死亡したCが受けるはずであった相続分4分の1を同順位で代襲相続することになるから、それぞれの法定相続分は4分の1×2分の1の8分の1となる（民法900条3号、901条2項）。よって、(3)が正解である。

~ follow up ~

　　相続人の範囲を確定するために、従前は各金融機関等に対して出生以来の被相続人の戸籍謄本の「束」の提出を求められていたが、2017年5月に全国の登記所（法務局）において「法定相続情報証明制度」が開始され、登記官が認証文を付した法定相続一覧図により相続人の範囲を確定することができるようになった。

6 相続預金の性質と払戻手続

出題【22年6月・問1／21年10月・問2】

基本問題

　甲銀行は、預金者Aが死亡したことを新聞広告で知った。法定相続人は、妻B、長男C、次男Dの3人である。この場合の甲銀行の相続預金の取扱いについて、次のうち正しいものを指摘し、それぞれの正否の理由を述べてください。

(1)　法定相続人の1人から単独で払戻請求を受けた場合、法令で認められた一定金額を上回る部分については、法定相続分の範囲内の金額であっても、他の相続人の同意がなければ払戻しには応じられない。

(2)　Aとの間で契約した公共料金の自動支払契約は、共同相続人全員が当然に承継することになるから、そのまま継続することができる。

(3)　法定相続人の1人から単独で払戻請求を受けた場合、葬儀費用に充てるのであれば有効な払戻しになるので、他の相続人の同意がなくても払戻しに応じて差し支えない。

☞本問のポイント

・金銭債権の共同相続に関する最高裁決定（平成28・12・19）
・当事者の死亡による委任契約の終了
・葬儀費用の性質

問題理解と解答作成ポイント

　後述する平成28年最高裁決定以前は共同相続における相続財産は、共同相続人全員の共有となるが（民法898条）、相続財産中に預金のような可分

債権があるときは、その債権は法律上当然に分割され共同相続人がその相続分に応じて権利を承継し、遺産分割の対象にはならないと解するのが確定した判例とされてきた（最判平成16・4・20金融・商事判例1205号55頁など）。

　一方、銀行実務では、現実の対応として、遺言の有無、相続の放棄、相続人の欠格・廃除事由の有無、遺贈の有無など相続分に影響をきたす事情の確認が困難であり、また、遺産分割協議の有無を確認することも難しいことから、相続預金について各相続人の実際の権利と異なる取扱いを防止し、相続をめぐる無用なトラブルに巻き込まれることを回避するため、相続人全員の同意に基づき相続預金を払い戻す取扱いが慣行化されていた。

　もっとも、この取扱いは前掲判例の立場と相容れないという批判を受け、法定相続人の一人から単独で払戻請求を受けた場合、遺言書の存在や既に遺産分割協議が開始されていることがうかがわれるなどの特段の事情がなければ、法定相続分の範囲内の金額であれば払戻しに応じるのが一般的になりつつあった。

　ところが、このような状況下で、最高裁は、預貯金債権について、普通預金債権や通常貯金債権については1個の債権として同一性を保持しながら常にその残高が変動し得、また預貯金契約上の地位を準共有する共同相続人が全員で解約しない限り契約が終了しないという性質、定期貯金債権については通常貯金より高い利率が適用される前提として分割払戻しが制限されていることなどを理由に従前の判例を変更し、共同相続された普通預金債権、通常貯金債権及び定期貯金債権は、いずれも、相続開始と同時に当然に相続分に応じて分割されることはなく、遺産分割の対象となると判示した（最決平成28・12・19金融・商事判例1510号37頁）。

　なお、銀行の定期預金債権については当該事案における相続財産に含まれていなかったため触れられていないが、同様に相続分に応じて当然に分割されるとは解されないことになろう。但し、当該決定では預貯金債権特

有の性質等が理由とされており、預貯金債権以外の可分債権（例えば交通事故などの不法行為に基づく損害賠償請求権）に直ちに適用されるものではないことに注意する必要がある。

　この結果、遺産分割協議や審判が終了するまで各相続人の具体的な相続分は確定しないから、銀行としては、法定相続人の一人から単独で払戻請求を受けた場合、原則として共同相続人全員の同意がなければ、法定相続分の範囲内の金額であっても払戻しに応じることはできないことになる。

　次に、公共料金の自動支払契約は、銀行が預金者の預金口座から収納企業の預金口座への口座振替事務の委任を受けるものであると解されている。一方、民法653条は、委任者または受任者の死亡または破産により委任契約は当然に終了するとしている。B・C・DがAの委任契約上の地位を当然に相続することはない。

　民法は、葬儀費用を原因として生じた債権には、先取特権が付されていることを認めている（民法306条・309条）。つまり、葬儀費用は相続人全員の負担とすべきものであるから、葬儀費用を負担した者は相続財産から優先して弁済を受けることができるという意味である。しかし、この先取特権は、債務者の総財産上に存するものであって、銀行預金という特定の財産上に存するものではなく、相続預金を支払う根拠にはならない。したがって、相続人の同意なく支払っても差し支えないとする法的根拠は存在しない。

　なお、2019年改正相続法では相続預貯金の払戻し制度が創設され、各共同相続人は、遺産に属する預貯金債権について一定額（相続開始時の預貯金額の3分の1に法定相続分を乗じた額。ただし一金融機関あたり150万円を上限とする）までは他の共同相続人の同意がなくても単独で払戻しを受けることができることとなった（民法909条の2）。

★関連事項

共同相続

　数人の相続人が、共同して同一の相続財産（資産、負債）を承継すること。相続人が1人の場合の単独相続に対する概念である。共同相続の場合、相続財産は相続人の共有となるが、遺産分割によってこの共有関係は終了する。

先取特権

　法律で定める特定の債権を有する者が、その債務者の総財産、特定の動産または不動産について、他の債権者に優先して自己の債権の弁済を受けることができる法定担保物権をいう（民法306条・309条）。

《関連判例》

●特定の相続人に「相続させる」旨の遺言の効力（最判平成3・4・19金融・商事判例871号3頁）

「特定の遺産を特定の相続人に「相続させる」趣旨の遺言があった場合には、当該遺言において相続による承継を当該相続人の意思表示にかからせたなどの特段の事情のない限り、何らの行為を要せずして、当該遺産は被相続人の死亡の時に直ちに相続により承継される」

●相続させる旨の遺言により遺産を相続させるものとされた推定相続人が遺言者の死亡以前に死亡した場合の当該遺言の効力（最判平成23・2・2金融・商事判例1366号21頁）

「遺産を特定の推定相続人に単独で相続させる旨の遺産分割の方法を指定する「相続させる」旨の遺言は、当該推定相続人が遺言者の死亡以前に死亡した場合には、遺言者が、当該推定相続人の代襲者その他の者に遺産を相続させる意思を有していたとみるべき特段の事情のない限り、効力を生じない」

●預貯金債権の共同相続の効果（最決平成28・12・19金融・商事判例1508号10頁）

「共同相続された普通預金債権、通常貯金債権及び定期預金債権は、いずれも、相続開始と同時に当然に相続分に応じて分割されることはなく、遺

産分割の対象となる」

【基本問題解答例】

択一解答 (1)

　相続財産のなかに預金債権のような可分債権があるときについて、最近の判例によると、預貯金債権については当然に分割されることはなく、準共有の状態にあり遺産分割の対象となるとされている（最決平成28・12・19）。そうすると、遺産分割協議や審判により各共同相続人の具体的な相続分が確定するまでは預貯金債権について各相続人の承継する金額は確定しないから、銀行は、法定相続人の一人から単独で払戻請求を受けた場合、法令で認められた一定金額を上回る部分については、共同相続人全員の同意がなければ、法定相続分の範囲内の金額であっても払戻しに応じることはできない（民法909条の2）。したがって、(1)が正解である。

　公共料金の自動支払契約は、銀行が預金者の預金口座から収納企業の預金口座への口座振替事務の委任契約と解されているが、委任契約は、委任者または受任者の死亡により終了するから（民法653条）、相続人がその地位を当然に承継することはない。よって、(2)の説明は誤りである。

　また、民法は、葬儀費用を原因とした債権には先取特権が付されていることを認めているが、この先取特権は債務者の総財産の上に存するものであって、銀行預金という特定の財産の上に存するものではなく、相続預金を支払う根拠にはならない。したがって、葬儀費用であっても他の相続人の同意なく相続預金からの払戻しに応じると有効な払戻しとならない場合がある。(3)の説明も誤りである。

預
金

~ follow up ~

　　2018年改正相続法では、遺産分割前の預貯金債権の仮分割の
仮処分の規定が設けられたり（家事事件手続法200条 3 項）、相
続時の預貯金額の 3 分の 1 に相続人の法定相続分を乗じた金額
については単独での払戻請求を認める（民法909条の 2 ）など
の手当てがなされている。

7　共同相続人の１人による取引経過の開示請求

出題【23年10月・問１／23年６月・問１／21年10月・問２】

（基本問題）

　　甲銀行は、預金取引先Ａが死亡したところ、数日後にＡの共同相続人の１人であるＢから、Ａ名義の預金口座の取引経過について開示を求められた。この場合の甲銀行の対応について、次のうち正しいものを指摘し、それぞれの正否の理由を述べてください。

　⑴　預金規定に開示請求に応じる旨の定めはないので、応じることはできない。

　⑵　Ｂは単独で開示を求めることはできない。

　⑶　甲銀行はＢに対して開示請求に応じる義務があるから応じなければならない。

☞本問のポイント

・預金契約の性質
・金融機関の預金者に対する預金口座の取引経過開示義務の有無
・共同相続人の１人による被相続人名義の預金口座の取引経過開示請求権行使の可否
・開示請求を認める最高裁判決（平成21・1・22）

問題理解と解答作成ポイント

　本問は、相続人の１人が金融機関に対して相続預金の取引経過の開示を求めた訴訟の最高裁判決（平成21・1・22金融・商事判例1314号32頁）に基づく出題である。最高裁は、①「金融機関は預金者の求めに応じて預金口座の取引経過を開示すべき義務を負う」、②「預金者の共同相続人の一人は、被相続人名義の預金口座の取引経過の開示を求める権利を単独で行使する

ことができる」との判決を下した。金融機関の預金取引経過の開示義務に
ついては、これまで明示的にこれを認める法律は存在せず、また、普通預
金規定にもその旨の定めはない。裁判例でも開示義務を認める見解と認め
ない見解に分かれていた。金融実務では、預金者本人または相続人全員の
同意があれば可能な限り開示に応じたとしても、共同相続人の１人から相
続預金の取引経過の開示を求められた場合は応じないことが多かったよう
である。開示した場合の守秘義務違反のおそれや、相続人のトラブルに巻
き込まれたくないといった理由からである。しかし、この判決によって預
金者の取引経過開示請求権とそれに対する金融機関の開示義務が明確に認
められたことになるから、金融実務でもこの判決に即して対応すればよい
ことになる。なお、同判決は、その理由の中で、預金契約に基づき金融機
関の処理すべき事務には、預金の返還だけでなく、振込金の受入れ等など
委任事務ないし準委任事務の性質を有するものも多く含まれており、預金
口座の取引経過は、預金契約に基づく金融機関の事務処理を反映したもの
であるから、預金者にとって、その開示を受けることが金融機関の事務処
理の適切さについて判断するために必要不可欠である、と従来の判例より
も一歩踏み込んだ判断を示している。

《関連判例》

●金融機関の相続人への相続預金の取引経過開示義務（最判平成21・1・
　22金融・商事判例1314号32頁）

「1　金融機関は、預金契約に基づき、預金者の求めに応じて預金口座の
　　取引経過を開示すべき義務を負う。

　2　預金者の共同相続人の一人は、他の共同相続人全員の同意がなくて
　　も、共同相続人全員に帰属する預金契約上の地位に基づき、被相続人
　　名義の預金口座の取引経過の開示を求める権利を単独で行使すること
　　ができる」

●訴訟の当事者である預金者について文書提出命令を受けた場合の取引経

過開示義務（最決平成19・12・11金融・商事判例1289号57頁）
「金融機関が民事訴訟において訴訟外の第三者として（文書提出命令により）開示を求められた顧客情報について、当該顧客自身が当該民事訴訟の当事者として開示義務を負う場合は、同情報は、金融機関がこれにつき職業の秘密として独自の利益を有するときは別として民事訴訟法197条1項3号にいう職業の秘密として保護されない」

【基本問題解答例】

択一解答　⑶

　預金契約に基づき金融機関の処理すべき事務には委任事務ないし準委任事務の性質を有するものも含まれており、預金者の求めに応じて預金口座の取引経過を開示することもその事務の1つとされている。したがって、預金規定に開示請求に応じる定めがないから応じることはできないとする⑴の説明は誤りである。Bは共同相続人全員に帰属する預金契約上の地位に基づき、A名義の預金口座についてその取引経過の開示を求める権利を単独で行使することができる（民法264条・252条5項）。よって、⑵も誤りで、⑶が正解である。

～ *follow up* ～

　　本判決（平成21・1・22）により、金融機関の預金取引開示義務が明確にされたので、預金者本人からはもちろん預金者の相続人の1人からでも取引経過の開示請求があればこれに応じてよいことになる。ただし、本判決では開示請求が権利の濫用に当たり許されない場合があると考えられるとしているものの、その範囲、対象がどの程度のものであるか今後に問題は残ることになる。

4　預金に対する差押え

8　預金に対する差押えの競合

出題【23年10月・問 4 ／22年 6 月・問 2 】

基本問題

　甲銀行は、Ｂ税務署から取引先Ａの期日到来済みの定期預金60万円に対する滞納処分による差押通知を受理したが、その後、さらに、Ａの債権者Ｃの申立てによる差押命令を受理した。滞納処分による差押金額は50万円、Ｃの差押金額は100万円であった。

　この場合の甲銀行の処理について、次のうち正しいものを指摘し、それぞれの正否の理由を述べてください。

(1)　定期預金60万円を差押金額で案分し、Ｂ税務署に20万円、Ｃ債権者に40万円それぞれ支払う。

(2)　差押えが競合しているので、60万円全額を供託する義務がある。

(3)　滞納処分による差押えが優先するので、Ｂ税務署に50万円、残額10万円をＣ債権者に支払うか、または、60万円全額を供託する。

☞ 本問のポイント

・滞納処分による差押えと民事執行法による差押えの優先関係
・第三債務者に供託義務が発生する場合

問題理解と解答作成ポイント

　預金に対する差押えが競合するケースはいろいろあるが、本問は、滞納処分と民事執行による差押えが競合した場合の優先関係を問うものである。

　基本は、租税優先の原則により差押えの先後を問わず租税債権が優先するということである（国税徴収法 8 条）。滞納処分と民事執行法上の差押えが競合した場合であっても、滞納処分が先行しているときは徴税職員の取立てに応じて支払ってよい。もっとも、「滞納処分と強制執行等との手続の調整に関する法律」（以下、滞調法）は、第三債務者は差し押えられた債権の全額を供託できるとしているから（権利供託。同法20条の 6 ）、本問の場合は供託してもよいことになる。

　一方、供託には、差押えが競合した場合に被差押債権の全額を第三債務者に供託することを義務づけている義務供託がある。その主な場合は、①民事執行による差押え・仮差押えが競合する場合（民事執行法156条 2 項、民事保全法50条 5 項）、②民事執行による差押命令があった後に滞納処分による差押通知があった場合（滞調法36条の 6 ）である。したがって、民事執行法による差押えが滞納処分に先行し、差押えと滞納処分が競合しているときは、第三債務者は供託しなければならない。

　預金に対する民事執行上の差押えと滞納処分による差押えが競合した場合の銀行の取扱いについて分説すると、次のとおりである。

　①民事執行上の差押えが先着の場合は、差押預金の全額を供託し、供託した旨の事情届を執行裁判所に提出しなければならない（義務供託。滞調法36条の 6 第 2 項）。

　②本事例のように滞納処分による差押えが先着の場合は、預金全額を供託してもよいし、滞納処分による差押金額を徴収職員に支払ってもよい。供託をしたときは、その事情を徴収職員に届け出なければならない（滞調法20条の 6 第 2 項）。

　③滞納処分による差押えがなされている預金に対して転付命令が送達されても転付命令は効力を生じない。逆に転付命令が先着の場合は、その転付命令が確定することによって滞納処分による差押えは効力を生じないことになる。

預
金

★関連事項

差押えの競合

　たとえば、100万円の預金に対して、60万円と80万円の差押命令が発せられた場合のように、被差押債権（預金100万円）をもって差押債権の合計額（140万円）を満足できない状態をいう。この場合、各差押えの効力は100万円の預金全額に及ぶ。

差押命令

　金銭債権（たとえば、預金）に対する執行手続において、執行裁判所が第三債務者（銀行）に対し預金の支払を禁止し、債務者（預金者）に対し預金の処分を禁止することを命じる執行処分をいう（民事執行法143条・145条）。

権利供託

　債権の差押命令を受けた第三債務者は、民事執行法156条1項に基づいて、被差押債権の全額を債務履行地の供託所に供託して債務を免れることができる。この供託をするかしないかは第三債務者の任意であるので、同条2項の義務供託に対して権利供託という。

義務供託

　第三債務者が行う執行供託のうち、(仮)差押えの競合などが生じた場合、民事執行法156条2項に基づいて義務として行うべき供託のことをいう。

【基本問題解答例】

択一解答　(3)

　滞納処分による差押えと民事執行法による差押えが競合した場合は、前者が先行する場合は滞納処分が優先し徴税職員に支払うか供託することができ、後者が先行する場合は供託しなければならないから（滞調法20条の5、20条の6、36条の6）、案分して支払うとする(1)は誤りである。

　上記のように、滞納処分による差押えが先行し、その後に民事執行による差押えが行われ差押えが競合したときは、滞納処分による差押えに関する徴収職員等の取立てに対してまず支払い、残額から民事執行による差押債権者に支払うこともできるが、全額を供託することも認められている。しかし、民事執行による差押えの後に滞納処分による差押えが行われた場合と異なり、供託は義務とはされていない。

　したがって、(2)は誤りで、(3)が正解である。

応 用 問 題

　　甲銀行の取引先Ａの預金500万円に対して、まず債権者をＢとする300万円の差押命令が送達され、次いで債権者をＣとする400万円の差押・転付命令が送達され、最後に債権者をＤとする300万円の差押命令が相次いで送達された。

　　この場合の甲銀行の処理について、次のうち正しいものを指摘し、それぞれの正否の理由を述べてください。

　　(1)　差し押えられた預金500万円全額を供託しなければならない。

　　(2)　債権者Ｂに対して300万円、債権者Ｃに対して200万円を支払う。

　　(3)　Ｂ・Ｃ・Ｄの差押債権額の割合に応じて支払う。

☞基本問題との相違点

・差押えが競合した場合の第三債務者の対応
・差押えが競合した場合の転付命令の効力

【応用問題解答例】

択一解答　(1)

　特定の預金に対して複数の債権者から差押えがなされた場合において、

差押債権の合計額が被差押債権(預金)の額を超えるときは、差押えが競合することになり、第三債務者は被差押債権の全額を供託しなければならない(義務供託。民事執行法156条2項)。

債権者をCとする差押・転付命令が送達されているが、転付命令が第三債務者に送達されるときまでに、転付命令にかかる金銭債権について他の債権者が差押えの執行をしたときは転付命令は効力を生じないから(民事執行法159条3項)、Cの転付命令は効力がなく、設問ではB、CおよびDの差押えが競合している状態になる。したがって、(2)(3)は誤りで(1)が正解である。

9   預金に対する差押・転付命令と陳述の催告

基 本 問 題

　甲銀行の取引先Ｙの定期預金に対して、債権者Ｘを申立債権者とする差押命令および転付命令が送達された。これらの命令には陳述書も付されていたが、この場合の甲銀行の対応と差押命令・転付命令の効力について、次のうち正しいものを指摘し、それぞれの正否の理由を述べてください。

(1)　差押命令は、Ｙに送達された時点で支払禁止の効力が発生する。

(2)　転付命令が銀行に送達された後に他の債権者の申立てによる差押命令が銀行に送達されても、その後に転付命令が確定することによってＸは預金債権を独占的に取得する。

(3)　甲銀行は、陳述書で預金債権の存在を認め、弁済の意思を表明した後においては、Ｙに対する貸付債権との相殺は許されない。

☞本問のポイント

・差押命令の効力

・転付命令と差押命令の相違点

・陳述書の効力

問題理解と解答作成ポイント

　銀行実務では、日常、取引先の預金に対して他の債権者の申立てによる差押命令ないし転付命令の送達を受けることが少なくない。それだけに、差押・転付に関する一通りの知識を持ち合せておく必要がある。

　本問のポイントは、差押命令と転付命令の相違点とその効力、陳述の性質である。それらについて理解していれば、容易に解答が導かれる。

まず、差押命令は第三債務者（預金の場合は銀行）に送達された時点で効力が発生する（民事執行法145条5項）点に留意する必要がある。債務者への送達の有無はその効力発生に影響を及ぼさない。ただし、差押命令が債務者に送達された日から1週間経過するまで差押債権者は取立権を行使することはできない。

一方、転付命令は、債務者に送達後1週間を経過し、かつ確定すれば、第三債務者への送達時に遡って効力が生じ、預金債権は券面額で転付債権者に移転するから、転付命令の送達後に他の債権者が差押えを行っても転付債権者は預金債権を独占的に取得することができる（民事執行法159条・160条）。他方、転付命令が第三債務者に送達される前に他の差押命令の送達があって転付債権者の差押命令と競合するときは、転付命令の効力は生じない（同法159条3項）。

銀行が裁判所に提出する陳述書は、事実の報告たる性質を有するにすぎないとされているから、陳述書のなかで弁済の意思を表明したとしても相殺の妨げとなるものではない（関連判例参照）。

★関連事項

差押命令

37頁参照。

転付命令

支払に代えて執行債務者の第三債務者に対して有する被差押債権を券面額で差押債権者に移転する裁判所の命令をいう。転付命令による場合は、転付債権全部を他の債権者に優先して弁済にあてることができる反面、第三債務者が無資力である場合には事実上、回収できない結果に終わることがある。つまり、第三債務者からの回収の危険性を差押債権者が負担しなければならない（民事執行法159条・160条）。

陳述の催告

　債権に対する強制執行において、裁判所書記官が差押債権者の申立てにより第三債務者に対して、差押えにかかる債権の存否その他の事項について陳述すべき旨を催告することをいう（民事執行法147条1項）。

　なお、この催告に対して第三債務者が故意または過失により陳述をしなかったとき、または不実の陳述をした場合、これによって生じた損害を賠償しなければならない。

《関連判例》

●被転付債権と反対債権との相殺の要件（最判昭和48・5・25金融法務事情690号36頁）

「債権が差し押えられた場合において、第三債務者が債務者に対し反対債権を有していたときは、その債権が差押後に取得されたものでない限り、右債権および被差押債権の弁済期の前後を問わず、両者が相殺適状に達しさえすれば、第三債務者は、差押後においても、右反対債権をもって被差押債権と相殺をなしうるものであり、このことは、差押債権者が被差押債権につき取立命令を得た場合と転付命令を得た場合とによって異ならない」

●陳述による相殺の制限（最判昭和55・5・12金融・商事判例599号11頁）

「第三債務者が執行機関としての仮差押裁判所に対してする陳述は事実の報告たる性質を有するにすぎない。……陳述において第三債務者が被差押債権の存在を認めて支払の意思を表明し、将来において相殺する意思がある旨を表明しなかったとしても、これによって債務の承認あるいは抗弁権の喪失というような実体上の効果を生ずることはなく、その後、第三債務者において当該債権につき、これを受働債権として相殺に供すること又は時効により消滅したこと等を主張することを妨げるものではない」

【基本問題解答例】

択一解答　(2)

　差押命令は、第三債務者である甲銀行に送達された時点で支払禁止の効力が生じる。Ｙへの送達の有無は、差押えの効力発生には影響を及ぼさない。よって、(1)は誤りである。

　転付命令が甲銀行に送達された後に他の債権者の申立てによる差押命令が送達されても、転付命令が確定すれば転付命令が甲銀行に送達された時点に遡及して効力が生じる。よって、(2)が正解である。

　甲銀行が執行機関としての裁判所に対して行う陳述は、事実の報告たる性質を有するにすぎない。たとえ甲銀行が被差押債権の存在を認めて支払の意思を表明し、将来において相殺する意思を表明しなかったとしても、実体上の効力を生じるものではないので、その後、甲銀行がその債権を受働債権として相殺することは妨げられないとするのが判例である。よって、(3)は誤りである。

応用問題

　甲銀行Ａ支店の取引先Ｙの普通預金と定期預金に対して、差押債権者Ｘ、請求債権額1000万円、差押債権額500万円とする差押命令が送達された。その時点でのＹの預金残高は普通預金10万円、定期預金100万円で、甲銀行とＹの間には、ほかに預金取引や貸出取引はない。

　この場合の差押命令の効力について、次のうち正しいものを指摘し、それぞれの正否の理由を述べてください。

　(1)　差押命令をＡ支店で受理した時点以後に受け入れた預金に対しては、差押命令の効力は及ばない。

　(2)　差押命令の効力は、原則として預金差押時にすでに発生している利息債権にも及ぶ。

(3) 差押命令が債務者に送達された日から１週間経過すると、Ｘは定期預金について満期前であっても取立権を行使することができ、甲銀行は取立てに応じなければならない。

【応用問題解答例】

択一解答 (1)

　差押命令の効力が及ぶのは、あくまで預金差押時点に存在する預金であって、その後に受け入れた預金に対して及ばない。預金差押時にすでに発生している利息債権は、基本たる預金債権より分離、独立して譲渡しうるものであるから、差押えの効力は当然には及ぶものではない。

　差押命令に基づく取立権は、債務者に代わって取り立てる権利であるから、満期日前での支払を強制されるものではない。以上により、(1)が正解である。

～ *follow up* ～

　債務者の預金が差押えを受けた場合に、銀行が差し押さえられた預金債務と貸付債権を相殺できるかどうかについては、判例は古くは相殺適状の時期と差押えの効力発生時期の先後や、自働債権と受働債権の弁済期の先後で区別する立場をとっていたが、昭和45年最高裁判決（188頁）は、弁済期の先後等に関わらず、自働債権が差押えの効力発生前に取得した債権であれば相殺を認めた。この点は、2017年改正民法で明文化されている（511条１項）。

10　自動継続定期預金に対する差押え等

基 本 問 題

　甲銀行の取引先Ａは2010年４月に期間１年の自動継続定期預金１口
100万円を預け入れ、以降、当該定期預金は毎年満期日に自動的に書
き替えられ、入出金も記帳もされていなかった。ところが、2024年の
満期日の前日に甲銀行にＡの債権者Ｂを差押債権者とする債権差押命
令が送達された。ほかに競合する差押え・仮差押えはない。この場合
の甲銀行の対応について、次のうち正しいものを指摘し、それぞれの
正否の理由を述べてください。

　⑴　差押えの効力が発生しても、甲銀行は当該預金を自動継続とし
　　てよい。
　⑵　差押えの効力発生後に、Ａから自動継続扱いを中止するように
　　要請を受けた場合には、甲銀行は自動継続扱いを中止してよい。
　⑶　Ｂが取立権を得て当該預金を取り立てにきたときは、甲銀行は
　　消滅時効を援用できる。

☞本問のポイント

・**自動継続定期預金の性質**
・**最高裁判例の理解**
・**差押えの効力**
・**自動継続定期預金の時効の起算点**

問題理解と解答作成ポイント

　定期預金の満期日における書替継続は、従前の定期預金の期限の延長で
あると解されており、自動継続特約についても、預金者の申出のない限り

期日に従前と同一の預入期間だけ期限を延長する処分と解されている。その法的性質については、預金契約に関する委任あるいは委任類似の付款とするものと、本質的要素である弁済期の定めとして預金契約の一部であるとする考え方があるが、最高裁は後者の考え方を採用した。すなわち、自動継続定期預金に仮差押えがあった場合について、最高裁は、自動継続特約は、預金者から満期日における払戻請求がされない限り、当事者のなんらの行為を要せずに、満期日において払い戻すべき元金または元利金について、前回と同一の預入期間、定期預金として継続させることを内容とするものであり、預入期間に関する合意として、当初の定期預金契約の一部を構成するものであると判示している。つまり、仮差押えがあった後に自動継続を行っても仮差押えの処分禁止効に抵触しないということである。

　本問は、自動継続定期預金に差押えがあった場合であるが、前記判例の考え方があてはまるものと解される。解答のポイントは、自動継続定期預金の性質と自動継続が差押えの処分禁止効に抵触しないかという点である。

　なお、自動継続定期預金の消滅時効の起算点については、初回満期日とする説と自動継続されている限り消滅時効は進行しないと解する説があったが、最高裁は解約の申出等により以降自動継続の取扱いがなされることのなくなった満期日が到来した時から進行するとした。

★関連事項

差押命令
37頁参照。
《関連判例》
●自動継続定期預金に対する仮差押執行と自動継続の成否（最判平成13・3・16金融・商事判例1118号3頁）
「自動継続定期預金における自動継続特約は、預金者から満期日における払戻請求がされない限り、当事者の何らの行為を要せず、満期日において

払い戻すべき元金又は元利金について、前回と同一の預入期間、定期預金として継続させることを内容とするものであり、預入期間に関する合意として、当初の定期預金契約の一部を構成するものである。したがって、自動継続定期預金について仮差押えの執行がされても、同特約に基づく自動継続の効果が妨げられることはない」

●自動継続定期預金の消滅時効期間の起算日（最判平成19・4・24、最判平成19・6・7、ともに金融・商事判例1277号51頁）

「いわゆる自動継続特約付きの定期預金契約における預金払戻請求権の消滅時効は、自動継続の取扱いがされることのなくなった満期日が到来した時から進行する」

【基本問題解答例】

択一解答 (2)

　自動継続定期預金の自動継続の特約は、預金者から満期日における払戻請求がされない限り当事者のなんらの行為を要せずに、満期日において払い戻すべき元金または元利金について、前回と同一の預入期間、定期預金として継続されることを内容とするものであり、預入期間に関する合意として当初の定期預金契約の一部を構成するものである（最判平成13・3・16）。したがって、自動継続定期預金に対して差押命令が送達されても、そのことから直ちに自動継続の効果が妨げられることはない。また、Aの申出により継続しないことに変更することは差押えの処分禁止効に抵触する行為となるから変更の申出に応じることはできない。

　判例は、自動継続定期預金の消滅時効は、自動継続の取扱いがされることもなくなった満期日が到来した時から進行すると解しているので、甲銀行は、消滅時効を援用することはできない。

　以上により、(2)が正解である。

5　公共料金の自動支払

11　預金者死亡後の公共料金の自動支払

　甲銀行は、預金者Ｙの依頼に基づき、普通預金口座から公共料金の自動支払（口座振替）を継続していたところ、Ｙの妻Ｘから、Ｙは2ヵ月前に死亡したとの通知を受けた。この場合、Ｙとの自動支払契約について、次のうち正しいものを指摘し、それぞれの正否の理由を述べてください。

(1)　公共料金の自動支払契約は、Ｙが死亡すれば、自動的にＹの相続人に承継されるから、そのまま継続して差し支えない。

(2)　公共料金の自動支払契約は、Ｙの死亡によって当然に終了するが、Ｙの死亡の事実を知る前に行った自動支払は有効である。

(3)　公共料金の自動支払契約は、第三者のためにする契約であるから、Ｙが死亡しても、収納企業の承諾がなければ終了しない。

☞ 本問のポイント

・自動支払契約の性質
・委任契約の終了事由
・第三者のための契約
・自動支払契約と免責

問題理解と解答作成ポイント

　自動支払契約は、利用者である預金者から公共料金の自動支払について

委託を受けるという仕組みになっている。その法律的性格は、預金からの公共料金の自動支払に関して、銀行が預金者の預金口座から収納企業の預金口座への口座振替事務の（準）委任を受けるものであると解されている。

ところで、委任契約は、本人の死亡により当然に終了し（民法653条）、相続人が委任契約上の地位を当然に相続することはない。また、自動支払契約は、収納企業に銀行に対する一定の支払請求権を与えるといった内容は含まれていないから、第三者のためにする契約ではない。収納企業の承諾がなくても、本人の死亡により取引は当然に終了する。

また、Y死亡の事実を知る前に行った自動支払については、民法655条により有効とされ、あるいは預金規定の免責約款（普通預金規定7条1項）による免責も認められるものと解される。

★関連事項

委任契約

当事者の一方（委任者）が法律行為をなすことを相手方（受任者）に委託し相手方がこれを承諾する契約をいう（民法643条）。委任は委任者または受任者の死亡または破産、および受任者が後見開始の審判を受けたことにより終了する（同法653条）。

第三者のためにする契約

当事者の一方が第三者に一定の給付をなすべきことを目的とする契約をいう。第三者を受取人に指定した生命保険契約はこの典型である。第三者が取得する権利の内容は当事者の契約によって定まり、第三者が受益の意思を表示した時に権利が発生し、第三者は債務者に対して直接に給付を請求することができる（民法537条〜539条、保険法42条）。

【基本問題解答例】

択一解答　(2)

　公共料金の自動支払契約は、銀行と収納企業間の基本契約の締結に加え
て、利用者である預金者から公共料金の自動支払について委託を受ける仕
組みになっている。このような、自動支払契約の法律的性格は、預金から
の公共料金の自動支払に関して、銀行が預金者の預金口座から収納企業の
預金口座への口座振替事務の委任を受けるものであると解されるところ、
一般に、委任契約は本人の死亡により当然に終了するから（民法653条1
号）、Yの相続人が自動的に自動支払契約を承継することはない。

　次に、「第三者のためにする契約」とは、契約の当事者の一方が第三者
に一定の給付をなすべきことを目的とする契約であるが、自動支払契約に
おいては、収納企業に銀行に対する一定の支払請求権を与えるといった内
容は含まれていないから、第三者のためにする契約ではない。

　Y死亡の事実を知る前に行った自動支払については、委任の終了事由は
相手方（甲銀行）に通知しまたは相手方がこれを知った時でないと、これ
をもって相手方に対抗できないとされているので（民法655条）、甲銀行は、
Yの相続人に対抗することができると解される。

　以上により、(2)が正解である。

6　**取引時確認**

12　銀行取引と本人特定事項の確認

出題【23年10月・問3／22年10月・問1／21年10月・問3】

基本問題

　　令和4年4月1日、A株式会社経理課員Bと名乗る者が甲銀行乙支店の店頭を訪れ、A株式会社を依頼人、C株式会社を受取人として、甲銀行丙支店にあるC株式会社の銀行口座宛てに、現金で8万円と6万円の2口の振込みを依頼した。

　　Bの話では、C株式会社から購入した14万円の商品1個の代金で、振込手数料を低く抑えるために甲銀行から振り込むことにしたとのことである。また、甲銀行はBに対し1個の商品の金額を分割する理由の説明を求めたが合理的な理由の説明はない。

　　A株式会社もBも甲銀行の取引先ではなく、これまで甲銀行において取引時確認は行われていない。

　　この場合の、甲銀行乙支店における犯罪収益移転防止法上の取引時確認について正しいものを選び、それぞれ正否の理由を述べてください。

(1)　10万円未満の資金移動は取引時確認の対象である特定取引には含まれないので、甲銀行は取引時確認を行う必要はない。

(2)　甲銀行は、A株式会社とBについて本人確認を行い、Bが当該取引の任にあたっていることを委任状などの提出を求めて確認するほか、A株式会社を実質的に支配する者がいる場合には、その者の本人特定事項の確認も行わなければならない。

(3)　甲銀行は、A株式会社が当該取引を行う目的について、同社の取締役会議事録を徴求して確認しなければならない。

☞ 本問のポイント

・取引時確認を必要とする銀行取引の種類

問題理解と解答作成ポイント

　本問は、2008（平成20）年3月1日に全面施行された「犯罪による収益の移転防止に関する法律」、いわゆる犯罪収益移転防止法に基づく出題である。

　同法によって、特定事業者（同法2条2項各号）に該当する金融機関が顧客との間で、同法施行令7条1項に規定する特定取引を行うに際しては、①取引時確認義務（同法4条）、②確認記録の作成および保存義務（同法6条）、③取引記録等の作成および保存義務（同法7条）、④疑わしい取引の届出義務（同法8条）、⑤外国為替取引に係る通知義務（同法10条）等が課せられている。

　この取引時確認義務の内容は、同法の制定当初は本人特定事項とされていたが、同法の改正法が2013（平成25）年4月1日より施行され、本人特定事項のほか、以下の事項の確認が追加されている。

①　取引を行う目的

②　顧客が自然人の場合には職業、顧客が法人の場合には事業内容（自然人については申告でよいが法人の場合は書類による確認が必要）

③　法人の事業内容を実質的に支配することが可能となる関係にある者（他の自然人が当該法人の2分の1以上の議決権を直接または間接に保有している場合を除いて議決権の4分の1以上を保有する者、該当者がいない場合は代表者）がいる場合は、その者の本人特定事項

　また、「なりすまし等が疑われる場合」には、本人特定事項および上記①ないし③に加えて、当該取引が200万円を超える資産の移転を伴うときは、顧客の資産および収入の状況を確認しなければならないとされている。

　なお、会社の代表者や従業員など、現に取引の任にあたっている自然人が顧客等（会社）と異なる場合は、当該顧客等の取引時確認のみならず取引の任にあたっている自然人についても本人特定事項の確認が必要とされているが（同法4条4項）、加えて、代表者としての登記や委任状等により当該自然人が当該顧客等のために取引の任にあたっていることの確認も必要とされた（同施行規則12条5項）。

　さらに、同法は2014（平成26）年に主に以下の点について改正が行われ、2016（平成28）年10月から施行されている。

① 疑わしい取引の届出に関する判断の方法について規定された。

② 海外の銀行等とコルレス契約をする際に、相手方が適切なマネー・ローンダリング防止体制をとっていることを確認しなければならないとされた。

② 取引時確認を避けるために、金額基準（しきい値）を上回らないように何口かに分割されたことが明らかである取引について、取引時確認を行わなければならないとされた。

③ 外国の重要な地位にある者（PEPs）との特定取引が厳格な取引時確認の対象に追加された。

④ 顔写真のない本人確認書類により本人確認を行う際は、当該顧客の住居宛てに転送不要郵便で取引関係文書を送付するなどの措置を合わせて行うこととされた。

⑤ 法人の実質的支配者について、議決権その他の手段により当該法人を支配する自然人まで遡って確認すべきこととされた。

⑥ 取引担当者の代理権確認方法から社員証が削除され、また役員の登記による確認は、役員が代表権を有している場合に限られた。

⑦ 公共料金、入学金等の支払いにかかる取引のうち、マネー・ローンダリングに利用されるおそれが極めて低いと考えられる取引が、簡素な顧客管理を行うことが許容される取引に追加された。

★関連事項

関連法規

・犯罪による収益の移転防止に関する法律
・犯罪による収益の移転防止に関する法律施行令
・犯罪による収益の移転防止に関する法律施行規則

簡素な顧客管理

　税金、公共料金、学校教育法に規定する学校の入学金・授業料等の支払いなど、類型的に犯罪行為に利用されるリスクが低い取引については、取引時確認や確認書類の作成・保存の全部または一部を不要とする簡素な顧客管理が認められている（同施行令7条1項、同施行規則4条1項7号）。

【基本問題解答例】

択一解答　(2)

　特定事業者が同一の顧客との間で2つ以上の取引を同時または連続して行う場合において、当該二以上の取引が1回あたりの取引の金額を減少させるために一の取引を分割したものであることが一見して明らかなときは、当該二以上の取引を一の取引とみなして取引時確認の対象かどうかを判断することになる。設問では、14万円の振込みを2回に分けて行っており、これが1回あたりの取引の金額を減少させるために一の取引を分割したものであることが一見して明らかなときは取引時確認が必要となる。

　法人との取引にあたっては、「取引の任にあたっている自然人」についても本人確認が必要であり、当該自然人が「取引の任にあたっていること」についても確認が必要とされている。なお、確認の方法は委任状に限らないが、社員証は本人確認書類とはされていない。また、議決権の50%以上を保有するなど当該法人を実質的に支配する者がいる場合は、その者の本人特定事項の確認も必要である。

　取引時確認事項には、「取引を行う目的」が含まれるが、その確認方法は個人であっても法人であっても、その者から申告を受ける方法でよいとされている。

　以上から、(2)が正解である。

応用問題

　犯罪収益移転防止法に規定される取引時確認事項に関して、次のうち正しいものを指摘し、それぞれ正否の理由を述べてください。

(1)　新規に取引口座を開設するときは、自然人・法人を問わず、当該顧客の資産および収入の状況を確認しなければならない。

(2)　顧客の職業（自然人）または事業内容（法人）について取引時確認を行う場合、いずれも確認書類を申し受ける必要がある。

(3)　法人と新たに取引口座を開設する場合、その事業内容を実質的に支配することが可能となる関係にある者がいる場合には、その者の本人特定事項も確認しなければならない。

【応用問題解答例】

択一解答　(3)

　顧客の資産および収入の状況は、なりすまし等の疑いがある場合で200万円を超える資産の移転を伴う取引を行う場合に確認が必要とされているが（犯罪収益移転防止法4条2項）、取引開始にあたっても、前記に該当しなければ確認が必要とはされていない。

　法人の事業内容については書面による確認が必要であるが（同法施行規則10条2号）、個人の職業については自己申告でよいとされている（同法施行規則10条1号）。

　また、法人と新たに取引口座を開設する場合、その事業内容を実質的に

支配することが可能となる関係にある者がいる場合には、その者の本人特定事項も確認しなければならないとされている（同法4条1項4号）。

　以上から、(3)が正解である。

応用問題

　令和4年4月1日、A株式会社代表取締役Bと称する者が甲銀行乙支店を訪れ、A株式会社名義普通預金口座の開設を申し込んだ。

　なお、A株式会社は、同じくBが代表取締役であるC株式会社の100％子会社で、ほかに株主はおらず、C株式会社はD（自然人）が100％株式を保有しているとのことである。

　この場合の、甲銀行乙支店における犯罪収益移転防止法上の取引時確認について正しいものを選び、それぞれ正否の理由を述べてください。

(1)　A株式会社の本人特定事項、取引の目的、事業の内容に加えて、来店したBの本人特定事項の確認が必要であり、かつそれで足りる。

(2)　A株式会社の本人特定事項、取引の目的、事業の内容及び来店したBの本人特定事項に加えて、Bが代表権を有する取締役であること、C株式会社の本人確認事項の確認が必要であり、かつそれで足りる。

(3)　A株式会社の本人特定事項、取引の目的、事業の内容、来店したBの本人特定事項、Bが代表権を有する取締役であることに加えて、Dの本人特定事項の確認が必要であり、かつそれで足りる。

☞ 基本問題との相違点

・実質的支配者の意義

【応用問題解答例】

択一解答 ⑶

　犯罪収益移転防止法では、制定時、法人の取引時確認にあたっては、当該法人にかかる本人特定事項と、取引の任にあたっている自然人についての本人特定事項の確認が必要とされていたが、平成23年施行の改正法により、取引を行う目的、事業の内容、法人の実質的支配者の有無および実質的支配者がいる場合のその者の本人特定事項、ならびに取引の任にあたっている自然人が取引の任にあたっていることの確認が必要とされた。

　さらに、平成28年施行の改正法では、実質的支配者の有無および本人確認について自然人まで遡って、当該法人の議決権の総数の4分の1以上を直接または間接に保有している自然人がいる場合は、原則としてその自然人を実質的支配者として本人特定事項の確認が必要とされた。

　設問では、まず、A株式会社の代表取締役として取引の任にあたるBの本人特定事項および代表権など取引の任にあたることの確認が必要である。

　また、A株式会社の100％親会社であるC株式会社の株式を100％保有しているDは間接的にA株式会社の株式を100％保有していることになるから、A株式会社の実質的支配者にあたり本人特定事項の確認が必要になる。

　以上から、⑶が正解である。

～ follow up ～

　　外国為替取引に関しては、犯罪収益移転防止法のほか、外国
為替管理法の規定も適用される。同法では、預金口座の開設、
海外への送金や両替等について犯罪収益移転防止法と同様に本
人確認義務等が規定されているほか、取引内容によっては適法
性の確認も必要とされている。

　　なお、法人の「実質的支配者の確認」について、国や地方公
共団体、上場会社とその子会社等は「自然人」とみなされるの
で（施行規則11条4項、施行令14条、18条）、このような団体
が実質的支配者であれば、さらにその株主等まで遡って実質的
支配者を確認する必要はない。

手形・小切手

1 手形の支払

1 手形の支払呈示期間

基本問題

　甲銀行の取引先Xは、乙銀行を支払場所とする確定日払の約束手形を所持していたところ、甲銀行に取立依頼することを忘れて呈示期間を経過してしまった。この手形上の権利について、次のうち正しいものを指摘し、それぞれの正否の理由を述べてください。

　⑴　Xは、呈示期間経過後であっても乙銀行に支払呈示をすれば、振出人に請求できたはずの呈示後の法定利息を請求することができる。

　⑵　Xは、呈示期間内に呈示しなかったとしても手形の消滅時効が完成するまで振出人に対して手形債権を行使することができる。

　⑶　Xは、裏書人に対して遡求権を行使することができる。

☞ 本問のポイント

・手形の支払呈示期間
・呈示期間経過後の手形債権の効力
・遡求権行使の要件

問題理解と解答作成ポイント

　支払呈示期間とは、手形を呈示すべき期間のことで確定日払手形の呈示期間は、支払をなすべき日（通常は満期日）およびこれに次ぐ2取引日となっている（手形法38条1項・77条1項3号）。すなわち、呈示期間は3日

間であり、満期日が休日のときは次の取引日が支払をなすべき日となる。問題は、呈示期間経過後の支払場所における支払呈示の効力であるが、支払場所の記載はその手形の支払呈示期間内における支払についてのみ効力を有するとするのが判例であるから、適法な呈示がなされたことにならず、振出人に対して呈示後の法定利息を請求することはできない。

　次に、約束手形の振出人は、手形の遡求義務者ではなく絶対的支払義務者であるから、呈示期間経過後も手形債権が3年の時効によって消滅するまで手形所持人に対する支払義務を免れない。また、手形法（43条前段・77条1項4号）は、満期において支払がないときは、手形所持人は遡求義務者に対して遡求権を行使することができる旨を規定しているが、満期において支払がないときとは、支払呈示期間内に支払のため適法な呈示をしたのにもかかわらず支払がなされなかったときという意味である。

★関連事項

呈示期間

　手形または小切手の所持人が支払のために呈示をなすべき期間をいう（ほかに、引受のための呈示期間もある）。支払呈示期間ともいう。確定日払・日付後定期払・一覧後定期払の手形の呈示期間は、支払をなすべき日またはこれに次ぐ2取引日内に支払呈示をする必要がある。

　支払をなすべき日とは、通常は満期日であるが、満期日が休日の場合にはこれに次ぐ第1取引日がこれにあたる。一覧払手形については支払をなすべき日は一定しないが、原則として振出日後1年内に呈示しなければならない。呈示期間内に呈示しないと遡求権を失う。約束手形の振出人・為替手形の引受人に対しては、満期後3年の時効期間内なら、いつでも請求できる。小切手の支払呈示期間については、振出地と支払地が国内にあるときは、振出日とこれに続く10日内とされている（手形法34条1項・35条1項・38条・70条1項・77条1項、小切手法29条1項）。

遡求権

　手形・小切手が不渡りになったとき、および手形が支払期日前でも支払の可能性が著しく低下したときに、所持人が裏書人・保証人等の遡求義務者に額面金額その他の費用の支払を求めることのできる権利をいう。償還請求権ともいう。裏書人等からみると、遡求義務を負うことになる。

手形の主たる債務者

　約束手形の振出人、為替手形の引受人など、手形の最終的・絶対的支払義務者をいう。

遡求義務者

　約束手形の遡求義務者は、裏書人およびその保証人である。ただし、裏書人のなかでも、無担保裏書、期限後裏書および取立委任裏書の裏書人は担保責任を負わず遡求義務者ではない。なお、約束手形の振出人は遡求義務者ではなく、手形債権が時効消滅しないかぎり支払責任を負う絶対的な支払義務者である。

　為替手形の遡求義務者は、裏書人およびその保証人、振出人、参加引受人である。振出人が引受無担保文句を記載した場合は、遡求義務を負担しない。しかし、この場合でも支払拒絶の場合には遡求義務を免れない（手形法9条2項）。

　小切手の遡求義務者は、振出人・裏書人およびそれらの保証人である（小切手法39条）。支払保証人は遡求義務者ではないが同様の義務を負う（同法55条）。

《関連判例》

●呈示期間経過後の支払呈示の場所（最判昭和42・11・8金融・商事判例82号9頁）

「支払呈示期間経過後における支払呈示は、支払地内にある手形の主たる債務者の営業所または住所においてすることを要し、支払場所に呈示しても、手形債務者を遅滞に付する効力を有しない」

【基本問題解答例】

択一解答 (2)

　呈示期間経過後に支払場所に手形を呈示しても、それは適法な支払呈示とは認められないから、手形債務者を遅滞に付する効力を有しない。したがって、呈示期間経過後に手形所持人であるＸが支払場所である乙銀行に呈示しても、呈示期間内に支払呈示をしていれば振出人に請求できたはずの呈示後の法定利息を請求することはできない。

　約束手形の絶対的支払義務者である振出人は、手形が呈示期間内に呈示されたかどうかを問わず、手形の消滅時効が完成するまで手形金の支払義務を免れない。

　呈示期間内に支払呈示しないと、適法な呈示を欠くことになり裏書人等の遡求義務者に対して遡求権を行使することはできない。よって、(2)が正解である。

手形・小切手

応用問題

　甲銀行の取引先Ａから、甲銀行発行の自己宛小切手１枚とＡ振出の約束手形および当座小切手各１枚の喪失届が提出されたが、３か月を経過した現在いまだ発見されず、当店に支払呈示もないまま、いずれも呈示期間を経過してしまった。

　このような状況で、上記手形・小切手を呈示期間経過前に、それぞれ善意で取得した者が現れた場合、その者は現在どのような権利を有するか、次のうち正しいものを指摘し、それぞれの正否の理由を述べてください。

　(1)　自己宛小切手（預手）の取得者は、甲銀行に対して利得償還請求権を有する。

　(2)　約束手形の取得者は、Ａに対する手形上の請求権を有しない。

　(3)　当座小切手の取得者は、Ａに対して遡求権を有する。

☞ 基本問題との相違点

・自己宛小切手（預手）の性質と銀行に対する利得償還請求権
・約束手形の振出人（絶対的支払義務者）と当座小切手の振出人（遡求義務者）に対する手形・小切手上の権利行使

【応用問題解答例】

択一解答 ⑴

　甲銀行は自己宛小切手の振出人であるから遡求義務者に該当するが、遡求権を行使するには適法な時期の呈示が要件とされる。そのため、設問における自己宛小切手の善意取得者は、小切手が支払呈示期間内に呈示されなかったことにより振出人である甲銀行に対する遡求権は有しないが、甲銀行は預手振出についてAから同額の代り金を受け取っているから利得していることになる。したがって、預手所持人は5年の消滅時効にかからない限り銀行に対して利得償還請求権を有する。よって、⑴は正解である。

　手形が支払呈示期間内に支払呈示されなかったことにより、手形所持人は手形の裏書人等に対する遡求権を喪失することになるが、約束手形の主たる債務者である振出人に対する手形上の請求権は、満期日から3年の消滅時効にかからない限り失われることはない。

　同じく、当座小切手も支払呈示期間内に呈示されなかったことにより振出人に対する遡求権は失われる。よって、⑵、⑶は誤りである。

2　手形要件を欠く手形の効力
出題【23年6月・問6／22年10月・問4／22年10月・問6】

───────── 基本問題 ─────────

　甲銀行は、取引先から、振出日が記載されていない確定日払いの約束手形の取立てを依頼された。この場合の甲銀行の対応について、次のうち正しいものを指摘し、それぞれの正否の理由を述べてください。

　(1)　振出日は手形要件であるから、この手形は絶対的に無効であり、甲銀行は取立依頼に応じてはならない。

　(2)　振出日は手形要件とされているが、確定日払いの手形では振出日を記載する意味はないから、記載がないまま呈示しても適法な呈示となる。

　(3)　振出日は手形要件とされているが、銀行は、取立依頼人との関係では、記載のないまま呈示しても差し支えない。

☞本問のポイント

・手形要件としての振出日
・手形の要式証券性、文言証券性

問題理解と解答作成ポイント

　手形には記載すべき事項が法定されており（「手形要件」。手形法1条、75条）、この記載を欠く手形は、原則として手形としての効力を有しない（同法2条、76条。なお、満期、支払地、振出地等については、記載がない場合でもみなし規定の適用がある）。

　一方、手形要件を欠く手形も多数流通しており、手形法も手形要件の一部について記載を欠く手形（白地手形）が流通することを当然の前提としている（同法10条など）。

　しかし、白地手形は未完成の手形であるから、そのままでは手形として
の効力はなく、白地を補充しないまま支払呈示しても適法な呈示とは認め
られず、裏書人等に対する遡求権も保全されない。

　手形要件のうち、受取人や、確定日払いの手形の振出日は、記載がなく
ても通常は手形上の権利に影響はないため、受取人や振出日の記載を欠く
手形は現実に多数流通しており、銀行実務においては、このような手形に
ついて、取引先との間で、銀行は白地を補充する義務を負わず、白地の補
充をしないまま預金口座への受入れや取立依頼等を受けることができ（当
座勘定規定1条2項、普通預金規定2条2項、代金取立規定2条1項など）、呈
示された場合は振出人に都度連絡することなく決済する旨を（当座勘定規
定17条）約定している。これは銀行の事務処理の負担軽減のため銀行と当
座取引先との間で特約しているものである。しかし、それによって確定日
払手形の振出日が手形要件でなくなることはない。

　したがって、銀行は取引先との関係では、受取人や振出日白地の手形を
受け入れたり決済することができるが、そのまま呈示しても適法な呈示に
なるわけではなく、手形が不渡りとなったような場合は遡求権を保全する
ことはできない。割引・担保などによって銀行が手形を取得し、手形上の
権利者となる場合には、遡求権保全のため振出日を補充し、完全な手形と
して取立に出す必要がある。

　なお、前述したように手形の振出日の記載は確定日払いの手形では記載
する意義が乏しいが、誤って満期日より後の日を振出日として記載した場
合は、手形要件が相互矛盾することから手形は無効とされる。

★関連事項

手形要件

　手形が手形としての効力を生じるために必要かくべからざる記載事項の
ことで、必要的記載事項ともいう。①為替手形については、㋑為替手形文

句、㋺手形金額、㋩満期、㊁支払地、㋭振出地、㋬支払委託文句、㋣振出日、㋠受取人、㋷支払人、㋴振出人の署名である。②約束手形については、㋑約束手形文句、㋺手形金額、㋩満期、㊁支払地、㋭振出地、㋬振出日、㋣支払約束文句、㋠受取人、㋷振出人の署名である。

これらの記載を1つでも欠くと、原則として手形としての効力を生じない（手形法2条1項・76条1項）。

小切手については、小切手法にその要件が定められている（小切手法1条）。

手形の記載事項

手形の記載事項には、記載が必要な手形要件のほか、記載があると効力が生じる有益的記載事項（一覧払または一覧後定期払手形の利息及び利率（手形法5条）、指図禁止文句（同法11条2項）など）、記載しても効力を有さない無益的記載事項（為替手形の支払無担保文句（同法9条2項）、手形番号など）、記載すると手形の効力を害する有害的記載事項（支払いに付した条件（同法1条2号、75条2号）など）がある。

振出日

手形・小切手が振り出された日として手形・小切手に記載された日をいう。現実に手形・小切手が振り出された日と一致しなくてもよいが、暦にある一定の年月日であることを要する。実際にその手形が振り出された日よりも将来の日を振出の日付とした先日付のものも、過去の日を振出日の日付とした後日付のものも有効であって、記載された日付を振出日とする手形上の法律関係が創造される。

白地手形

手形要件の全部または一部を、後日所持人に補充させる意思をもって空白のまま流通におかれた未完成の手形をいう。

白地補充権

白地手形や白地小切手の白地部分を補充し完全な手形・小切手とする権

利をいう。白地補充権は、白地手形・白地小切手に付着した権利で、手形・小切手とともに移転し、有効に手形・小切手を取得した者はいつでも補充権を行使して手形・小切手を完成させることができる。白地手形は未完成な手形であり、白地部分を補充することによって有効な手形となる。

《関連判例》

●振出日前の日を満期とする約束手形の効力（最判平成9・2・27金融・商事判例1024号3頁）

「手形要件は基本手形の成立要件として手形行為の内容をなすものであり、手形の文言証券としての性質上、手形要件の正否ないし適式性については手形上の記載のみによって判断すべきである。満期の日として振出日より前の日が記載されている確定日払の約束手形は、手形要件の記載が相互に矛盾するものとして無効と解すべきものである」

●振出日白地手形の効力（最判昭和41・10・13金融・商事判例31号10頁）

「確定日払の手形の所持人は、振出日白地のまま満期に支払のため呈示したとしても、裏書人に対する手形上の権利を行使することはできない」

●振出日白地の小切手による支払呈示の効力（最判昭和61・11・7金融・商事判例759号17頁）

「振出日白地の持参人払式小切手による支払のための呈示は、振出人等に対する遡求権を保全する効力を有しない」

●受取人白地手形の効力（最判昭和41・6・16金融・商事判例16号2頁）

「受取人白地のままの約束手形によっては、手形金の請求をすることはできない」

【基本問題解答例】

択一解答　(3)

　手形要件を欠く手形はそのままでは未完成な手形であり、手形としての効力は認められないが（手形法76条、2条1項）、現実には手形要件を欠く

手形（白地手形）も流通しており、手形法もそれを前提とした規定がある（同法10条）。銀行実務でも、約定により白地手形の受け入れを可能としているから、⑴は誤りである。

　確定日払いの手形では、振出日の記載がなくても実質的な支障がない場合が多く、現実に振出日の記載を欠く手形も多数流通しているが、振出日については手形法76条2項ないし4項のようなみなし規定がなく、この記載を欠くと手形要件を欠くことになる。したがって、振出日白地のまま手形を支払呈示しても適法な呈示とはならない。したがって、⑵は誤りである。

　手形要件のうち、受取人や、確定日払いの手形の振出日は、記載がなくても通常は手形上の権利に影響はないため、受取人や振出日の記載を欠く手形は現実に多数流通しており、銀行実務においては、このような手形について、取引先との間で、銀行は白地を補充する義務を負わず、白地の補充をしないまま預金口座への受入れや取立依頼等を受けることができ（当座勘定規定1条2項、普通預金規定2条2項、代金取立規定2条1項など）、呈示された場合は振出人に都度連絡することなく決済する旨を（当座勘定規定17条）約定している。したがって、⑶は正しい。

応 用 問 題

　甲銀行は、取引先A社の依頼により、B社振出の約束手形1通を割引して交換呈示したところ、「資金不足」の事由により不渡返還された。一方、割引依頼人A社も連鎖倒産したので、甲銀行は中間裏書人であるC社に対して遡求権を行使することにしたが、手形の振出日は白地のままであった。

　この場合の甲銀行のC社に対する遡求権について、次のうち正しいものを指摘し、それぞれの正否の理由を述べてください。

(1) 振出日が白地のままでも手形法により遡求権を行使することができる。

(2) 当座勘定規定の特約により甲銀行は白地を補充する義務はないから、白地のままでも遡求権を行使することができる。

(3) 呈示期間経過後に振出日を補充しても、遡求権を行使することはできない。

【応用問題解答例】

択一解答 (3)

　手形の所持人が裏書人に対して遡求権を行使するためには、支払呈示期間内に適法な支払呈示をし、手形金額の全部または一部の支払を拒絶されたことが要件の1つである（手形法77条1項4号・43条）。しかし、本件のように振出日を白地のまま満期に支払呈示しても、適法な支払呈示とは認められないから、裏書人に対する手形上の権利すなわち遡求権を行使することはできないとするのが判例である。したがって、(1)は誤りである。

　当座勘定規定には、銀行は手形・小切手の白地を補充する義務を負わず、また振出日や受取人の記載のないものが呈示されたときは振出人に連絡することなく支払うことを特約しているが、これは銀行と当座取引先との特

約であって、中間裏書人であるC社には効力が及ばない。したがって、(2)も誤りである。

　呈示期間経過後に振出日を補充しても、先になされた支払呈示が遡って有効になることはない。したがって、(3)が本問の正解である。

手形・小切手

~ *follow up* ~

　振出日や受取人が記載されていない手形が多く流通しているので、銀行は事務処理軽減のため、そのつど取引先に連絡することなく支払うことにしているが、法的には振出日や受取人は必要的記載事項であることを銘記しておく必要がある。したがって、少なくとも割引・担保に取得する手形は手形要件を完備したうえで取立にまわす必要がある。

3　自己取引手形の支払

基本問題

　　甲銀行は、本日、当座取引先X株式会社（取締役会設置会社）が振出人、同社代表取締役A個人を受取人とする約束手形の交換呈示を受けた。この手形は、第1裏書人AからBへ裏書譲渡がなされている。この場合の甲銀行の手形支払の可否とその理由について、次のうち正しいものを指摘し、それぞれの正否の理由を述べてください。

　(1)　手形行為については、利益相反取引に関する会社法356条・365条1項は適用されないので、甲銀行はX社の取締役会承認の有無を確認するまでもなく支払うことができる。

　(2)　会社法356条・365条1項に該当する手形であるが、同条は手形所持人であるBには適用されないので甲銀行は支払うことができる。

　(3)　会社法356条・365条1項に該当する手形であるが、甲銀行はX社の取締役会承認の有無を調査することなく支払うことができる。

☞本問のポイント

・手形行為と会社法356条・365条1項の適用の有無
・利益相反と相対的無効説
・当座勘定規定の特約

問題理解と解答作成ポイント

　本問は、X社を振出人、同社代表取締役A個人を受取人とする手形についての銀行の取扱いを問うものであるが、判例は旧商法に関する事案において、手形行為についても利益相反取引に関する旧商法265条が適用され

ると判示している。

　したがって、本来、このような手形を振り出すには、X社の取締役会の承認が必要で、それを欠く場合は手形は無効になるはずである。但し、銀行取引においては、取引先との約定で、銀行は取締役会の承認の有無を調査しないでも支払うことができるとされているので（当座勘定規定19条1項）、銀行は、この約定に基づいて取締役会承認の有無を調査することなく支払うことができる。

　なお、Bは、当該取引の当事者ではないが、Bが取締役会の承認がないことを知って手形を取得したことをX社が立証できれば、X社は手形の無効をBに対抗できる。

★関連事項

利益相反取引

　会社と取締役の取引のように、本人の利益を守るべき立場にある者（代理人、代表者等）と本人との利害が反する取引を言う。この場合、本人の利益を犠牲にして行為者または第三者の利益を図るおそれがあることから制限がされている。

　会社と取締役の間（会社法356条、365条1項）のほか、法人と理事（一般社団法人及び一般財団法人に関する法律（一般法人法）84条）、親権者と子（民法826条）などの間の取引も該当する。

　会社と取締役の間の利益相反取引については取締役会の承認（その決議には、当該取締役は加わることができない）が、理事と一般社団法人との取引に社員総会の承認が、親権者と子の取引については特別代理人の選任が必要とされている。

　利益相反取引には、会社と取締役との売買、貸付などの直接取引（自己取引）、会社が取締役の債務を保証するなどの間接取引のいずれも含まれる（会社法356条1項2号、3号、一般法人法84条2号、3号）。

当座勘定規定と自己取引手形

　当座勘定規定19条では、自己取引手形でも取締役会、社員総会等の承認の有無を調査することなく支払うことを特約しているが、この特約は取締役会等の承認（会社法356条）を不要とする趣旨ではなく、かかる自己取引手形を調査しないで支払っても免責されるとする銀行と当座取引先との約定にすぎない。

《関連判例》

●自己取引による手形振出と第三取得者に対する会社の責任（最判昭和46・10・13金融・商事判例282号2頁）

「1　株式会社がその取締役にあてて約束手形を振り出す行為は、原則として、商法265条（現会社法356条1項2号）にいう取引にあたる。

　2　株式会社は、商法265条（現会社法356条1項2号）に違反して振り出した約束手形を裏書により取得した第三者に対しては、右手形が会社からその取締役にあてて振り出され、かつ、その振出につき取締役会の承認がなかったことについて、右第三者が悪意であったことを主張・立証しないかぎり、振出人としての責任を免れない」

●取締役が兼任している会社に対する手形振出（最判昭和46・12・23金融・商事判例300号2頁）

「会社が、自社の取締役が代表取締役を兼ねている他の会社に宛てて約束手形を振り出す行為は、原則として、商法265条（現会社法356条1項2号）にいう取引にあたる」

【基本問題解答例】

択一解答 (3)

　会社法356条・365条1項は、取締役会設置会社の取締役が自己または第三者のために会社と取引をなすには、取締役会の承認を要する旨を定めており、判例・通説は、手形行為も同条の取引に含まれると解している（最

判昭和46・10・13)。したがって、本件手形は同法に該当しないとする(1)の説明は誤りである。

　そこで、同条違反の行為の効力が問題となるが、これについて同判例は相対的無効説を採用し、会社は裏書譲渡を受けた第三者に対しては、その第三者が取締役会の承認がないことにつき悪意で取得したことを立証しないかぎり無効を対抗することはできないと判示している。すなわち、Bが悪意で取得したことを会社が立証できれば無効な手形となるので、会社法356条は手形所持人であるBには適用されないから甲銀行は支払うことができるとする(2)の説明は誤りである。

　甲銀行は、当座取引先X社との間で、手形行為に取締役会の承認等を必要とする場合でも、その承認の有無を調査することなく支払いうる旨の特約をしているので（当座勘定規定19条1項）、取締役会承認の有無を調査することなく支払うことができる。したがって、(3)が正解である。

4　代表者の死亡と生前振出手形の効力

基本問題

　甲銀行は、当座取引先Ｘ株式会社の代表取締役Ａ氏が死亡したこと
を新聞で知っていたが、Ａ氏の生前に振り出されたＸ株式会社代表取
締役Ａを振出人とする約束手形が本日交換所経由で支払呈示された。
　この場合の甲銀行の処理について、次のうち正しいものを指摘し、
それぞれの正否の理由を述べてください。
　(1)　Ｘ社の当座勘定から引き落として差し支えない。
　(2)　代表者死亡を理由に不渡返還する。
　(3)　新代表者名による振出小切手と差し替えてから引落しする。

☞ 本問のポイント

・法人とその代表者との関係
・法人の代表者の死亡と当座勘定契約への影響

問題理解と解答作成ポイント

　本問は、当座取引に限らず、一般に法人の機関である代表取締役、理事
等が死亡した場合に、生前の法律行為にいかなる影響を及ぼすかを問うも
のである。
　取引の相手方が法人であれば、代表機関の行為の効果は、すべて法人に
帰属することは当然である。当座勘定取引は、預金契約としての消費寄託
契約のほかに、手形・小切手の支払委託に関する委任契約が含まれており
（通説）、委任契約は当事者の一方の死亡、破産等によって終了するとさ
れているが（民法653条）、当座取引の相手方はＸ社であり、ＡはＸ社の代
表機関にすぎないわけであるから、Ａが生前代表取締役として振り出した

手形がA個人の死亡によって影響を受けることはない。

　つまり、Aが生前X社の代表取締役として行った行為の効果はすべて本人であるX社に帰属するから、新代表者名による振出小切手と差し替える必要もない。

★関連事項

代表取締役

　株式会社の取締役が2人以上いる場合は、各自、株式会社を代表する。ただし、他に代表取締役その他株式会社を代表する者を定めた場合は、その者が会社を代表する（会社法349条1項・2項）。

　取締役会設置会社は、取締役の中から代表取締役を選定しなければならないとされている（会社法362条3項）。代表取締役は、株式会社の業務に関する一切の裁判上または裁判外の行為をする権限を有する（同条4項）。

消費寄託契約

　当事者の一方（受託者）が相手方（寄託者）から金銭その他の代替物を預かってそれを消費し、後日、それと同種・同等・同量の物を返還することを約する契約をいう（民法666条）。銀行預金がその適例である。

委任契約

　49頁参照。

【基本問題解答例】

択一解答 (1)

　Aは、X社の代表取締役として業務執行の権限を有し、代表取締役としてした行為は法人自身の行為としてその効果もすべて法人に直接帰属する。本問の当座取引は、代表取締役A個人との取引でなくX社との間の取引であるから、生前Aが会社を代表して振り出した手形は、死後においてもその効力に影響をきたすことはない。したがって、代表者の死亡を理由に不

渡返還することは認められず、また、新代表者の振出小切手と差し替える
必要もない。以上により、(1)が正しく、(2)、(3)は誤りである。

┌─────────────── 応 用 問 題 ───────────────┐

　甲銀行は、当座取引先であるＡが交通事故で死亡したことを知った。
その後、Ａが生前振り出したと思われる小切手が数枚、手形交換によ
り支払呈示された。預金残高は十分あるので決済可能である。

　この場合の甲銀行の処理について、次のうち正しいものを指摘し、
それぞれの正否の理由を述べてください。

(1)　Ａが死亡しても手形・小切手の支払委託契約は終了しないので、
　　決済して差し支えない。

(2)　Ａの死亡により手形・小切手の支払委託契約は終了するが、甲
　　銀行は受任者の善処義務（民法654条）として決済しなければな
　　らない。

(3)　Ａの死亡により手形・小切手の支払委託契約は終了するが、相
　　続人全員の同意を得て決済することもできる。

└────────────────────────────────────┘

☞基本問題との相違点

・当座勘定契約の法的性質
・当座勘定取引先（個人）の死亡と委任契約の終了
・取引終了後の処理

【応用問題解答例】

択一解答　(3)

　当座勘定取引は、手形・小切手の支払委託を内容とする委任契約と消費
寄託契約との混合契約であるとするのが通説であるが、委任契約は当事者

の死亡または破産によって終了するから（民法653条）、Aの死亡により支払委託契約は終了しないとする(1)は誤りである。

　次に、小切手の振出後に振出人が死亡しても小切手は有効であるが（小切手法33条）、前記のように小切手の支払委託契約が終了し、また、当座勘定規定24条は、取引が終了した場合には、その終了前に振り出された手形・小切手について支払義務を負わない旨を特約しているから、受任者の善処義務として決済する必要はない。したがって、(2)の説明も誤りである。

　当座勘定契約上の義務ではないが、実際問題として相続人が支払う意思を有する場合もあるから、その意思を確認のうえ相続人全員の同意が得られるのであれば決済することも可能である。よって、(3)が正解である。

手形・小切手

～*follow up*～

　当座取引先が法人である場合、その代表者が死亡しても法人は存続しているから、それ以前に振り出した手形や小切手の効力には影響がなく、当座勘定取引終了の事由にもならないが、すみやかに代表者変更の手続をとる必要がある。

　一方、当座勘定取引先が個人の場合、生前に振り出した手形や小切手は有効であるが（小切手法33条参照）、死亡時に当座勘定取引契約が終了するので（民法653条1号）、銀行は手形・小切手が提示されても決済することはできず、不渡返還することになる。

5　手形の善意取得

基本問題

　AがBを受取人とする約束手形を振り出したところ、Bはこの手形を紛失した。この手形を拾得したCは、紛失手形であることを知っていたが、紛失手形であることを知らないDに裏書譲渡した。DはCが権利者であると重過失なく信じてこの手形を取得し、さらにEに白地式裏書により譲渡した。この場合にEが手形上の権利を行使できるかどうかについて、次のうち正しいものを指摘し、それぞれの正否の理由を述べてください。

　(1)　Eは、紛失手形であることを知って取得した場合でも手形上の権利を行使できる。

　(2)　Eは、Dが期限後裏書により手形を取得した場合でも、E自身が善意であれば手形上の権利を行使できる。

　(3)　Eは、E自身が紛失手形であることを知らないで取得したことを証明しなければ手形上の権利を行使できない。

☞本問のポイント

・手形の善意取得制度
・善意取得の成立要件

問題理解と解答作成ポイント

　本問は、手形の善意取得の成立要件に関する問題である。手形法（16条1項・2項・77条1項1号）は、手形の譲渡人が無権利者であることにつき、善意かつ重過失なく手形を取得したときには、所持人が裏書の連続によって権利を証明すれば、手形の喪失者に返還する義務を負わず、手形上の権

利を行使することができる旨を定めている。

　問題は、Eが紛失手形であることを知って取得した場合でも善意取得は
成立するかどうかであるが、前者のDが善意取得してしまえば、その後の
取得者は悪意・重過失の有無にかかわらず、前者が取得した権利を承継取
得すると解されている。

　なお、手形や小切手の善意取得の制度は、手形等の流通を保護する制度
であるから、流通期間中の譲渡についてのみ認められ、期限後裏書には適
用されない。期限後裏書については通常は民法上の債権譲渡の効力のみが
認められるから（手形法20条1項）、裏書により無権利者から権利を取得す
ることはできない。

★関連事項

善意取得

　ある物を占有しているためにその者を権利者と信じて取引をした者に対
し、たとえ前主たる占有者が無権利者であったとしても、なお取引の安全
を保護するため、その者の信頼したとおりの権利取得の効果を認めようと
する制度である。

　手形取引では、譲渡人が無権利者であっても、その者が裏書の連続した
手形の所持人であることについて善意でかつ重大な過失もなく取引すれば、
譲受人は手形上の権利を取得する。

《関連判例》

●除権判決（現・除権決定）前の手形の善意取得者の権利（最判平成13・
　1・25金融・商事判例1114号6頁）

「手形について除権判決（現・除権決定）の言渡しがあったとしても、こ
れよりも前に当該手形を善意取得した者は、当該手形に表章された手形上
の権利を失わない」

●無権代理人・代表者からの裏書譲渡と善意取得（最判昭和35・1・12金

融・商事判例529号67頁）

「代理・代表権限のない者から手形の裏書譲渡を受けた場合でも裏書が形式的に連続しており、被裏書人に悪意または重大な過失がなかったときは、右被裏書人は振出人に対しその手形上の権利を行使できる」

【基本問題解答例】

択一解答　(1)

　形式的に裏書の連続した手形の譲受人は、譲渡人が無権利者であっても、悪意または重過失がないかぎり手形上の権利を取得し（善意取得）、白地式裏書についても同様の効力が認められる（手形法16条）。善意取得が成立すると、その後の取得者は善意・悪意にかかわらず前者の権利を承継するとされている。

　本問では、Dは善意・無重過失であるから、この手形を善意取得し、Dから譲渡を受けたEは善意・悪意にかかわらずDの権利を承継するから手形上の権利を行使できる。したがって、(1)は正しく、(3)は誤りである。

　手形・小切手の善意取得は、流通保護のため流通期間中の譲渡につき認められている制度であり、期限後裏書の場合は認められない。したがって、期限後裏書により手形を取得したDおよびEについては善意取得が成立せず、Eは手形上の権利を行使できないから、(2)は誤りである。

　以上から、(1)が正解である。

応用問題

　手形の善意取得について、次のうち正しいものを指摘し、それぞれの正否の理由を述べてください。

　(1)　裏書の連続が一部欠けている手形の所持人については、善意取得は一切認められない。

(2)　期限後裏書による手形の譲受人であっても、善意取得は認められる。

(3)　白地式裏書により手形の所持人となった者でも、善意取得は認められる。

【応用問題解答例】

択一解答　(3)

　裏書が一部欠けている手形の所持人であっても、その部分について実質的権利移転の立証がなされれば、裏書の連続があるのと同視されることなるから善意取得は認められる。したがって、(1)は誤りである。

　手形の善意取得は、手形の流通期間中に譲渡された場合について認めた制度であるから、期限後裏書による手形の譲受人には認められない。したがって、(2)は誤りである。

　白地式裏書はそれ自体有効な裏書であり、白地式裏書により手形を取得した者も適法な所持人とみなされる（手形法16条・77条1項1号）から善意取得も認められる。したがって、(3)が正しく正解である。

2 　小切手の支払

6　先日付小切手の振出日前呈示

基本問題

　　甲銀行は、取引先Ｘから乙銀行を支払銀行とする先日付小切手の取
立を依頼された。この場合の甲銀行および乙銀行の取扱いについて、
次のうち正しいものを指摘し、それぞれの正否の理由を述べてくださ
い。

　⑴　先日付小切手は、小切手の一覧払性に反する無効な小切手であ
　　るから、交換呈示されたら、乙銀行は形式不備として不渡返還す
　　る。

　⑵　甲銀行は、小切手に記載された振出日以降でなければ交換呈示
　　することはできない。

　⑶　先日付小切手であっても、交換呈示されれば乙銀行は支払う。

☞本問のポイント

・小切手の一覧払性
・先日付小切手に関する小切手法と実務の取扱い

問題理解と解答作成ポイント

　先日付小切手とは、実際の振出日より将来の日を振出日付として記載し
た小切手のことである。小切手法28条１項は、小切手は一覧払のものとし、
これに反する一切の記載は認めないとしているが、同条２項では、先日付
小切手は呈示された日に支払うべきものと規定している。つまり、先日付

小切手も完全に有効な小切手であることは認めるものの、小切手の一覧払性を貫徹して信用証券化を防ぐため、小切手に記載された振出日以前に支払呈示されたときは、呈示の日に支払うべきものとしている。

　一方、当座勘定規定7条1項は、「小切手が支払のため呈示されたときは当座勘定から支払う」旨を特約しているから、交換呈示されれば乙銀行は支払う。

★関連事項

先日付小切手の振出日と支払拒絶

　小切手法は、先日付小切手であっても呈示された日に支払うべきものとしているが（同法28条2項）、支払が拒絶されれば所持人は振出人・裏書人等に遡求権を行使することができる。

　一方、小切手の支払呈示期間は小切手に記載された振出日付を基準として計算されるから、呈示期間は事実上伸長されることになる（小切手法29条1項）。

【基本問題解答例】

択一解答　(3)

　先日付小切手も完全に有効な小切手で、呈示された日に支払うべきものとされているから（小切手法28条2項）、交換呈示することは可能であり、乙銀行は形式不備を理由に不渡返還することはできない。

　小切手法は、振出日付より前に支払呈示されたときは、呈示の日に支払うべきものと規定しているから、振出日以降でなければ交換呈示できないわけではない。先日付小切手であっても交換呈示されれば乙銀行は支払う（当座勘定規定7条1項）。

　以上により、(3)の説明が正しく正解である。

7　線引小切手の現払い

出題【22年10月・問5／22年6月・問5／21年10月・問5】

基本問題

　　甲銀行の窓口に、甲銀行とは取引のないＡと称する者が現れ、甲銀行の当座取引先Ｂが振り出した持参人払式一般線引小切手の支払を求めた。この小切手には、振出人Ｂの届出印による裏判があったので甲銀行は支払に応じたが、その後、この小切手は振出人ＢからＣに譲渡された後に盗まれたものであることが判明した。

　　この場合の甲銀行の責任について、次のうち正しいものを指摘し、それぞれの正否の理由を述べてください。

　(1)　甲銀行は、Ｂに対して線引違反による損害賠償の責任を負う。

　(2)　甲銀行は、Ｃに対して線引違反による損害賠償の責任を負う。

　(3)　甲銀行は、ＢまたはＣのいずれにも損害賠償の責任を負うことはない。

☞本問のポイント

・線引小切手に関する小切手法の規定と当座勘定規定上の規定
・当座勘定規定の特約の効力が及ぶ範囲

問題理解と解答作成ポイント

　本問のポイントは、当座勘定規定における線引の効力を排除する特約の効力と、その特約の効力の及ぶ者の範囲である。まず、当座勘定規定18条1項は、線引小切手であっても裏面に振出人の届出印による押印があるときは、持参人が取引先でなくても支払うことができる旨を特約している。この特約は、その当事者間では有効であるとするのが判例であるから、銀行は線引小切手に振出人の裏判があれば、持参人が取引先でなくても支払

うことができる。それによって、取引先本人に損害が生じても銀行は損害賠償の責任を問われることはない。

　次に、この特約の効力の及ぶ者の範囲であるが、前記のとおり当事者間においてのみ有効とされているので、取引先でない線引小切手の持参人に支払ったために第三者が損害を被った場合には、銀行は、小切手法38条5項の規定により、その損害を賠償しなければならないことになる。

　ただし、当座勘定規定18条2項は、銀行が被害者に損害を賠償した場合には、賠償金相当額を当座取引先に請求できることを特約している。したがって、本問の場合、銀行は特約が適用されないCに対しては線引違反による損害賠償の責任を負うことになるが、最終的には振出人が損害を負担することになる。

　当座勘定規定における線引の効力排除の特約は、従来の慣行を明文化したものであるが、このような慣行が生まれたのは、線引小切手の受取人が小切手の支払銀行と取引がないかぎり即日現金化することができず、また銀行取引がなければ現金化にも困ることになる。そこで、振出人の裏判によって線引の抹消と同一の目的を達しようとする取扱いが一般化したわけである。

★関連事項

線引小切手

　線引小切手には、一般線引小切手と特定線引小切手がある。一般線引小切手は、振出人または所持人が小切手の表面に2本の平行線を引いた小切手で、平行線のなかに「銀行」とか「Bank」とか書かれている場合がある。支払銀行は、他の銀行または自行の取引先に対してのみ支払うことができる（小切手法38条1項）。

　特定線引小切手は、2本の平行線のなかに特定の銀行名が記載されている小切手で、支払銀行は記載された銀行、支払銀行名が記載されている場

合は自行の取引先に対してのみ支払うことができる（小切手法38条2項）。

　いずれも、支払った小切手が盗難・紛失小切手であった場合の支払先を容易に知ることができるためと、不正取得者が容易に小切手の支払を受けられないようにするためである。

線引違反による損害賠償責任

　線引の効力を排除する当座勘定規定18条1項の規定は当事者間では有効であるとされており、さらに当座勘定規定ではその取扱いをしたため小切手法38条5項の規定による損害が生じても銀行は責任を負わない旨を特約し、また、銀行が第三者にその損害を賠償した場合は、振出人に求償できるものとしている。

《関連判例》

●一般線引小切手についての持参人払の合意の趣旨（最判昭和29・10・29金融・商事判例529号13頁）

「持参人払式一般線引小切手につき支払人は持参人に支払えば足りる旨の合意は、当事者間において支払人に対する小切手法38条5項に基づく損害賠償請求権を放棄する旨の合意として有効である」

【基本問題解答例】

択一解答　(2)

　小切手法によれば、一般線引小切手の支払銀行は、支払銀行の取引先に対し、または他の銀行に対してのみ支払うことができると規定し（同法38条1項）、これに違反したために損害が生じたときは、小切手金額に達するまで損害賠償の責めを負うとしている（同条5項）。一方、当座勘定規定では、線引小切手であっても小切手の裏面に振出人の届出印による押捺があるときは、その持参人に支払うことができるとし、それにより損害が生じても支払銀行は責任を負わない旨を特約している（同規定18条1項・2項）。したがって、(1)の説明は誤りである。

　しかし、この特約は契約の当事者である甲銀行とその当座取引先Ｂとの間では有効であるが、第三者に対する関係では無効であるから、(2)が正解であり、ＢまたはＣのいずれにも責任を負わないとする(3)も誤りとなる。

応用問題

　甲銀行の窓口に、Ｘと称する一見の客が現れ、Ａ社振出の30万円の持参人払式一般線引小切手を呈示し支払を求めた。この小切手の裏面には、Ａ社の振出印による記名捺印がなされていたので、甲銀行は注意義務を尽くして届出印と照合のうえ同一であると認めてＸに支払ったが、翌日、当該小切手はＡ社からＢに交付したものであるが、その後Ｂは紛失したということが判明した。

　この場合の甲銀行の取扱いについて、次のうち正しいものを指摘し、それぞれの正否の理由を述べてください。

(1)　甲銀行とＡ社との当座勘定規定の特約により線引の効力は排除されているから、甲銀行はＢに対して責任を負うことはない。

(2)　甲銀行のＸに対する支払は、小切手法上無効とされる。

(3)　甲銀行は、Ｂに対して30万円を限度として損害賠償の責任を負うことになる。

☞基本問題との相違点

・線引制度違反によって小切手を支払った場合の支払の効力

【応用問題解答例】

択一解答　(3)

　当座勘定規定では、線引小切手であっても小切手の裏面に振出人の届出印による捺印があるときは、持参人に支払うことができるとし、それによ

り損害が生じても支払銀行は責任を負わない旨を特約しているから（当座勘定規定18条）、小切手の裏面に振出人の届出印があれば小切手の持参人が取引先でなくても支払うことができる。ただし、この特約は支払銀行と当座取引先との間の契約であるにとどまり、線引の効力が排除されるのではなく、また、この特約の効力は第三者であるBには及ばない。したがって、(1)は誤りである。

　取引先でない持参人への支払は線引違反となるから賠償責任を生じるが、小切手の支払自体は有効であるから、(2)も誤りである。

　支払銀行が善意・無過失であっても、第三者に対しては小切手の金額を限度として線引違反の責任を負うことになるので（小切手法38条5項）、(3)が正解である。

～ follow up ～

　　取引先の定義について、一般的には、支払人と継続的な取引がありその素性が知れている者（服部榮三『手形・小切手法』224頁ほか）あるいは取引を通じて相手方の住所、氏名、その同一性を確認している者（大隅健一郎＝河本一郎編『注釈手形法・小切手法』525頁）と考えられている。具体的には、当座取引や貸出取引がある場合は問題ないが、店頭で普通預金を開設したばかりの者や過去に取引関係があって現在取引がない者などは取引先ではないとされている。他店舗の取引先も取引先に含めるとする考え方も有力であるが（大隅＝河本・前掲書525頁）、いずれにしても、実質的な取引があり銀行がその素性を把握している取引先に限られると解すべきであろう。

8 小切手の支払委託の取消し

基本問題

　甲銀行は、当座取引先Xから、令和3年10月15日付で振り出した小切手1通について「紛失」を理由とする支払委託取消しの申出を受理したところ、この小切手が令和3年10月20日に呈示された。この場合の甲銀行の対応について、次のうち正しいものを指摘し、それぞれの正否の理由を述べてください。

(1) 小切手法32条1項は、支払委託の取消しは呈示期間経過後においてのみ効力を生じると規定しているので、甲銀行は小切手の所持人に対して支払を拒絶することはできない。

(2) 甲銀行は所持人に対して支払義務を負担するので、支払委託の有無にかかわらず支払を拒絶することはできない。

(3) 支払委託の取消しは、甲銀行とXとの間の問題であって、その小切手法上の効力にかかわらず支払人は所持人に対し支払義務を負うものではないので、甲銀行は支払を拒絶することができる。

☞本問のポイント

・小切手法32条1項の趣旨
・支払委託取消しの効力
・支払人と小切手所持人との関係

問題理解と解答作成ポイント

　銀行は、振出人から特定の小切手について盗難・紛失等の事故届が提出されたときは、その小切手がいつ呈示されても支払に応じないのが実務の取扱いである。しかし、小切手法32条1項は、支払委託の取消しは呈示期

間経過後においてのみ効力を有すると規定していることから、同規定の解釈が問題となる。通説は、同条は小切手所持人の利益を保護し、小切手の支払証券性を確保するのを目的とする強行規定であるから同条に反する特約は無効と解している（鈴木竹雄『手形法・小切手法』(新版) 388頁注（五)）。これに対して、支払委託の取消しがあっても、小切手所持人は依然として小切手の受領権限を有しその地位に影響を与えるものではないから、同条は所持人保護のための強行規定と解する必要はなく、支払人（銀行）が同意するのであれば呈示期間内の支払委託の取消しであっても効力を生じるとする見解もあるが少数説にとどまっている（前田庸『手形法・小切手法入門』387頁)。

　いずれにしても、支払委託の取消しは、振出人と支払人間の問題であって所持人に対する関係で小切手の効力に影響を及ぼすものではない。通常、銀行実務では振出人から支払わないでもらいたいとの申出があれば申出に応じることにしている。当座取引は、取引先が振り出した手形・小切手の支払事務の処理を目的とする委任契約であるから、委託事務の取消しがあれば受任者としてその指示に従わざるをえないことになる。また、銀行は、振出人との関係では小切手の支払義務を負担するとしても、小切手所持人との関係ではなんらの義務を負担しないからである。

★関連事項

強行規定

　当事者の意思によって、左右することのできない公の秩序に関する法規をいう。強行法ともいう。当事者の意思によってその適用を排除することのできる任意規定あるいは任意法に対応するものである。原則的には、公法に属する法規はそのほとんどが強行法であり、任意法は私法に属するものが多い。しかし、いかなる法規が強行規定であるかは、各規定の趣旨から具体的に判断すべきであるとされている。

委任契約

49頁参照。

支払委託の取消し

　小切手は、振出人が支払人（銀行）に支払を委託する支払委託証券であるが、呈示期間内に支払委託の取消しはできない。支払証券である小切手の流通性を確保するためである。しかし実際には、呈示期間内であっても振出人から支払いをしないように依頼があれば銀行は取引先を保護する趣旨で支払をしないのが通例である。なお、支払委託の取消しがないかぎり、呈示期間経過後も振出人の計算において支払うことができる（小切手法32条2項）。

【基本問題解答例】

択一解答　(3)

　甲銀行は、振出人Xに対する関係では委託契約上の受任者の義務として呈示された手形・小切手の支払義務を負うが、手形所持人に対する関係ではなんらの義務を負担するものではない。小切手法32条1項は、小切手の支払の確実性を強化するため、支払呈示期間が経過するまで支払委託の取消しはその効力を生じないとしている。しかし、支払人（甲銀行）は手形所持人に対して支払義務を負うものではないから、通常は委任契約である当座勘定取引契約における受任者として当座勘定取引先である振出人の意思に従い、呈示期間内でも支払を拒絶し、かつ、それにより責任を負うことはない。以上により、(3)が正解である。

手形・小切手

9　自己宛小切手（預手）の事故届

出題【23年6月・問5】

基本問題

　　甲銀行は、取引先Ａの依頼によって500万円の持参人払式自己宛小切手を発行したが、その後Ａから小切手を紛失したので支払を拒絶してほしい旨の事故届があった。届出日現在ではすでに呈示期間を経過している。

　　甲銀行の処置について、次のうち正しいものを指摘し、それぞれの正否の理由を述べてください。

(1)　呈示期間経過後の支払委託の取消しに該当する以上、小切手法により支払うことはできない。

(2)　呈示期間内の善意の取得者に対しては、銀行は利得償還義務を負担することになるから、支払を拒絶することができない場合がある。

(3)　自己宛小切手の支払資金は、Ａの預金として別段預金に受け入れているものであるから、Ａの申出に従わざるをえない。

☞本問のポイント

・自己宛小切手と当座小切手の法的性質の違い
・自己宛小切手の発行依頼人からの支払委託取消しの意味
・自己宛小切手の善意取得者に対する利得償還義務
・自己宛小切手の支払資金の性質

問題理解と解答作成ポイント

　本問は、自己宛小切手（預手）の発行依頼人から預手紛失の事故届があった場合において、①預手の性質、②事故届の法的意義、③預手所持人の

小切手上の権利、④別段預金に留保した対価の性質等についての理解を問うものである。

　まず、自己宛小切手は、金融機関が取引先の依頼によって自己を支払人として振り出す小切手のことをいい、通常の当座小切手のように銀行と取引先との支払委託関係は存在しないから、事故届が提出されても小切手法上支払委託の取消しの効果も当座勘定契約上の委任事務の取消しの効果もなく、ただ、無権利者に支払わないように注意を喚起するにとどまるとするのが、通説・判例である。発行依頼人と銀行との関係は、銀行が対価を得て預手を譲渡する、つまり小切手の売買という考え方が有力である。預手の代り金は、銀行が発行依頼人の名義で別段預金に留保したとしても、それは銀行が支払資金として留保しているものであって、あくまでも銀行の資金である。

　次に、呈示期間については預手も一般の小切手と変わりはなく、呈示期間を経過すれば振出人は小切手法上の遡求義務を負うことはない。しかし、呈示期間経過後であっても、呈示期間経過前に善意取得した者がいる場合は利得償還義務を負うことになるので、支払を拒絶できない場合もありうる。善意の取得者とは、譲渡人が無権利者であることを知らないで、かつ知らないことについて重大な過失がなく取得した者のことである。

　預手の事故届が発行依頼人から提出されたときは、支払人である銀行の注意義務が加重されることになるので、支払呈示を受けた場合は、直ちに依頼人に連絡し、悪意の取得者に対して支払わないよう注意する。

★関連事項

小切手の支払呈示期間

　支払呈示期間は、小切手上に記載された振出日を含めると実質的には11日間である（小切手法29条1項）。ただし、呈示期間内の休日は期間に含まれるが最終日が休日である場合は、それに次ぐ取引日まで延長される（同

法60条 2 項)。

遡求義務

62頁参照。

利得償還義務

　手形上または小切手上の権利が、手続の欠缺または時効などによって消滅した場合に、振出人・引受人・裏書人など、実質上利得を受けた債務者が所持人に対して、その受ける利益の限度において償還すべき義務をいう（手形法85条、小切手法72条）。所持人の立場から見て利得償還請求権という。

《**関連判例**》

●預手事故届の効力（東京高判昭和42・ 8 ・30金融・商事判例73号12頁）

「預手では、振出依頼人と支払銀行との間に実質的に資金提供の関係があるが、それは小切手関係上の支払委託ではないから、依頼人から出された事故届は、支払の慎重を期すべく注意を喚起した単なる警告的なものであり、支払銀行は小切手支払をなしうる」

「振出銀行は、所持人の失権とともに、預手取組によって消滅した依頼人に対する預金債務を当然に利得しており、この利得は、本件小切手支払によって影響をうけず残存しているから、右利得を償還すべきである」

●期限後譲渡による小切手の善意取得の成否（最判昭和38・ 8 ・23金融・商事判例529号132頁）

「呈示期間経過後譲渡された小切手については、銀行振出の自己宛のものであっても、小切手法21条（善意取得）の適用がない」

【基本問題解答例】

択一解答（2）

　小切手法は、支払委託の取消しは呈示期間経過後においてのみ効力を生じると定めているが、自己宛小切手は、振出人と支払人が同一（銀行）であるため、一般の小切手のような取引先と銀行との間の「支払委託」の関

係はないから「支払委託の取消し」という概念はない。したがって、呈示期間経過後の支払委託の取消しであるから支払うことはできないということにはならない。

　次に、自己宛小切手の発行依頼人から受け入れる小切手の代り金は、支払義務者である銀行の資金であって依頼人の預金ではない。別段預金とするのは銀行の内部処理にすぎないから(3)も誤りである。

　呈示期間経過後であるので、銀行は小切手所持人に対して小切手法上の遡求義務を負うことはないが、善意の取得者に対しては利得償還義務を負うことになるので、一概に支払を拒絶することはできない。ただ、事故届が出ているので善意の取得者であるかどうかを確認する必要がある。よって、(2)が正解である。

手形・小切手

③　裏　　書

10　裏書の連続

出題【23年6月・問4／21年10月・問4】

基本問題

　　甲銀行が取引先Xから取立を依頼された手形の裏書は、下図のように、第1裏書人A、第2裏書欄は全部抹消、第3裏書欄の裏書人Cといずれも白地式裏書により手形が譲渡されている。

　　この手形の裏書が連続する理由について、次のうち正しいものを指摘し、それぞれの正否の理由を述べてください。

(1)　第2裏書欄に抹消印が押印されていないから、第2裏書欄の裏書は抹消されていないものとみなされ裏書は連続する。

(2)　第2裏書欄の裏書が、抹消権限を有する者によって抹消されたものであれば裏書は連続する。

(3)　第2裏書欄の裏書が、抹消権限を有する者によって抹消されたかどうかを問わず裏書は記載されなかったものとみなされるから裏書は連続する。

☞本問のポイント

・裏書の連続とは
・裏書の抹消

問題理解と解答作成ポイント

　本問は、裏書欄全部が抹消されている手形の連続の有無とその理由を問うものである。第1のポイントは、裏書の連続の有無であるが、裏書の連続とは、手形の受取人から現在の所持人にいたるまで切れ目なく連続していることである。しかも、手形の外観上形式的に連続していればよく、手形所持人は自己が正当な手形権利者であることを証明しなくても権利を行使することができる。

　第2のポイントは、裏書欄全部が抹消されている場合の連続の有無である。これについて最高裁は、抹消権限を有する者によって抹消されたかどうかを問わず記載されなかったものとみなすと判示しているから、その記載を無視して連続の有無を判断すればよいことになる。

　銀行実務では、裏書全部または被裏書人のみ抹消された手形の取立を依頼されたり支払呈示を受けることが少なくない。その場合の取扱いについて整理しておく必要がある。

★関連事項

裏書の抹消

　裏書の抹消が適法にされたか否かにかかわらず、裏書の記載が外観上除去されることをいう。裏書人の署名の抹消は裏書全部の抹消となるが、その他の部分の抹消は裏書の一部抹消となるというのが通説である。抹消した裏書は、裏書の連続の判定にあたり、記載のないものとみなされる（手形法16条1項・50条2項・77条1項、小切手法19条・46条2項）。

裏書の連続

　証券の受取人から最後の被裏書人にいたるまで、裏書が証券上の記載において連続していることをいう。裏書の中間に白地式裏書がある場合には、次の裏書人が白地式裏書により取得したものとみなされるから、裏書の連

続は害されない。裏書の連続があれば、最後の所持人は適法な所持人と推定される。

　連続を欠く場合は、その部分について実質的に有効な権利移転があったことを立証できれば手形上の権利を行使することができる。裏書の連続の有無は、客観的・外観的に判断すればよい（手形法16条・17条・77条1項、小切手法19条・21条、商法519条）。

《関連判例》

●無権限者による裏書の抹消（最判昭和36・11・10金融・商事判例529号100頁）

「手形の裏書が抹消された場合には、これを抹消する権利を有する者がしたかどうかを問わず、手形法16条により、右裏書は記載されなかったものとみなすべきである」

●無権代理人・代表者からの裏書譲渡と善意取得（最判昭和35・1・12金融・商事判例529号67頁）

　81頁参照。

【基本問題解答例】

択一解答　(3)

　裏書の抹消方法について、手形法はとくに制限ないし規定していないから、抹消印が押印されてなくても抹消していることが外観上明白であれば抹消と認められる。手形法16条1項は、抹消した裏書は記載されなかったものとみなすと規定し、さらに抹消する権利を有する者がしたかどうかを問わないとするのが判例である。

　したがって、(3)が正解である。

応用問題

　甲銀行が、取引先Ａから取立依頼された手
形の裏書は右図のとおりである。この手形の
連続の有無について、次のうち正しいものを
指摘し、それぞれの正否の理由を述べてくだ
さい。

(1)　第１裏書の被裏書人が甲銀行であるか
　　ら、第２裏書人は甲銀行であるべきとこ
　　ろ、Ａが裏書人となっているから裏書は
　　連続しない。

(2)　第１裏書人であるＡを被裏書人とするＢの第３裏書は不合理で
　　あるから裏書は連続しない。

(3)　裏書は連続する。

裏　書　人	A
取立委任	
被裏書人	甲銀行殿
裏　書　人	A
被裏書人	
裏　書　人	B
被裏書人	A

【応用問題解答例】

択一解答　(3)

　取立委任裏書の被裏書人は、裏書人に代わって手形上の権利を行使する
代理権は与えられるが、手形上の権利は依然として裏書人が有するから、
裏書人が取立委任の被裏書人から手形を受戻しすれば、他に手形を譲渡す
ることは可能であり裏書の連続を欠くことにはならない。手形法は、振出
人・裏書人など手形上の債務者を被裏書人とする裏書（戻裏書）を認めて
いるから、第１裏書人であるＡに対するＢの裏書も有効で裏書の連続に欠
けることはない。

　したがって、(3)が正解である（手形法11条１項・３項・77条１項１号）。

4　手形抗弁

11　融通手形の抗弁

基本問題

　Ａ社は、Ｂ社に頼まれてＢ社を受取人とする融通手形を振り出した
ところ、Ｂ社はその手形をＣ社に譲渡した。この場合のＡ社の手形支
払義務について、次のうち正しいものを指摘し、それぞれの正否の理
由を述べてください。
　⑴　Ｃ社がこの手形が融通手形であることを知っていたというだけ
　　　では、Ａ社はＣ社に対して支払を拒むことはできない。
　⑵　融通手形であることを理由とする抗弁は物的抗弁であるから、
　　　Ａ社は誰に対しても支払を拒むことができる。
　⑶　Ａ社は、Ｃ社が期限後裏書により手形を取得した場合であって
　　　も、Ｃ社に対して支払を拒むことはできない。

☞本問のポイント

・融通手形の性格
・人的抗弁と物的抗弁
・期限後裏書の効力

問題理解と解答作成ポイント

　融通手形とは、一般に、商取引の裏付けがなく、被融通者が第三者から
金融を受ける手段として利用する目的で融通者から被融通者に振り出され
た手形をいう。裏付けとなる商取引がないため不渡りとなる場合が多い。

　本問のポイントは、①人的抗弁と物的抗弁の区別、②融通手形の抗弁が
どちらに該当するか、③融通手形であることを知って取得した第三者に融
通手形の抗弁を対抗できるか、④期限後裏書がされた場合の抗弁の効力の
有無である。

★関連事項

融通手形

　融通手形とは、商取引の裏付なしにもっぱら金融のため、振出・裏書・
引受・保証等が行われた手形をいう。被融通者は、この手形を銀行等で割
引・担保にすることによって資金化し、手形の満期までこの資金を利用し
て満期にこの資金を振出人に渡して手形の支払にあてさせるか、または、
被融通者みずからこの手形を買い戻してこれを振出人に返すことがある。
一般に信用度が低く不渡りの危険が多い。2名以上の者が相互に融通手形
を書き合った場合の手形を書合手形・馴合手形などと呼ぶことがある。

人的抗弁

　人的抗弁とは、振出人や裏書人などの手形債務者等が、直接の当事者な
ど特定の手形所持人に対してのみ手形の支払を拒絶できる事由をいう。こ
れらの者から手形を取得した者に対しては、手形債務者等を害することを
知って取得した場合を除いて対抗できない（人的抗弁の切断。手形法17条・
77条1項1号、小切手法22条）。

物的抗弁

　手形・小切手の所持人が何人であるかを問わず、手形・小切手の債務者
が支払を拒絶できる抗弁をいう。たとえば、①偽造された手形・小切手で
あること、②金額が変造された手形・小切手であること、③手形債務が時
効で消滅したこと、④手形・小切手要件が欠けていること、⑤満期未到来
であることなどである。絶対的抗弁、客観的抗弁ともいう（手形法2条1
項・40条・76条1項・77条1項、小切手法2条1項）。

期限後裏書

　手形では、支払拒絶証書作成後または支払拒絶証書作成期間（支払呈示期間）経過後の裏書をいう。小切手では、支払拒絶証書もしくはこれと同一の効力を有する宣言の作成後または呈示期間経過後の裏書をいう。後裏書ともいう。通常の裏書と異なり、民法上の債権譲渡の効力しかもたず、期限前の裏書に認められる人的抗弁の制限（手形法17条）、善意取得（同法16条2項）など手形の流通を保護する諸制度の適用を受けない（同法20条・77条1項、小切手法24条、民法467条・468条）。

《関連判例》

●悪意の第三取得者に対する融通手形の抗弁（最判昭和34・7・14金融・商事判例529号62頁）

「いわゆる融通手形の振出人は、直接被融通者から手形金の支払を請求された場合に支払を拒絶できるのは格別、被融通者以外の所持人に対しては、特段の事情のないかぎり、その者が融通手形であることを知っていたと否とを問わず、その支払を拒絶することはできない」

●交換的に振り出した手形の一方の不渡りと他方についての融通手形の抗弁（最判昭和42・4・27金融・商事判例64号2頁）

「甲および乙がいわゆる融通手形を交換的に振り出し、各自が振り出した約束手形はそれぞれ振出人において支払をするが、もし乙が乙振出の約束手形の支払をしなければ、甲は甲振出の約束手形の支払をしない旨約定した場合において、乙がその約束手形の支払をしなかったときは、甲は、右約定および乙振出の約束手形の不渡り、あるいは、不渡りになるべきことを知りながら甲振出の約束手形を取得した者に対し、いわゆる悪意の抗弁をもって対抗することができる」

●手形所持人に重大な過失がある場合と悪意の抗弁（最判昭和35・10・25金融・商事判例529号85頁）

「債務者を害することを知らないで手形の所持人となった者に対しては、

重大な過失があると否とを問わず、前者に対する人的抗弁をもって対抗することはできない」

【基本問題解答例】

択一解答　(1)

　手形抗弁には、手形要件の欠缺・満期未到来・偽造・変造など手形債務者がどの手形所持人に対しても主張することができる物的抗弁と、特定の手形所持人に対してのみ主張できる人的抗弁がある。人的抗弁については、手形債務者を害することを知って手形を取得した者に対しては主張できるが（悪意の抗弁。手形法17条）、融通手形であるとの抗弁については、融通手形であることを知って第三者が被融通者から取得した場合でも、そのことだけでは、手形債務者は支払を拒むことはできないとするのが判例である。もっとも、被融通者が満期までに融通者に手形の支払資金を提供しないときは融通者は手形を支払わないとの合意があり、かつ融通者に支払資金の提供がなされていない場合に、それを知って手形を取得した者に対しては悪意の抗弁をもって支払を拒むことができるとされている。

　次に、期限後裏書は、不渡後の裏書または手形の流通期間を経過した後の裏書であるから、期限前の裏書と同一の効力は認められず、民法上の債権譲渡の効力しか有しないから人的抗弁は切断されない（手形法20条1項但書・77条1項1号）。したがって、C社が期限後裏書により手形を取得した場合は、A社は融通手形であることを理由にC社に対する支払を拒絶することができる。以上により、(1)が正解である。

手形・小切手

5　偽造・変造

12　偽造手形と手形当事者の責任

出題【22年6月・問4】

基本問題

　A社の経理担当者Bは、手形振出の権限を与えられていなかったの
にもかかわらず、A社の記名捺印を用いてA社名義の約束手形を振り
出しCに交付した。Cからこの手形を裏書により過失なく事情を知ら
ないで取得したDが期日に支払呈示したところ、「偽造」を理由に不
渡返還された。

　この偽造手形について、次のうち正しいものを指摘し、それぞれの
正否の理由を述べてください。

　(1)　被偽造者であるA社は、だれに対しても手形上の責任を負うこ
　　　とはない。

　(2)　偽造者Bは、手形上の責任を負うことはない。

　(3)　裏書人Cは、手形所持人Dに対して遡求義務を負担する。

☞本問のポイント

・手形の被偽造者に対する表見代理規定の類推適用

・偽造者に対する手形法8条の類推適用

問題理解と解答作成ポイント

　問題のポイントは、偽造手形における被偽造者と偽造者の責任の有無で
ある。①被偽造者の手形上の責任については、被偽造者は自己の名義が勝
手に使用されたものであるから手形上の責任を負わないのを原則とするが、

手形取得者の信頼を保護するため、判例は、機関方式の手形偽造について
も民法の表見代理の規定の類推適用を認めている。つまり、外観上Bが代
理権を有するように認められる特別の事情があるときは、代理権の存在を
認めて有効な振出があったものとするものである。なお、参考までに、判
例は、無権代理の場合と同様に被偽造者は偽造手形を追認できることを認
めている。

　次に、②偽造者の責任について、判例は、手形法8条の類推適用により
手形上の責任を負うべきであるとしている。この判例の考え方は、手形法
8条の無権代理人の責任は、名義人本人が手形上の責任を負うかのように
表示したことに対する担保責任であると解することによる。なお、偽造手
形であることを知って手形を取得した者は同条によって保護されず、この
ような悪意の取得者に対しては偽造者は手形上の責任を負わない（最判昭
和55・9・5金融・商事判例609号3頁）。

★関連事項

手形の偽造

　他人の名義を勝手に用いて振出、裏書その他の手形行為を行うこと。手
形上の記載を無権限で変更する手形の変造と区別される。

　被偽造者は、本来、手形行為者としての責任を負うことはないが、偽造
手形について民法上の表見代理あるいは使用者責任（民法715条）が成立す
る場合は法律上の責任を負う。偽造者は、損害賠償責任（民法709条）や刑
事責任（刑法162条・163条）を負うほか、手形法8条の類推適用により無
権代理人と同じく手形上の責任を負うとするのが判例である（最判昭和49
・6・28金融・商事判例418号2頁）。

記名捺印（押印）

　手形行為者の名称をワープロ、タイプライター、ゴム印など、自筆以外
の方法で記載して捺印すること。手形法上の署名には、自署のほか記名捺

印も含まれる（手形法82条）。

機関方式と代理方式

　手形の振出人と実際に手形振出しの事務を行う個人が異なる場合（典型的には会社名義の手形を役職員が作成する場合）、代理人名と本人名を明示して振り出す場合を代理方式、代理人名を明示しないで本人名で振り出す場合を機関方式（代行方式）という。判例（最判昭和43・12・24）は、権限を有さない者が機関方式で手形を振り出した偽造についても、表見代理（民法110条）の類推適用を認めた。

表見代理

　代理人と称する者が実は代理権を有しない場合であっても、相手方が代理権の存在を信じるのが当然だと思われるような特別の事情があるときは、取引の安全のため代理権が真実存在すると同様の効果を生じさせる制度で、民法は3つの類型について規定している（民法109条・110条・112条）。

遡求義務（償還義務）

　62頁参照。

《関連判例》

●手形偽造と表見代理（最判昭和43・12・24金融・商事判例152号8頁）
「無権限者が機関方式により手形を振り出し本人名義の手形を偽造した場合であっても、右手形振出が本人から付与された代理権の範囲をこえてなされたものであり、かつ、手形受取人において右無権限者が本人名義で手形を振り出す権限ありと信ずるにつき正当の理由がある等原審認定の事実関係のもとにおいては、本人は、民法110条の類推適用により、右手形について振出人としての責に任ずる」

●手形偽造者の責任（最判昭和49・6・28金融・商事判例418号2頁）
「手形を偽造した者は、手形法8条の類推適用により手形上の責任を負う」

【基本問題解答例】

択一解答　(3)

　約束手形の被偽造者Ａ社は、自己の名義が無断使用されただけでみずからの意思で手形上に記名捺印したわけではないので、手形取得者が手形偽造につき善意であると否とを問わず、またＡ社に手形偽造につき重過失があったと否とを問わず、原則として手形上の責任を負うことはない（手形法7条・77条2項）。しかし、判例は、無権限者ＢがＡ社の記名捺印を用いて機関方式により本人名義の手形を偽造して振り出した場合にも、事情によっては民法110条の表見代理に関する規定の類推適用によりＡ社の振出人としての責任を認めるに至っている（最判昭和43・12・24）。したがって、(1)の説明は誤りである。

　次に、手形上に偽造者Ｂの署名は存在しないから、Ｂは刑事責任や不法行為責任は別として手形上の責任を負わないとするのが原則である。しかし、これについて判例は、無権代理との権衡上、手形法8条の無権代理に関する規定を類推適用して手形偽造者は手形上の責任を負うべきであるとしているので（最判昭和49・6・28）、(2)の説明も誤りである。

　判例・通説によれば、手形行為独立の原則は裏書にも適用されるから（最判昭和33・3・20）、裏書人Ｃは被裏書人Ｄに対して裏書人としての遡求義務を負うことになるので、(3)が正解である。

手形・小切手

応用問題

　Ａが、額面100万円の約束手形を振り出しＢに交付したところ、Ｂはこの手形金額を200万円に変造してＣに裏書譲渡した。Ｃは、変造の事実を知らずにこの手形をＤ銀行に持ち込み、割引を受けた。
　Ｄ銀行が割引手形について行使できる権利について、次のうち正し

いものを指摘し、それぞれの正否の理由を述べてください。

(1)　変造手形である以上、Ｄ銀行は振出人Ａに対しては、一切の手
形上の責任を問うことはできない。

(2)　適法に呈示したが振出人Ａが期日に決済しないときは、Ｂに対
して200万円について遡求権を行使できる。

(3)　変造手形であることが判明しても、期日に手形の不渡りが確定
するまではＣに対して買戻しを請求することはできない。

☞基本問題との相違点

・手形の変造における変造前と変造後の責任
・手形の変造と買戻請求権の行使

【応用問題解答例】

択一解答　(2)

　手形法は、手形の記載事項が変造された場合には、「変造後ノ署名者ハ
変造シタル文言ニ従ヒテ責任ヲ負ヒ変造前ノ署名者ハ原文言ニ従ヒテ責任
ヲ負フ」（手形法69条・77条1項7号）と規定している。したがって、手形
の署名者は署名したときの手形文言によって責任を負い、変造によって手
形債務が消滅するわけではないから、(1)は誤りである。

　手形所持人は、支払呈示期間内に適法な支払呈示をしたのにもかかわら
ず支払を拒絶されたときは、原則として遡求義務者に対して遡求権を行使
することができ、手形独立行為の原則により遡求義務者であるＢに対して
は変造後の200万円について遡求権を行使することができる。したがって、
(2)が正解である。

　割引依頼人であるＣに対する割引手形の買戻請求権は、手形の主債務者
である振出人Ａが変造前の100万円についてしか責任を負わないことにな
るので、銀行取引約定書6条2項の割引手形について債権保全を必要とす

る相当の事由に該当し、D銀行は満期前でもCに対して買戻請求権を行使することができる。したがって、⑶は誤りである。

6 当座勘定取引契約

13 当座開設時の注意義務

基本問題

甲銀行は、B社との間で当座取引を開設したが、B社はまもなく不渡手形を濫発して倒産した。

この場合、不渡手形の所持人に対する甲銀行の責任について、次のうち正しいものを指摘し、それぞれの正否の理由を述べてください。

(1) 当座開設時の信用調査は、手形所持人のために行うものではなく、銀行自身の信用保持のために行うものであるから、原則として銀行は手形所持人に対して法的責任を負わない。

(2) 信用調査を行ったが結果的に手形所持人が損害を被った場合は、銀行は手形所持人に対する調査義務違反の法的責任を免れない。

(3) 銀行は、一般に当座開設依頼人の信用調査をする法的義務はないとされているので、調査すれば容易に当座開設屋であることが判明できた場合であっても、銀行は手形所持人に対して法的責任を負うことはない。

☞本問のポイント

・当座取引開設時における銀行による信用調査の性質
・信用調査と手形所持人に対する責任
・信用調査と第三者に対する不法行為責任

問題理解と解答作成ポイント

　当座勘定取引は、銀行と取引先との間においてのみ効力を生じる支払委託契約であって、手形所持人との関係では銀行になんらの権利・義務は存在しない。しかし、他の預金取引と異なり、支払銀行の信用をバックに手形・小切手が転々流通される要素があることも否定できないだけに、本問のような場合に銀行の責任が問題とされることもある。

　当座開設時の銀行の調査義務について、多くの判例は、銀行が相手方を調査しないで当座取引を開設し、そのため手形所持人が損害を受けても、手形所持人に対する関係では銀行は責任を負担しないとしている。しかし、調査義務はないとしても、調査すれば容易に判明したにもかかわらず、手形・小切手の信用を悪用する目的で当座開設をもくろむ者（当座開設屋）と当座取引を開始し、それによって第三者が損害を受けた場合には、民法の一般原則（民法709条）により銀行は賠償責任を負うことになろう。

　本件に類似したケースとして、相手方を調査しないで、①無資力の者、②実在しない会社、③他人名義の者と当座取引を開設した場合の銀行の責任が問題となる。これについて判例は、銀行は手形・小切手の所持人に対して道義的責任は別として法的責任を負うものではないとする。ただし、相手方が不正に手形・小切手を利用しようとすることを銀行が知っているか、あるいは重大な過失により知らない場合は責任を負うべきものとしている。

★関連事項

当座勘定取引

　当座勘定取引契約の法的性質については、①手形・小切手の支払を委託する委託契約と消費寄託契約（またはその予約）との混合契約であるとみる混合契約説、②当座預金の受入を委任事務処理費用の前払とみる委任契

（手形・小切手）

約説、③委任事務処理費用の返還請求権と消費寄託の返還請求権との間に交互計算の関係があるとみる交互計算説などがあるが、①の混合契約説が多数説である。

　支払委託により、銀行は当座取引先に対して手形・小切手の支払義務を負うが、この義務は手形・小切手の所持人に対して負うものではない。手形・小切手の所持人は、銀行の当座取引先に対する支払義務の反射的効果として、結果的に支払を受けられるにすぎない。

《関連判例》

●実在しない会社の当座開設（東京高判昭和55・4・15金融・商事判例605号
　34頁）

「金融機関に課せられる取引先の信用調査義務は、経済上の道義的な義務であると解するのが相当であり、一般的に金融機関が、手形・小切手の取得者に対し、法的義務として右調査義務を負うものと解するのは、相当でない」

【基本問題解答例】

択一解答 (1)

　当座開設における開設依頼人に対する信用調査は、不渡手形を濫発されることにより銀行自身の信用が損われることを防ぐためであって、手形所持人のために行うものではない。信用調査が不十分であったため手形所持人が損害を被った場合、取引銀行の責任が問われることがあるとしても、それは道義的責任であって、直ちに銀行の法的責任に結びつくことはない。ただし、調査すれば容易に当座開設屋であることが判明できたような場合は、民法の一般原則により、第三者に対して不法行為による損害賠償責任を負担しなければならないこともある。

　よって、(1)が正解である。

14　当座勘定取引契約の解約

━━ 基 本 問 題 ━━

　甲銀行の当座取引先Xは、しばしば入金待ちを繰り返すなど、取引振りはきわめて不良である。手形不渡は発生していないが、甲銀行は当座取引を解約したいと考えている。このような場合、銀行からする一方的当座取引の解約の効力について、次のうち正しいものを指摘し、それぞれの正否の理由を述べてください。

(1)　X社から解約届をとらなければ解約の効力は発生しない。

(2)　銀行からの解約通知がX社に到達することによって解約の効力が生じる。

(3)　銀行から解約通知を発信すれば、発送した時点で解約の効力が生じる。

☞ 本問のポイント

・委任契約としての当座勘定取引の解約権
・解約通知の効力発生時期
・取引停止処分の際の解約通知の効力発生時期の特約

問題理解と解答作成ポイント

　当座勘定取引契約の中心的性質は委任であるから、当事者はいつでもこれを解約することができ（民法651条1項）、当座勘定規定にも同趣旨の規定が置かれている（同規定23条1項）。いつの時点で解約の効力が生じるかについては、民法の一般原則によれば、解約の意思表示は相手方に到達した時に効力を生じることになる（民法97条1項）。ただし、当座勘定規定では、取引先が手形交換所の取引停止処分を受けたために銀行が解約する場

合には、到達のいかんにかかわらず、通知を発信した時に解約の効力が発生することを特約している（同規定23条3項）。

　銀行からの解約通知は口頭で行っても有効であるが（当座勘定規定23条1項参照）、解約の事実と解約日を証明できるように通常は配達証明付内容証明郵便で送付する。解約通知を届出の住所にあてて発信した場合に、通知が延着または到達しなかったときは、通常到達すべき時に到達したものとみなされる（同条2項）。

　なお、当座取引の解約により、取引先は未使用手形・小切手用紙の返却義務を負うが（当座勘定規定24条2項）、銀行が未使用手形・小切手用紙を回収しなかった場合でも、それだけで直ちに第三者の受けた損害を賠償する責任はないとされている。

　なお、2022年11月をもって手形・小切手の交換はすべて電子化されて全銀協の電子交換所に集約して行われることになり、これまで手形・小切手（現物）の交換業務を行ってきた全国の手形交換所は廃止された。今後は手形・小切手の交換は現物の授受に代わって電子情報により行われることになり、これに伴い電子交換所規則が制定されている。電子交換所規則には、手形の現物の授受に関する規定に代えて、データの授受に関する規定が設けられるなどの手当てがされているが、同規則では電子交換所は手形法、小切手法に定める手形交換所であるとされ、不渡処分、取引停止処分などの規律も概ね従前どおり維持されている（後述するように不渡処分に対する異議申立てについては、従前とは異なる規律が設けられている）。なお、本書では、規律が変更になり区別して記載する必要がある場合には「電子交換所」「電子交換所規則（同施行細則）」「旧手形交換所」「旧手形交換所規則（同施行細則）」と表記し、区別して表記する必要がない場合は、単に「交換所」「交換所規則」と表記する。ただし、旧手形交換所、旧手形交換所規則に関する判例の引用は、判例記載のままとする。

　また、これに伴い当座勘定規定ひな型及び各金融機関の当座勘定規定、

手形用法、小切手用法についても必要な改正がなされている。

★関連事項

委任契約

49頁参照。

当座勘定取引の解約

当座勘定規定23条参照。

《関連判例》

●当座取引解約時の未使用手形用紙の不回収と手形所持人に対する損害賠償責任（最判昭和59・9・21金融・商事判例707号3頁）

「当座勘定取引契約を解約した銀行が、顧客から未使用手形用紙を回収しなかった場合において、顧客が、第三者に対し右手形用紙を用いて手形を振り出し、これにより損害を加えたときであっても、原判示の事実関係のもとでは、銀行は第三者の右損害につき不法行為責任を負わない」

【基本問題解答例】

択一解答　(2)

　当座勘定取引契約は、手形・小切手の支払委託、すなわち委任契約を中心とする契約であるが、委任契約は民法上当事者の一方の都合によりいつでも解約可能であるとされている（651条1項）。また、当座勘定規定にも同趣旨の約定が置かれている（23条）。したがって、解約届を必要とする(1)は誤りである。

　民法は、意思表示は、その通知が相手方に到達した時に効力を生じるとしているから（97条1項）、(2)が正解である。当座勘定規定では、取引先が手形交換所の取引停止処分を受けたときは解約通知を発信した時に解約の効力を生じるとしているが、それ以外の場合については、このような特約はないから（23条3項）、(3)も誤りである。

応用問題

　甲銀行乙支店の当座勘定取引先Ａ社は、手形交換所の銀行取引停止処分を受けたため、甲銀行は、当座勘定契約の解約を内容証明郵便で通知した。

　ところが、上記の解約通知は受領されないまま返送され、甲銀行が状況を確認するため訪問するとＡ社の本社事務所は閉鎖されたまま無人で、代表者等も行方不明となっている。Ａ社には交付済みの手形及び小切手用紙が、相当数残っていると思われるが、誰が管理しているかも不明である。

　この場合の甲銀行の取扱い等に関して、次のうち正しいものを指摘し、それぞれ正否の理由を述べてください。

　(1)　甲銀行の当座勘定契約解約の意思表示はＡ社に到達していないから、甲銀行は、Ａ社との当座勘定取引契約を解約するには、改めて公示送達手続等により解約の意思表示をしなければならない。

　(2)　甲銀行は、Ａ社との当座勘定取引契約が解約された後であっても、それ以前に振り出された手形または小切手が交換呈示された場合、当座預金の残額があれば決済しなければならない。

　(3)　当座勘定取引契約が解約された後、Ａ社に交付された手形・小切手用紙が使用されて第三者が損害を被った場合、特段の事情がなければ、甲銀行が法的責任を負うことはないとされている。

☞基本問題との相違点

・　銀行の手形・小切手用紙回収義務の有無

【応用問題解答例】

択一解答　(3)

　当座勘定規定では、当座勘定取引先が手形交換所の取引停止処分を受けたために銀行が解約する場合は、到達のいかんにかかわらず、その通知を発信した時に解約されたものとされている。したがって、解約通知の発送により解約の効力が生じているから、(1)は誤りである。

　当座勘定取引契約の解約により甲銀行とA社との手形・小切手の決済にかかる委任契約は終了しているから、当座預金に残高があっても甲銀行はA社のために手形・小切手の決済を行うという受任事務を行うことはできない。呈示された手形・小切手は「取引なし」で不渡返還することになる。したがって、(2)は誤りである。

　当座勘定契約が終了した場合でも、取引先が保有している手形・小切手用紙について、銀行は、回収を図るのが相当であるが、その義務を負うとする法的根拠はなく、回収できなかった手形用紙等が使用され、それを受領した第三者が損害を被ったとしても、特段の事情がない限り法的な責任を負わないとされている（最判昭和59・9・21）。したがって、(3)が正しく、これが本問の正解である。

~ *follow up* ~

　民法の委任に関する規定（651条1項）では当事者は各当事者はいつでも委任契約を解約できるとされ、当座勘定規定23条1項でも、当座勘定契約は当事者の一方の都合でいつでも解約できるとされている。しかし、取引先にとっては、いきなり当座勘定契約を解約されると事業継続に支障が生じるおそれもあるから、銀行は恣意的に解約できるのではなく、相当な理由や手続きを取る必要があることに留意する必要がある。

手形・小切手

7　手形交換

15　他店券の見込払い

基本問題

　　甲銀行の取引先Ｘ社振出の手形が本日交換呈示されたが、当座預金
に含まれている未決済の他店券（約束手形）500万円を見合いにしな
いと決済できない。

　　この場合、他店券を見合いに決済してよいかどうか、次のうち正し
いものを指摘し、それぞれの正否の理由を述べてください。

　(1)　他店券も現金と同様に受け入れた時点で当座預金となるので、
　　　他店券を見合いに決済してさしつかえない。

　(2)　原則として、他店券を取り立て、不渡返還時限の経過後その決
　　　済を確認したうえでなければ決済してはならない。

　(3)　かりに他店券が不渡りとなっても、銀行は振出人・裏書人等に
　　　対して償還請求権を行使することができるので、他店券を見合
　　　いに決済してよい。

☞本問のポイント

・他店券を受け入れた場合の支払資金とする時期（解除条件説と停止条件
　説）
・当座勘定規定2条1項
・他店券が不渡りとなった際の償還請求権の行使と実務上の問題点

問題理解と解答作成ポイント

　本問のポイントは、他店券受入時の預金成立の時期についてどのような考え方があるか、また、当座勘定規定ではどのように定めているかである。

　預金成立時期については、他店券を受け入れたときに預金は成立するが、不渡りとなった場合は遡って成立しなかったことになるとする解除条件説と、他店券が決済されたことが確認された時点で預金が成立するとする停止条件説があるが、停止条件説が一般的な考え方である。

　また、当座勘定規定2条1項では、他店券の決済を確認した後でなければ支払資金としないと定めているので、法律上の解釈がいずれであっても、当座預金契約では、停止条件説と同様の取扱いが定められていることになる。

　なお、当座勘定規定11条5項には、他店券を見合いとして決済した場合（過振り）には、受け入れた証券は担保として譲り受けたこととする旨の特約があり、その場合は銀行は当該他店券にかかる権利を行使できるが、当該他店券が決済されなかった場合には回収リスクを負うことになる。実務的には信用力の高い取引先に対して過振りが行われているケースもあると思われるが、その場合は取引先に対して銀行がリスクを取って信用供与を行っていることに注意する必要がある。

★関連事項

他店券

　支払場所が自行でない手形・小切手類のことで、他券・他行券などとも呼ばれる。これに対して、支払場所あるいは支払銀行が自行である手形・小切手類は、自行手形・自店券・当店券・当手などと呼ばれている。

手形の取立委任

　手形金の取立に関する代理権を与える手形行為で、通常、取立委任裏書

手形・小切手

がなされる。

《関連判例》

●他行小切手による当座預金の成立時期（最判昭和46・7・1金融・商事判
　例273号6頁）

「他行小切手による当座預金への入金は、当該小切手の取立委任とその取
立完了を停止条件とする当座預金契約であるから、受入金融機関は、特別
の約定がないかぎり、他行小切手の取立完了前においては、当該小切手の
金額に見合う当座支払の義務を負わない」

【基本問題解答例】

択一解答　(2)

　他店券を預金に受け入れた場合の預金の成立時期については、他店券を
受け入れたときに預金は成立するが不渡りとなった場合は遡って成立しな
かったことになるとする解除条件説と、他店券が決済されたことが確認さ
れた時点で預金が成立するとする停止条件説があるが、停止条件説が通説
であり、当座勘定規定でも他店券の決済を確認した後でなければ支払資金
としないと定められている（同規定2条1項）。

　他店券を支払資金とした場合には、受け入れた証券は担保とする旨の特
約があり、銀行は当該他店券にかかる権利を行使できるが、回収リスクを
負うことになる。

　したがって、他店券については決済を確認した後でなければ支払資金と
することは妥当ではないから(2)は正しく、他店券を見合いに決済してよい
とする(1)、(3)は誤りである。

> ## 応用問題
>
> 　甲銀行の取引先Ａの普通預金に対して、Ａの債権者Ｘから仮差押え
> がなされた。請求債権600万円に対して差押時点の預金残高は500万円
> であったが、そのうち100万円は取立未済の他店券であった。
> 　仮差押えの効力が及ぶ範囲について、次のうち正しいものを指摘し、
> それぞれの正否の理由を述べてください。
> 　(1)　他店券が決済されることを条件に、預金残高500万円の全部に
> 　　　ついて仮差押えの効力が及ぶ。
> 　(2)　他店券は不渡りを解除条件として受入時に預金となるので、仮
> 　　　差押時の預金残高500万円に仮差押の効力が及ぶ。
> 　(3)　他店券100万円はまだ預金として成立していないから、これを
> 　　　除いた400万円についてのみ仮差押えの効力が及ぶ。

手形・小切手

【応用問題解答例】

択一解答　(1)

　他店券による預金の受入は取立委任であって、取立済みになってはじめ
て預金となる。つまり、他店券の受入は、取立を停止条件とする預金契約
であり、普通預金規定でも決済を確認したうえでなければ支払資金となら
ない旨を特約している。したがって、仮差押預金のなかに他店券がある場
合は、そのような条件付の預金を仮差押えしたことになり、不渡りのとき
は条件が成就せず、その部分について仮差押えの効力は及ばないことにな
る。したがって、(3)は誤りであり、(1)が正解である。

　なお、不渡りを解除条件として受入時に預金契約が成立すると解する見
解もあるが、銀行が取立リスクを負うことになり、預金規定とも整合しな
いから妥当ではない。したがって、(2)は誤りである。

16　小切手の依頼返却

出題【21年10月・問6】

基本問題

　甲銀行を支払銀行、乙銀行を持出銀行、Aを振出人、Bを所持人とする小切手が、不渡処分を免れるため依頼返却された場合について、次のうち正しいものを指摘し、それぞれの正否の理由を述べてください。

(1)　依頼返却は、支払呈示を撤回したことになるので、BはAに対して遡求権を行使することはできない。

(2)　依頼返却が行われても、支払呈示としての効力を有するので、BはAに対する遡求権を失うことはない。

(3)　依頼返却が、Aの取引停止処分を回避する目的で行われた場合は、支払呈示としての効力を有しない。

☞本問のポイント

・依頼返却の意義
・依頼返却と支払呈示の効力

問題理解と解答作成ポイント

　依頼返却は、書替済みの旧手形や期日未到来などの理由で本来は交換に持ち出すべきでない手形を誤って交換に持ち出した場合、その他真にやむをえない理由があるときに、持出銀行が支払銀行に返却を依頼して持出前の状態に復帰する方法として行われるものである。しかし、実際には、支払資金の都合のつかない振出人の要請を受け、所持人が持出銀行に連絡して依頼返却を行うことにより振出人の取引停止処分（不渡処分）を回避する方法として利用されることが少なくない。

　問題は、依頼返却をした場合の支払呈示の効力であるが、これについて、最高裁は、依頼返却がもっぱら振出人に対する不渡処分を回避するために行われた場合でも、いったん生じた支払呈示ならびに支払拒絶の効力が失われるものでないと判示している。

★関連事項───────────

遡求権
62頁参照。

依頼返却
　多くの場合、手形の主たる債務者（あるいは小切手の振出人）の要請を受けた所持人からの依頼により、持出銀行が支払銀行に呈示した手形（小切手）の返却を依頼すること。本来は、別途支払済みの手形など交換に持ち出すべきでない手形（小切手）を誤って持ち出した場合に用いられる。実際は、依頼返却手形（小切手）は不渡情報登録の提出の必要がないため（電子交換所施行細則33条1項1号③）、不渡処分を免れる目的で依頼返却が行われる場合が多いが、このような場合でもいったん生じた支払呈示および支払拒絶の効力はなくならない。

《関連判例》
●手形交換所における呈示と依頼返却（最判昭和32・7・19金融・商事判例529号39頁、『別冊ジュリスト判例百選5版』144頁〔吉川栄一〕）
「……依頼返却は、振出人の懇請により持出銀行が受入銀行（支払銀行）に依頼して、呈示後返還を受けるものであるが、右措置は専ら持出人に対する取引停止処分免脱のための便宜に出たものであることも原判決の認定するところである、そして右認定に基づいて一旦生じた支払のための呈示並びに支払拒絶の効力を減却させるものでないとの趣旨に帰する原判決の判断は、これを首肯することができる」

【基本問題解答例】

択一解答　(2)

　依頼返却は、支払呈示を撤回したことにはならないから、BはAに対して遡求権を行使することができる。不渡処分を免れるため依頼返却が行われた場合でも、いったん生じた支払呈示および支払拒絶の効力は失われないとするのが判例であるから、BはAに対して遡求権を行使することができる。以上により、(2)が正解である。

応　用　問　題

　　甲銀行を支払銀行、乙銀行を持出銀行、Aを振出人、Bを所持人とする手形について、Aの不渡処分を回避するため依頼返却する場合の当事者として、次のうち正しいものを指摘し、それぞれの正否の理由を述べてください。
　(1)　依頼返却は、乙銀行が甲銀行に依頼して行われる。
　(2)　依頼返却は、Bが直接甲銀行に依頼して行われる。
　(3)　依頼返却は、BがAに依頼して行われる。

【応用問題解答例】

択一解答　(1)

　不渡処分を回避するため依頼返却が行われる場合であっても、依頼返却は、交換所規則に基づき持出銀行が支払銀行に依頼して行われる。依頼返却は、多くの場合、振出人の不渡処分を回避するなどの目的で、振出人の所持人に対する懇請によって行われるものであり、所持人が振出人に依頼して行われるものではない。また、所持人Bが直接支払銀行に依頼して行うものではない。以上により、(1)が正解である。

17　不渡異議申立預託金に対する差押え

基本問題

　　当座取引先Ｘ社が、不渡処分を免れるため手形の支払場所である甲
銀行に預託した不渡異議申立預託金の返還請求権に対して、不渡手形
の所持人であるＹを申立債権者とする差押命令が送達された。

　　この場合の甲銀行の取扱いについて、次のうち正しいものを指摘し、
それぞれの正否の理由を述べてください。

　(1)　差押命令の送達は、交換所規則に定める異議申立預託金の返還
　　　許可の申立事由であるから、甲銀行はＹが取立権を行使した場
　　　合直ちに支払わなければならない。

　(2)　手形の持出銀行から手形交換所に支払義務確定届または差押命
　　　令送達届が提出された場合、甲銀行は、交換所に不渡異議申立
　　　預託金の返還許可の申立てをすることができ、これにより異議
　　　申立手続きが終了し返還が許可されれば、以降、Ｙの取立てに
　　　応じて異議申立預託金をＹに支払うことができる。

　(3)　不渡事由解消後２年間を経過しなければＹに支払うことはでき
　　　ない。

☞本問のポイント

・**不渡異議申立預託金の返還事由**
・**不渡異議申立預託金の弁済期**

問題理解と解答作成ポイント

　旧手形交換所規則では、不渡手形・小切手の振出人等の債務者である当
座勘定取引先から、不渡処分に対し「契約不履行」など振出人の信用に関

わらない理由により異議申立の依頼があった場合、支払銀行が旧手形交換所に手形・小切手金相当額の異議申立提供金を差し入れることにより異議申立ができる制度が設けられていた。この場合に、振出人等は、支払銀行に異議申立を依頼するにあたって、委任事務処理費用の前払費用ないし支払銀行が旧手形交換所に差し入れる異議申立提供金の見返りとして、手形・小切手金相当額の異議申立預託金を預け入れることとされていた。

　しかし、電子交換所規則では、異議申立提供金は廃止され、振出人等が支払銀行に預け入れる異議申立預託金に統合された。

　支払銀行は、振出人等の当該手形・小切手債権についての支払義務の不存在が裁判により確定した場合や、別口の不渡りにより取引停止処分を受けた場合など、異議申立の理由が消滅したときは、電子交換所に異議申立預託金の返還許可の申立てをすることができ、この場合は異議申立の手続きは終了し、電子交換所は電子交換所規則施行細則の定めにより支払銀行に異議申立預託金の返還を許可するとされている。

★関連事項

異議申立提供金

　旧手形交換所規則における、不渡処分に対する異議申立にあたって、支払銀行が旧手形交換所に差し入れる手形・小切手債権額相当額の金銭をいう。電子交換所規則では廃止された。

異議申立預託金

　旧手形交換所規則に基づく不渡処分に対する異議申立手続では、支払銀行が、旧手形交換所に異議申立提供金を出捐して異議申立を行うことから、この委任事務処理の前払費用またはその代わり金として、振出人等は手形・小切手金相当額の異議申立預託金を支払銀行に預け入れることとされていた。しかし、電子交換所規則では、振出人等が支払銀行に異議申立預託金を預け入れることが異議申立の要件とされ（同規則45条2項）、その返

還等の取扱いについても規律が明記されている。これによると、以下の場合に支払銀行から異議申立預託金の返還許可の申立てがあったときは、異議申立手続は終了し、交換所は支払銀行に対し、異議申立預託金の返還を許可するとされている（同規則46条）。

① 不渡事故が解消し、持出銀行から交換所に不渡事故解消届が提出された場合

② 別口の不渡りにより取引停止処分が行われた場合

③ 支払銀行から不渡報告への掲載または取引停止処分を受けることもやむを得ないものとして異議申立の取下げの請求があった場合

④ 異議申立をした日から起算して2年を経過した場合

⑤ 当該振出人等が死亡した場合

⑥ 当該手形の支払義務がないことが裁判（調停、裁判上の和解等、確定判決と同一の効力を有するものを含む。）により確定した場合

⑦ 持出銀行から交換所に支払義務確定届または差押命令送達届が提出された場合（支払義務確定届は異議申立に係る不渡手形について振出人等に当該不渡手形全額について支払義務のあることが裁判により確定した場合、差押命令送達届は、異議申立に係る不渡手形について当該手形債権を請求債権とし異議申立預託金の返還請求権を差押債権とする差押命令（差押・転付命令を含む。）が支払銀行に送達された場合に、それぞれ持出銀行が交換所に提出することができる。）

⑧ 支払銀行に預金保険法に定める保険事故が発生した場合

　上記の各事由のうち、③により異議申立預託金の返還が許可された場合には、不渡報告への掲載や取引停止処分の対象となり、⑦による場合は当該手形の支払がなされたかどうかにより取扱いが異なり、それ以外の事由による場合は、不渡報告への掲載や取引停止処分は行われない。

第2号不渡事由についての特例

　不渡事由が第2号不渡事由のうち偽造、変造である場合、支払銀行は交

換所に対し、電子交換所規則施行細則の定めるところにより異議申立預託金の預託の免除を請求することができる（同規則45条2項）。

　また、偽造、変造、詐取、紛失、盗難、取締役会承認等不存在その他これらに相当する事由によるものと認められる場合には、支払銀行は、交換所に異議申立預託金の返還許可の申立てをすることができる（同規則46条3項）。

異議申立預託金返還請求権の差押え

　不渡異議申立預託金は、手形振出人が不渡異議の申立てを支払銀行に依頼するについて、交換所規則に基づき預託されるものであって委任事務処理費用の前払費用（民法649条）の性質を有すると考えられる。したがって、不渡異議申立預託金は不渡手形・小切手の振出人等を債権者、支払銀行を債務者とする金銭債権であり差押・転付の対象となり、不渡手形・小切手等にかかる債権者に限らず、当該振出人等の債権者はこれを差し押さえることができる。ただし、この債権は交換所の返還許可があってはじめて弁済期限が到来する不確定期限ないし停止条件付債権であり、それまでは、差押債権者はこれを取り立てることはできない。

　異議申立預託金の弁済期は、旧手形交換所規則による異議申立手続では、手形交換所から支払銀行に異議申立提供金が返還された時に到来するとされていたが、電子交換所規則では前記のように交換所による返還許可として整理され、許可された時に到来する。

　例えば、手形所持人の依頼により、手形の持出銀行から手形交換所に不渡手形の「支払義務確定届」、または当該手形債権を請求債権、異議申立預託金返還請求権を差押債権とする「差押命令送達届」が提出されると、それによって支払銀行が交換所に不渡異議申立提供金の返還許可の申立てをすることができ、その許可があった時に不渡異議申立預託金の弁済期が到来する。したがって、支払銀行はその時点で、不渡異議申立預託金の差押債権者に支払うことが可能となる。

　なお、異議申立預託金（旧手形交換所規則に基づく異議申立提供金も同様）の性質は、不渡手形・小切手等の債権者に対して、その支払を担保するものではないとされているので（東京高判昭和44・12・17）、当該不渡手形・小切手の債権者が、その返還請求権について優先的または排他的権利を有するものではない。

不渡報告または取引停止処分の取消し・解除

　不渡報告または取引停止処分が交換所参加銀行の取扱錯誤による場合は、当該参加銀行は交換所に対し、不渡報告または取引停止処分の取消しを請求しなければならない。交換所は、この請求を受けた場合は、直ちに不渡報告または取引停止処分を取り消す（同規則48条）。

　また、不渡報告または取引停止処分が偽造、変造、詐取、紛失、盗難、取締役会承認等不存在その他これらに相当する事由の手形について行われたものと認められる場合には、当該手形の振出人等と関係のある当該参加銀行は交換所に対し同施行細則の定めに従って、不渡報告または取引停止処分の取消しを請求することができる（同規則49条）。

　参加銀行は、取引停止処分を受けた者について著しく信用を回復したとき、その他相当と認められる理由があるとき、または不渡報告に掲載された者について相当と認められ理由があるときは、交換所に対し、同施行細則の定めに従って、その解除を請求することができる（同規則50条）。

　これらの場合には、その可否については不渡手形審査専門委員会の審議に付される。

差押命令

37頁参照。

転付命令

41頁参照。

《関連判例》

●不渡異議申立預託金の性質（福岡高判昭和51・9・8判例時報852号106頁）

「手形振出人等の手形支払義務者が異議申立銀行に対して不渡異議申立を依頼する関係は委任又は準委任契約であると解すべきであり、預託金はその契約に基づき差入れられるもので、委任事務処理の必要経費の前払費用である」

●不渡異議申立提供金の性質（東京高判昭和44・12・17金融法務事情570号26頁）

「手形不渡異議申立提供金は、手形の支払義務者の不払いにつき正当な抗弁事由があることを疎明し、不渡処分を阻止するためのものである。特定の手形の信用を維持しその手形権利者に対する手形金の支払の担保の作用を営ませるためではない」

●手形債務者の同意なく手形交換所に対する異議申立を取り下げた場合と委任契約上の義務違反（仙台高決平成10・2・4金融・商事判例1038号3頁）

「手形交換所に対する異議申立手続を委任された支払銀行は、委任の趣旨に従い、銀行取引停止処分の猶予を維持するために必要な措置を採るべき義務を負うから、右銀行が手形債務者に無断で、一方的に異議申立を取り下げることは、委任契約の趣旨・目的に反して手形債務者を銀行取引停止処分に陥らせることになり、善管（注意）義務に違反し許されない」

【基本問題解答例】

択一解答　(2)

　不渡異議申立預託金返還請求権の弁済期は、支払銀行の申立てを受けて交換所から支払銀行に対し返還許可がなされた時であるが、差押・転付命令の送達自体は交換所規則で定める返還許可事由に該当しないから、それだけでは預託金の弁済期は到来しない。よって、預託金返還請求権の弁済期は未到来であって、Yに対しては期限到来まで支払を拒絶できる。したがって、(1)は誤りである。次に、持出銀行が手形所持人の依頼により、支払義務確定届または差押命令送達届を交換所に提出すると、交換所規則に基づき支払銀行は交換所に不渡異議申立預託金の返還許可の申立てをする

ことができ、交換所による許可があれば、その時点で預託金をYに支払うことができる。したがって、(2)が正解である。不渡事故解消後2年間を経過しなくても、その間に交換所規則で定める返還許可事由が発生して、支払銀行が交換所に返還許可の申立てをして返還が許可されれば、その時点でYに預託金を支払うことができる。したがって，(3)は誤りである。

手形・小切手

応用問題

　甲銀行の当座取引先Aが不渡処分を免れるため甲銀行に預託した不渡異議申立預託金の返還請求権に対して、当該不渡手形の権利者でないBを申立債権者とする差押・転付命令が裁判所から送達された。その後1週間を経過してから転付債権者Bが転付命令の確定証明書を持参し、払戻しの請求をした。甲銀行の取扱いについて、次のうち正しいものを指摘し、それぞれの正否の理由を述べてください。

(1)　預託金は不渡手形の支払を担保する趣旨のものであるから、Bの払戻請求に応じることはできない。

(2)　転付命令の確定預託金の返還請求権はBに移転するから、預託金をBに払い戻してよい。

(3)　Bによる差押・転付は有効であるにしても、それによって異議申立預託金の返還が許可されることにはならないので、直ちに払戻しに応じることはできない。

☞**基本問題との相違点**

・**不渡異議申立預託金の法的性質**

・**不渡異議申立預託金に対する差押・転付と不渡事故解消**

【応用問題解答例】

択一解答　(3)

　不渡異議申立預託金は、Ａが甲銀行に不渡異議の申立てを依頼するについて、委任事務処理の前払費用として預託するものであって、不渡手形の債務を担保すべき性質のものではない。したがって、(1)は誤りである。

　次に、転付命令の確定によって預託金の返還請求権はＢに移転するが、手形債務を弁済したわけではないから不渡事故は解消しない。また、甲銀行がＡから受任している異議申立の委任関係も、それにより終了することはない。したがって、(2)は誤りである。

　交換所規則に定める不渡異議申立預託金の返還許可事由が発生し、甲銀行の申立てを受けて交換所が返還を許可すれば、甲銀行は預託金をＢに支払うことができるが、Ｂによる差押・転付は返還許可事由とならないので、甲銀行は払戻しに応じることはできない。したがって、(3)が正解である。

～ *follow up* ～

　　2017年改正民法では、債権について譲渡を制限する特約があっても譲渡自体は有効とされ（466条2項）、一方で債務者には悪意・重過失のある譲受人に対する履行拒絶権や供託に関する規定が設けられた（同3項、4項、466条の2）。

　　なお、預貯金債権については改正前民法同様、悪意・重過失のある譲受人に対して譲渡制限特約を対抗できる（譲渡は無効となる）という例外が設けられている（466条の5第1項）。不渡異議申立預託金返還請求権にも譲渡制限特約が付せられていると考えられるが銀行に対する債権であっても預貯金債権ではないから、一般の債権と同様の規律に服する（227頁参照）。

18　破産法の保全処分と振出手形の支払

基本問題

　　甲銀行は、破産手続開始の申立てをした融資先X社に対して、申立
裁判所が破産法に基づく弁済禁止の保全処分をしたことを知った。

　　ところが、保全処分中に、Y社から、破産手続開始の申立前にX社
が振り出した約束手形が交換呈示された。この場合の甲銀行の対応に
ついて、次のうち正しいものを指摘し、それぞれの正否の理由を述べ
てください。

　(1)　弁済禁止の保全処分は、X社に対し債権者に対する弁済を禁じ
　　　る処分であるから、交換手形を支払って差し支えない。

　(2)　手形交換所規則に基づき「破産法による財産保全処分中」とし
　　　て不渡返還する。

　(3)　弁済禁止の保全処分は、Y社の取立行為を禁止するものではな
　　　いから、交換手形を支払って差し支えない。

手形・小切手

☞本問のポイント

・破産法に基づく保全処分の理解
・手形交換所規則、同施行細則の理解

問題理解と解答作成ポイント

　債務者が破産手続開始の申立てをしても、債務者は、開始決定により管
財人が選任されるまでの間は、開始決定により破産財団に帰属すべき財産
であっても処分する権限を失うわけではない。しかし、それでは、その間
に債務者が財産を隠匿したり不当に処分したりするおそれがある。そこで、
裁判所は、利害関係人の申立てまたは職権によって破産会社の業務および

財産に関し、保全処分をすることができるとしている（破産法28条1項）。本問は、保全処分のうち弁済禁止の保全処分をとりあげたものである。通常、融資先が破産手続開始の申立をした場合は、裁判所による保全処分の決定がなされる。その制度をよく理解しておく必要がある。

【基本問題解答例】

択一解答　(2)

　弁済禁止の保全処分は、X社に対する処分でY社に対する処分ではないが、保全処分に反してされた弁済は、原則として破産手続の関係において債務消滅の効力を有しないとされているから、甲銀行は支払うことはできない（破産法28条6項）。交換手形は、手形交換所規則63条1項および同施行細則77条1項1号に基づき0号不渡事由である「破産法28条1項による財産保全処分中」として不渡返還する。不渡届は提出する必要はない。保全処分は、Y社の手形取立行為を禁止するものではないが、前記のとおり弁済禁止の保全処分により事実上甲銀行は支払うことはできない。したがって、(1)、(3)は誤りであり、(2)が正解である。

8　電子記録債権法

19　電子記録債権

出題【23年10月・問6／22年6月・問6】

基本問題

　A株式会社は、B株式会社に対して売掛債権100万円を有していたが、B株式会社から、C株式会社に対する電子記録債権300万円があるので、その一部を上記売掛金の弁済に充てたいとの申出があった。なお、A株式会社、B株式会社、C株式会社は、同じ電子記録債権登録機関に利用登録している。

　この場合の法律関係について正しいものを選び、それぞれ正否の理由を述べてください。

(1)　B株式会社のC株式会社に対する電子記録債権300万円を、分割記録をすることにより100万円と200万円の2口に分割し、さらに譲渡記録をすることにより、そのうちの100万円をA株式会社に譲渡することができる。

(2)　民法上の債権譲渡の手続により、B株式会社がC株式会社に対し確定日付ある証書により300万円のうち100万円をA社に譲渡したことを通知すれば、100万円の範囲でA株式会社は電子記録債権を取得する。

(3)　C株式会社が無資力でA株式会社が期日に弁済を受けられなかった場合、ほかに何らかの合意がなくても、A株式会社はB株式会社に対し、弁済を受けられなかった金額を求償できる。

☞ 本問のポイント

・電子記録債権にかかる権利の変動
・手形と電子記録債権の異同

問題理解と解答作成ポイント

　電子記録債権法は、手形に代わる決済方法として導入されたもので、そのため電子債権は手形と同様に原因債権とは無関係に成立し、善意取得（同法19条）、人的抗弁の切断（同法20条）など、手形法と共通する規定も多く設けられている。

　一方で、次のような手形法と異なる規律もあり、その異同を認識しておく必要がある。

①　手形の振出や裏書は単独行為であるが、電子記録債権は債権者債務者双方の請求を受けて電子債権記録機関が発生記録をすることにより発生する（同法5条1項、15条）。

②　手形は分割譲渡することはできず、一部裏書は無効とされるが、電子債権は、分割記録を行ったうえで分割された部分を譲渡することが可能である（同法43条、17条）。

③　電子記録債権が譲渡された場合、保証記録を行えば、弁済を受けられなかった譲受人は保証人に保証債務の履行を請求できるが、手形のように当然に遡求権が認められることとはされていない（同法31条）。

★関連事項─────────────────────

電子記録債権

　平成19年に成立した電子記録債権法に基づいて認められた債権の概念。「でんさいネット」など電子債権記録機関の記録原簿に記載されることによって、債権の発生や移転が行われる。手形に代わる決済手段として創設

されたもので、電子記録債権法には善意取得や人的抗弁の切断など手形法と同様の規定が設けられているが、手形と異なり、分割記録および譲渡記録を行うことで債権の一部の譲渡が可能であり、一方で、譲渡記録を行った場合に、保証記録を行なっておかないと、譲受人は債務者から弁済を受けることができなくても譲渡人に求償できないなど、手形と異なる規律が設けられている。

【基本問題解答例】

択一解答　(1)

　電子記録債権法は、手形の代わりの決済手段として立法されたものであるが、一部裏書ができない手形と異なり、分割記録をしたうえで譲渡記録をすることによって、債権の一部の金額について譲渡することができる（同法43条、17条）。したがって、(1)は正しく、本問の正解である。

　電子記録債権の譲渡は、譲渡記録をしなければ効力が生じない（電子記録債権法17条）。民法の定めによる債権譲渡を行っても、原因債権は別として電子債権については譲渡の効力が生じないから(2)は誤りである。

　電子記録債権については、手形の遡求権と同様の規定がなく、譲渡にあたって当該債権が弁済されなかったとき譲受人が譲渡人に対して求償できるようにするには、保証記録をする必要がある。したがって、(3)は誤りである。

応用問題

　Ａ株式会社は、Ｂ株式会社に対して売掛金100万円を有していたが、Ｂ株式会社から、同社のＣ株式会社に対する貸付金に係る支払期日未到来の電子記録債権100万円を上記売掛金の弁済に充てたいとの申出があった。なお、Ａ株式会社、Ｂ株式会社、Ｃ株式会社は同じ電子記

録債権登録機関に利用登録している。

　ところが、Ａ株式会社が当該債権の譲渡記録を受けた後になって、Ｂ株式会社のＣ株式会社に対する電子記録債権100万円は、ＢＣが通謀して虚偽の請求をして登録されたもので、その原因とされている貸付金は存在しないことが判明した。

　この場合の法律関係について正しいものを選び、それぞれ正否の理由を述べてください。

(1)　譲渡記録がされた電子記録債権は元々存在しない貸付金に基づくものであるから、発生記録も譲渡記録も無効であって、Ｂ株式会社もＡ株式会社も何ら債権を有することにならない。

(2)　Ａ株式会社はＣ株式会社に対して電子記録債権を行使でき、Ｃ株式会社は、Ａ株式会社がＣ株式会社を害することを知って電子記録債権の譲渡を受けた場合でなければ原因債権が存在しないことをＡ株式会社に対抗できない。

(3)　Ａ株式会社は、Ｃ株式会社が無資力で弁済を受けられなかった場合、保証記録がされていなくてもＢ株式会社に対し電子記録債権法上の遡求権を行使できる。

☞基本問題との相違点

・人的抗弁の対抗の可否

【応用問題解答例】

択一解答　(2)

　電子記録債権は、債権者と債務者の請求により電子債権記録機関が発生記録をすることにより発生し、原因関係の存在は要求されない。原因債権が存在しなくても、発生記録により発生し、原因関係の不存在は発生の当事者間での人的抗弁でしかない。したがって、(1)は誤りである。

　電子記録債権法では、手形法と同じく人的抗弁の切断を認めている（同法20条）。したがって、C株式会社はA株式会社がC株式会社を害することを知って電子記録債権の譲渡を受けた場合でなければ原因関係不存在の抗弁をA株式会社に主張できないから、(2)は正しく、本問の正解である。

　電子記録債権法では、手形法と異なり遡求権の規定がなく、譲渡が行われた場合に、保証記録がされていなければ、弁済を受けられなかったときでも譲受人は譲渡人に求償できない。したがって、(3)は誤りである。

手形・小切手

~*follow up*~

　手形法17条と電子記録債権法20条には、いずれも「人的抗弁の切断」が規定されている。手形所持人や電子記録債権の譲受人には害意をもって取得した場合を除いて前者や譲渡人に対する人的抗弁を対抗できないことや、期限後裏書により手形を取得した者にも支払期日以後にされた譲渡記録の請求により譲受人として記録された者にも適用がないなど、内容はほぼ共通している。ただし、電子記録債権法における人的抗弁切断の規定は債務者が個人（個人事業者である旨の記録がされていない者）の場合には適用がなく、債務者が法人または個人事業者（その旨の記録がされている者）の場合も発生記録において人的抗弁の切断に関する規定を適用しない旨の記録をすることにより排除することができる（同法20条2項1号、3号、16条2項10号）。

融資

1 **手形貸付・手形割引**

1　根抵当権確定後の手形の書替え

━━ 基 本 問 題 ━━

　甲銀行は、取引先X社との間で、第三者から被担保債権を「銀行取引ならびに手形上・小切手上の債権」とする根抵当権の設定を受けて貸付取引を行っていたが、この根抵当権は既に確定している。

　その確定後に、X社に対する手形貸付の弁済期が到来したが、甲銀行はX社の要請を受けて手形の書替に応じ、旧手形はX社に返還した。

　以上の事実関係に基づき、根抵当権で担保される債権につき次のうち正しいものを指摘し、それぞれの正否の理由を述べてください。

　(1)　新手形債権は根抵当権の被担保債権となる。

　(2)　金銭消費貸借契約による貸金債権は根抵当権の被担保債権となる。

　(3)　新手形債権・貸金債権ともに根抵当権の被担保債権とならない。

☞本問のポイント

・手形貸付の法的性質
・手形書替の法的性質
・手形書替と貸金債権の同一性

問題理解と解答作成ポイント

　本問のポイントは、①手形貸付の性質、②手形書替の性質、③根抵当権の確定である。

　手形貸付は、借用証書の代わりに借主を振出人、銀行を受取人とする約束手形の差入を受ける形式の貸付である。銀行は、それによって消費貸借上の債権と手形自体に基づく手形債権を併有することになるが（銀行取引約定書2条参照）、両債権は別々の債権である点に留意する必要がある。

　手形書替の性質について判例は、旧手形を債務者に返還した場合は、旧手形債権は更改ないし代物弁済により消滅するが、旧手形を返還しない場合は、特別の事情がないかぎり支払延期が目的で、新手形は旧手形債務の履行確保のため振り出されたものであり、新旧手形債務は同一性を維持して併存するとする。本問の場合、旧手形は返還しているので、旧手形債権は存在しないことになる。

　しかし、手形を書替したからといって原因債権である貸金債権の同一性が失われるわけではないから、貸金債権は依然として根抵当権で担保されることになる。つまり、根抵当権の元本確定後に生じた債権ではないということである。

　ちなみに、実務では、実際問題として根抵当権の確定事由が発生すれば、手形貸付の手形の書替に応じることはないが、事情により書替に応じなければならないとすれば、旧手形を取引先に返還せず新旧手形を併有することになろう。新旧手形を併有していれば支払延期が目的であるとされるからである。根抵当権の確定後に手形貸付債権について手形外で支払延期を目的とする変更契約を締結したとしても、根抵当権で担保されることに変わりはない。支払延期は更改とはみなされないからである。

融資

★関連事項

更改

　更改とは、新債務を成立させることによって旧債務を消滅させる契約をいう（民法513条〜518条）。更改には、①給付の内容についての重要な変更による更改、②債務者の交替による更改、③債権者の交替による更改の3

種類がある。旧債務と新債務との同一性がないので、旧債務の消滅により
旧債務に付されていた保証・担保は原則としてすべて消滅する。ただし、
質権および抵当権については、債権者が更改の相手方（債権者の交替によ
る更改の場合は債務者）に対し、事前または同時に移転の意思表示を行う
など、民法に従って移転のための手続をとれば移転させることができるが、
第三者が設定した場合には、その承諾を得なければならない（同法518条）。
したがって、貸出取引で更改が利用されることは少ない。

根抵当権の確定

　根抵当権は一定の範囲に属する不特定の債権を極度額の限度で担保する
抵当権であるが、その元本債権が一定事由の発生または一定時期の到来に
より具体的に特定することを確定という（民法398条の19・398条の20）。

消費貸借

　当事者の一方が金銭その他の代替物を受け取り、これと同種・同等・同
量の物を返還する契約をいう（民法587条）。金銭の消費貸借がその典型で
ある。なお、改正前民法では、消費貸借契約は要物契約とされ、成立には
目的物の授受が必要であったが、2017年改正民法では、書面でする消費貸
借契約は目的物の授受を要件としない諾成契約とされている（同法587条
の2）。銀行の金銭消費貸借契約は全て書面によるから別途合意がない限
り諾成契約になる。

《関連判例》

●手形の書替と旧手形債務の消滅（最判昭和31・4・27金融・商事判例529号
　30頁）

「手形の書替がなされた場合、その目的が支払延期のためであり、かつ旧
　手形はこれを新手形の見返り担保とする意味で回収されなかった以上、旧
　手形に基く債務は、直接の当事者間についても、右書替により消滅するこ
　とはない」

●手形の書替の趣旨（最判昭和29・11・18金融・商事判例529号17頁）

「手形の書替は、旧手形を現実に回収して発行する等特別の事情のない限り、単に旧手形債務の支払を延長するためになされるものと解すべきである」

●根抵当権確定後の手形貸付の書替（東京地判平成8・9・24金融法務事情1474号37頁）

「原告と訴外会社間には手形債務とは別に手形を振り出す原因となった消費貸借契約が併存すると認めるのが相当であり、このような場合には、原告が訴外会社に手形を返還したことをもって、更改契約とみなすことはできない」

●同趣旨（東京地判平成10・2・17金融・商事判例1056号29頁）

【基本問題解答例】

択一解答　(2)

　銀行取引における手形貸付の手形は、原因債権である消費貸借上の貸金債権の履行確保のために差入を受けるものであって、銀行は手形貸付により貸金債権と手形債権の両債権を併有することになる。書替後の新手形は根抵当権の確定後に受け入れたものであるから、新手形に基づく手形債権は当該根抵当権の被担保債権とはならない。しかし、貸金債権は根抵当権の確定以前から存在する債権であり、手形を書替したからといって更改ないし代物弁済により消滅することはなく、債務の同一性に変更をきたすことはない。したがって、(2)が正しく、(1)、(3)は誤りである。

融資

応　用　問　題

　　甲銀行は、Ｘ社に対して手形貸付を実行することになったが、その
際、別札の保証書によりＡを連帯保証人とした。甲銀行は、その貸付
金の満期に際して、Ｘ社の資金繰りの都合で期限を 6 か月間延長する
ことにしたが、たまたまＡが出張不在のためＡの承諾なしに書替に応
じた。
　　この場合のＡの保証責任について、次のうち正しいものを指摘し、
それぞれの正否の理由を述べてください。
　(1)　Ａの承諾なしに手形書替が行われたので、Ａの保証責任は消滅
　　　する。
　(2)　手形書替により貸金債権は更改されたことになるので、Ａの保
　　　証責任も消滅する。
　(3)　新旧手形の原因債権である貸金債権の同一性は失われないので、
　　　Ａの保証責任になんらの影響はない。

☞基本問題との相違点

・手形書替の際の保証人への影響
・手形書替における保証人の承諾の必要性

【応用問題解答例】

択一解答　(3)

　手形貸付は、債務者を振出人、銀行を受取人とする約束手形の差入を受ける形式の貸付であるが、その手形は、原因債権である金銭消費貸借上の貸金債権の履行確保のため、借用証書の代わりに差入を受けるためでもあるから、Aの別札による保証は原因債権である貸金債権を保証するものである。

　次に、手形の書替は貸金債権の期限の延期を目的として行われたものであるから、それによって原因債権が更改ないし代物弁済によって消滅することはない。貸金債権の期限を延長したことにより、Aの保証債務の期限も延期されたことになる。

　結局、原因債権の同一性は失われないので、手形を書替したからといって、Aの保証責任になんらの影響はない。したがって、(3)が正解である。

融資

~ *follow up* ~

　　　前掲東京地裁平成8年判決によれば、旧手形を債務者に返還しても更改契約とならず、新旧債務の同一性は維持される結果、書替後の手形貸付債務も引き続き当該根抵当権の被担保債務となる。ただし、本判決は地裁段階の判断であり、実務上は無用な混乱を避けるためにこれまでどおり書替は見合わせるとか、書替に応じるとしても旧手形は返還しないほうが無難である。なお、前掲最高裁昭和29年判決は当事者間に手形債務のみが存在する場合の事案であるのに対し、本判決は当事者間に手形債務と原因債務である消費貸借債務が併存した場合の事案であって、最高裁昭和29年判決を否定するものではない。

2　手形割引と手形当事者に対する権利

基本問題

　甲銀行は、取引先Ｘ社の依頼によりＹ社振出の約束手形の割引に応じたが、その手形の満期未到来の間に、Ｙ社が振り出した別の手形が続けて不渡りとなり、Ｙ社は銀行取引停止処分を受け支払を停止した。

　この場合に、甲銀行が手形割引金を回収することについて、次のうち正しいものを指摘し、それぞれの正否の理由を述べてください。

　⑴　Ｘ社に対する買戻請求権は、満期到来後でなければ行使できない。

　⑵　当該手形に裏書人がいる場合は、甲銀行は満期到来前でも裏書人に対し遡求権を行使できる。

　⑶　Ｘ社に対して買戻請求権を行使することを通知したときは、甲銀行は直ちに、遡求権を喪失することになる。

☞本問のポイント

・買戻請求権の行使と銀行取引約定書上の特約
・満期前の遡求の要件（手形法43条）
・買戻請求権と遡求権の法的性質の違い

問題理解と解答作成ポイント

　本問は、手形割引に関する典型的な問題で、買戻請求権の法的性質と満期前手形債権の行使の可否を問うものである。割引手形の買戻請求権は銀行取引約定書の特約に基づき発生する請求権で、同約定書6条1項に定める事由が生じたときは当然に、同条2項に定める事由が生じたときは銀行の請求により買戻請求権が発生する。法的性質は、同条1項は割引手形の

停止条件付再売買、同条2項は再売買の予約であると考えられるが、いずれにしても当事者間の特約に基づく手形外の請求権である。本問では、割引手形の主債務者であるY社が取引停止処分を受けたので、同約定書6条1項の事由により割引依頼人であるX社は期日未到来のY社振出の手形について満期前買戻義務を負担することになる。

　次に、為替手形については満期前遡求条件が手形法に明記されている（手形法43条）。すなわち、手形の満期前であっても支払人または引受人について破産手続開始、支払停止等があったときは、手形所持人は遡求権を行使することができる。約束手形については「支払拒絶による遡求」について為替手形の規定を準用すると規定されているが（手形法77条1項4号）、為替手形との権衡上、約束手形の振出人について破産手続開始、支払停止等があった場合も満期前遡求（請求）が認められるというのが通説である（鈴木竹雄＝前田庸補訂『手形法・小切手法［新版］』319頁）。

★関連事項

銀行取引約定書

　銀行の与信取引において、取引先に適用される基本的な契約条項を特約した契約書で基本約定書ともいう。主な内容は、銀行の債権保全と免責に関する事項であるが、特に取引先の期限の利益喪失について特約した5条1項・2項と差引計算について特約した7条が重要である。

　なお、銀行取引約定書は全国銀行協会が制定したひな型に基づいて各金融機関が作成していたが、全国銀行協会は2000（平成12）年4月に銀行取引約定書ひな型を廃止し、以後、各金融機関が独立して作成することとなった。しかし、重要な項目については、各金融機関の判断で、おおむね従前のひな型の準じた内容が規定されている。そのため、本書では旧ひな型の条文を引用している。

融資

割引手形の買戻債務

　銀行取引約定書6条1項は、割引依頼人または割引手形について一定の事由が生じたときは、割引依頼人は当該手形の当然買戻債務を負担する旨を、同条2項は、銀行の請求によって買戻債務を負担することを規定している。割引手形の買戻債務の法的性質は、同条1項は停止条件付再売買契約、同条2項は再売買の予約であると考えられている。銀行は、割引手形の依頼人に対して割引手形の買戻請求権を有することになるが、この請求権は銀行と割引依頼人との特約に基づいて生じる請求権であり、手形法上の請求権ではない。

遡求権

　62頁参照。

《関連判例》

●手形割引の法的性質（最判昭和48・4・12金融・商事判例373号6頁）
「手形割引は手形の売買たる性質を有し、手形の割引料名義の金員を差し引いた金員の交付は手形の売買代金の授受にあたり、これについては利息制限法の適用はない」

●買戻請求権による被転付債権との相殺（最判昭和51・11・25金融・商事判例512号7頁）
「……割引依頼人の債権者が割引依頼人の銀行に対する債権につき仮差押をし差押・転付命令を得たときは、銀行は、特段の事情のない限り、右仮差押の申請があった時に割引依頼人に対し手形買戻請求権を取得しその弁済期が到来したものとして、右手形買戻請求権をもって被転付債権と相殺することができる」

【基本問題解答例】

択一解答　(2)

　割引手形の買戻請求権は、銀行取引約定書の特約に基づく割引依頼人に

対する手形外の権利で、同約定書によれば、割引手形の満期前であっても割引手形の主債務者について交換所による取引停止処分、支払停止等があったときは、銀行から通知催告がなくても、その者が主債務者となっている割引手形について当然に買戻請求権が発生することを特約している（同約定書6条1項）。したがって、(1)は誤りである。

　次に、手形法43条は、為替手形の支払人や引受人が破産手続開始の決定を受けたり、支払を停止したりした場合は、手形の満期前であっても遡求権を行使できることを認めるが、為替手形との権衡上、約束手形の振出人について破産手続開始、支払停止などの事由が生じた場合にも満期前遡求を認めるのが通説である。したがって、(2)が正解である。

　割引手形の買戻請求権は、銀行取引約定書の特約に基づき発生する権利であって手形上の遡求権とは異なる別個の権利であるから、買戻請求権を行使する旨を通知しても手形を保有しているかぎり遡求権を喪失することはない。したがって、(3)は誤りである。

融資

応用問題

　甲銀行は、取引先A社の依頼により、B社を振出人とする約束手形3通、C社を振出人とする約束手形5通、合計8通の手形の割引に応じたが、各約束手形の満期到来前にB社は破産の申立てをした。この場合の、甲銀行の割引手形債権の回収について、次のうち正しいものを指摘し、それぞれの正否の理由を述べてください。

(1) 甲銀行は、A社に対して当然に割引手形8通全部の買戻しを請求することができる。

(2) 甲銀行は、A社に対してB社振出の約束手形3通についてのみ直ちに買戻しを請求することができる。

(3) 甲銀行は、B社振出の約束手形3通については満期到来以後でなければ遡求権を行使することはできない。

☞基本問題との相違点

・銀行取引約定書上における買戻請求権の発生事由

【応用問題解答例】

択一解答　(2)

　甲銀行は、銀行取引約定書の特約に基づき、割引手形の主債務者について支払の停止、破産手続開始などがあった場合は、割引依頼人に対して当然に割引手形の買戻しを請求することができるが、それは破産手続開始あるいは支払を停止したB社が主債務者となっている手形の全部についてである。したがって、(1)は誤りで、(2)が正解である。

　次に、為替手形の所持人は満期到来前であっても、支払人・引受人の破産手続開始、支払停止などより回収が期待できなくなったときは、遡求権を行使することができるが（手形法43条）、約束手形の振出人について同様の事由が生じたときも同じく遡求権を行使できると解されている。したがって、(3)も誤りである。

3 偽造手形の割引

基本問題

　甲銀行乙支店は、取引先Ｘ社と、銀行取引約定書を締結して融資取引を行っていた。

　一方、同じ甲銀行の丙支店では、取引先Ｙ社から手形割引の依頼を受けてこれに応じ、割引手形を取得したが、その中にＸ社を振出人とする約束手形があった。

　ところが、当該手形は、Ｘ社の経理担当者Ｚが無権限で事情を知らないＹ社に対し振り出したものであることが判明した。

　この場合の法律関係について、次のうち正しいものを指摘し、それぞれの正否の理由を述べてください。

(1) この手形は偽造されたものであるから、Ｘ社は法律上の責任を負うことはない。

(2) 銀行取引約定書は回り手形にも適用され、銀行が相当の注意をもって印鑑照合し相違ないと認めて取引したときは取引先は手形の文言にしたがった責任を負うとされているから、甲銀行への届出印が押印されていれば甲銀行はＸ社に手形債権を行使できる。

(3) この手形にはＺの名は手形行為者として表示されていないが、Ｚに対して手形上の責任を追及することも可能とされている。

融資

☞本問のポイント

・偽造手形と銀行取引約定書1条2項・10条4項の適用
・手形偽造者に対する手形法8条の類推適用

問題理解と解答作成ポイント

　第1に、銀行取引約定書1条2項であるが、「私が振出、裏書、引受…
…した手形を、貴行が第三者との取引によって取得したときも、その債務
の履行についてこの約定に従います」と規定しているとおり、いわゆる
「回り手形」についても銀行取引約定書の各条項が適用されることになっ
ている。しかし、最高裁判決は、この規定はそもそも真正に振り出された
手形を前提としており、偽造手形を前提としたものではないとしている
（最判昭和62・7・17）。

　次に、同判決では、約定書10条4項は「……届け出た印鑑に、相当の注
意をもって照合し、相違ないと認めて取引したときは、手形、証書、印章
について偽造、変造……等の事故があってもこれによって生じた損害は私
の負担とし、手形または証書の記載文言にしたがって責任を負います」と
規定されているが、当座勘定取引において多量の手形・小切手の支払事務
を迅速に行わなければならない場合と異なり、融資取引ではそのような要
請はないはずであるから、本項を適用すべき合理的理由はないとしている。

★関連事項

回り手形

　銀行が、手形割引など第三者との取引によって取得した取引先が振出、
引受、裏書、保証した手形のことをいう。回り手形の債務者が銀行に銀行
取引約定書を差し入れている場合は、回り手形についても同約定書が適用
されることになるが（同約定書1条2項）、最高裁判決は前記のとおり偽造
手形については適用されないとした。

《関連判例》

●偽造手形の割引と銀行取引約定書10条4項の適用の有無（最判昭和62・
　7・17金融・商事判例776号18頁）

「銀行が手形に押捺された印影と取引先の届出印鑑とを相当の注意をもって照合し符合すると認めて取引したときは手形の偽造等によって生じた損害は取引先が責任を負う旨の銀行取引約定書10条4項の規定は、銀行が第三者との与信取引によって取得した取引先振出名義の約束手形には適用がないものと解するのが相当である」

【基本問題解答例】

択一解答　(3)

　この手形は偽造されたものであるが、事情によっては表見代理（民法109条）が成立しX社が責任を負う場合や、使用者責任（同法715条）によりX社が損害賠償義務を負う場合がある。したがって、(1)は誤りである。

　銀行取引約定書は設問にあるような「回り手形」についても適用があり（1条2項）、同約定書10条4項は、銀行が、手形、証書の印影を、債務者が届け出た印鑑に相当の注意をもって照合し、相違ないと認めて取引したときは、偽造等の事故があってもそれによって生じた損害は債務者の負担とし手形または証書の記載にしたがって責任を負うとしている。

　しかし、判例は、偽造手形には銀行取引約定書の適用はなく、また融資取引には同約定書10条4項の適用はないとしているので（最判昭和62・7・17）、(2)は誤りである。

　手形の偽造においては、通常偽造者は手形に表示されないが、判例は、偽造者も手形法8条の類推適用により、無権代理人と同様に手形上の責任を負うとしている（最判昭和49・6・28）。したがって、(3)が正解である。

融資

債権質

4　債権質の効力要件

基本問題

　　甲銀行は、取引先Ａ社がＢ社に差し入れている入居保証金の返還請
求権に質権の設定を受けて融資するにあたって、Ａ社・Ｂ社間で締結
した賃貸借契約書のコピーの交付を受けていた。賃貸借契約書には保
証金の存在と返還請求権に関する特約が記載されているが、この場合
の質権の効力に関する説明について、次のうち正しいものを指摘し、
それぞれの正否の理由を述べてください。

(1)　質権は要物契約であるから、賃貸借契約書の原本の交付を受け
　　ていないと質権の効力は発生しない。

(2)　賃貸借契約書の原本に加え、入居保証金の預り証の原本の交付
　　を受けていないと質権の効力は発生しない。

(3)　保証金返還請求権は、法律上、証書の存在を必要としない債権
　　であるから賃貸借契約書等の交付を受けなくても質権は成立する。

☞本問のポイント

・　債権質の効力発生要件
・　債権質の第三者対抗要件

問題理解と解答作成ポイント

　質権設定契約は総則で債権者に目的物を引き渡すことによって、その効力を生ずるとされているが（民法344条）、債権を目的とする質権（債権質）では、質権者と質権設定者の合意により成立し（同法362条2項参照）、債権譲渡の対抗要件に関する規定（同法467条）に従った第三債務者への通知または第三債務者の承諾によって、第三債務者その他の第三者に対抗できる（同法364条）。

　実務上は、保証金差入れの事実を確認したり、二重に担保権を設定される事態を避けるために、預り証の原本を徴求する場合もあると思われるが、それにより質権の効力が発生するわけではない。

★関連事項

債権質

　債権を目的とした質権で、権利質の一種である。債権譲渡の場合と同じく質権を設定したことを債務者（質権設定者）から第三債務者に通知するか、その承諾を得る必要があり、確定日付のある証書による通知または承諾が第三者対抗要件となる（民法364条・467条）。

【基本問題解答例】

択一解答 （3）

　質権設定契約は、一般に債権者に目的物を引き渡すことによって、その効力を生ずるとされているが（民法344条）、債権に対する質権設定では質権者と質権設定者の合意により成立し（同法362条2項参照）、債権譲渡の対抗要件に関する規定（同法467条）に従った第三債務者への通知または第三債務者の承諾によって第三債務者その他の第三者に対抗できることになる（同法364条）。

融資

　保証金返還請求権は債権であるから、質権は質権者である銀行と質権設定者である取引先の合意により成立し、第三債務者である保証金差入先への通知またはその承諾により第三債務者に対抗できることになるから、賃貸借契約書や保証金預り証の徴求は成立要件でも効力要件でもない。したがって、(1)(2)は誤りで(3)が正解である。

応用問題

　甲銀行は、取引先Aに定期預金担保融資100万円を実行するにあたって、担保とする定期預金を特定して質権設定について合意した「担保差入証」と、当該担保にかかる定期預金100万円の「定期預金証書」の差入れを受けたが、誤って担保に差し入れるはずの定期預金とは別口座の定期預金50万円の証書の差入れを受けていたことが判明した。この場合の質権設定の効力について、次のうち正しいものを指摘し、その理由を述べてください。

　(1)　合意した定期預金100万円について質権が成立する。
　(2)　定期預金証書を差し入れた定期預金50万円について質権が成立する。
　(3)　質権は成立しない。

【応用問題解答例】

択一解答 (1)

　一般に質権の設定は債権者に目的物を引き渡すことによって、その効力を生ずるが（民法344条）、債権質では、質権者と質権設定者の合意によって成立し、契約書等の引き渡しは成立要件とも効力要件とはされていない。誤って当事者の合意とは異なる定期預金の証書が差し入れられたとしても質権の効力には影響がなく、当事者の合意した定期預金について質権が成

立する。したがって、⑴が正しく、⑵、⑶は誤りである。

融資

　　保証・連帯保証

5　連帯保証人に対する請求と抗弁

出題【23年10月・問9】

基本問題

　　甲銀行は、A社に対し、同社取締役のBおよびCを連帯保証人として1,000万円を貸付していたところ、A社は支払を停止して倒産した。そこで、甲銀行はBおよびCに対して保証債務の履行を請求することとした。この場合の連帯保証人に対する請求について、次のうち正しいものを指摘し、それぞれの正否の理由を述べてください。

　(1)　BおよびCは、催告の抗弁権を有しているので、甲銀行はA社に対して請求してからでないとBおよびCに対して請求できない。

　(2)　BおよびCはそれぞれ分別の利益を有しているので、甲銀行はBおよびCに対して1,000万円の2分の1である500万円ずつしか請求できない。

　(3)　甲銀行は、BおよびCに対してただちにそれぞれ1,000万円を請求することができる。

☞本問のポイント

・普通保証と連帯保証の異同

・連帯保証と催告の抗弁権・検索の抗弁権

・連帯保証と分別の利益の有無

・弁済期延長と更改

・保証債務の付従性

問題理解と解答作成ポイント

　連帯保証も保証の一種であるが、本問は連帯保証でない普通保証との差異を問うものである。第一に、普通保証では、主債務者が債務を履行しないときに、保証人が保証債務を履行するという補充性がある。このため、債権者は、まず主たる債務者に請求をし、かつ主たる債務者から取り立ててなお弁済されない場合に、保証債務の履行を請求することになる。

　このような関係を維持するために、普通保証では、保証人に「催告の抗弁権」（民法452条）と「検索の抗弁権」（同法453条）が認められているが、連帯保証人にはこのような抗弁権は認められていない（同法454条）。

　第二に、数人の保証人が一個の契約で保証人となった場合（共同保証）は、保証人間の特約または法律の規定のないかぎり、保証人は分別の利益を有するが（民法456条・427条）、共同保証人の各自が連帯保証人であるときは、分別の利益は有しないとされている（判例・通説）。銀行実務で保証人を付する場合は、連帯保証とするのが通例である。

★関連事項

連帯保証

　保証人が主たる債務者と連帯して債務を負担することをいう。保証の一種である連帯債務と近似するが、主たる債務に対する付従性を有する点でこれと異なる。連帯保証人は、普通の保証人と異なり「催告の抗弁権」、「検索の抗弁権」を有せず（民法452条・453条・454条）、連帯保証人が数人いても「分別の利益」を有しない。なお、商事保証の場合は特約がなくても連帯保証となる（商法511条2項）。

催告の抗弁権

　債権者が保証人に債務の履行を請求した場合に、保証人が、まず主たる債務者に請求せよと保証債務の履行を拒絶することができる権利をいう。

融資

保証人がこの権利を行使すると、債権者が主債務者に対する請求を怠ったため主債務者から全部の弁済を受けることができなくなったとき、保証人は、債権者がすぐに請求したとすれば弁済を受けることができた限度でその義務を免れる。連帯保証人に催告の抗弁権は認められない（民法452条・454条・455条）。

検索の抗弁権

債権者が主債務者に催告した後に保証人に請求した場合でも、保証人が、主債務者に弁済する資力があり、かつ、強制執行することも容易であることを証明することで、まず主債務者の財産について執行することを主張できる権利をいう。保証人がこの権利を行使すると、債権者が主債務者に対する執行を怠ったため、主債務者から全部の弁済を受けることができなくなったとき、保証人は、債権者がすぐに執行したとすれば弁済を受けることができた限度でその義務を免れる（民法453条〜455条）。連帯保証人に検索の抗弁権は認められない。

分別の利益

共同保証のように保証人が数人いる場合に、債権者に対して、各保証人間で平分した割合で分割した額のみを負担すればよいとする利益をいう。数人が同時に保証人になった場合でも、異なる時に保証人になった場合でも同様である。ただし、債務が不可分債務であるとき、連帯保証のとき、保証人間に連帯の関係があるとき（保証連帯）は分割の利益を有しない（民法456条、427条）。

保証債務の付従性

主たる債務が存在しなければ保証債務も存在せず、また主たる債務の内容の変更に応じて保証債務の内容も変更され、主たる債務が消滅すれば保証債務も消滅する。このような主たる債務と運命をともにするという保証債務の性質を付従性という。しかし、主たる債務は現実に発生している必要はなく、将来の債務のための保証や、将来増減する債務を一定限度まで

保証する根保証を成立させることもできる。質権、抵当権などの担保物権
も付従性を有するが、元本確定前の根抵当権は付従性を有しない。

《関連判例》

●連帯債務の共同相続（最判昭和34・6・19民集13巻6号757頁）

「連帯債務者の1人が死亡し、その相続人が数人ある場合に、相続人らは、
被相続人の債務の分割されたものを承継し、各自その承継した範囲におい
て、本来の債務者とともに連帯債務者となると解すべきである」

●主債務の弁済猶予と保証債務への影響（大判明治37・12・13民録10輯1591
頁）

「主債務の履行期延長の効力は保証債務にも及ぶ」

【基本問題解答例】

択一解答　(3)

　A社は支払を停止したことにより期限の利益を喪失し、主債務について
履行期限が到来している。ここで催告の抗弁権とは、債権者が保証人に債
務の履行を請求した場合に、保証人が、まず主たる債務者に請求せよと、
保証債務の履行を拒絶することができる権利をいう。連帯保証人はこの抗
弁権を有しない（民法452条・454条）から、甲銀行はBおよびCに対して
ただちに請求できる。分別の利益とは、共同保証のように保証人が数人い
る場合に、債権者に対して各保証人間で平分した割合で分割した額のみを
負担すればよいという利益をいう。連帯保証人はこの利益を有しない（判
例・通説）。よって、甲銀行は、BおよびCに対してそれぞれ1,000万円を
ただちに請求することができる。したがって、(3)が正解である。

融資

━━━━━━━━━━━━━━━━━━━━━
　　　　　　応 用 問 題
━━━━━━━━━━━━━━━━━━━━━

　　甲銀行は、A社に対し、同社代表取締役のCを連帯保証人として
2,400万円を貸付していたところ、貸付金の弁済期前にCが死亡した。
Cの相続人は、その妻Dとその子E・Fの3人で、いずれも相続につ
き単純承認をした。この場合の甲銀行に対する連帯保証債務の相続に
ついて、次のうち正しいものを指摘し、それぞれの正否の理由を述べ
てください。
　　(1)　D・E・Fは、互いに連帯して保証債務2,400万円を相続する。
　　(2)　Dは1,200万円、EとFは600万円ずつ、それぞれA社と連帯し
　　　　て保証債務を相続する。
　　(3)　Dは1,200万円、EとFは互いに連帯して600万円ずつ保証債務
　　　　を相続する。

☞基本問題との相違点

・共同相続と法定相続分
・連帯保証と分別の利益の有無

【応用問題解答例】

択一解答　(2)

　　人が死亡したときは、相続人は相続開始の時から一身専属的なものを除
き、被相続人の財産に属した一切の権利・義務を当然に承継するが、保証
債務もその例外ではなく当然に相続の対象となる。共同相続の場合は、被
相続人Cが負担していた保証債務をそれぞれ法定相続分に従って分割して
承継する。
　　被相続人Cは主債務者A社と連帯して保証していたことから、連帯保証
人は分別の利益を有しないため他の保証人Bがいても保証債務の全額2,400

万円が相続により承継され、D・E・Fが承継する債務も、主債務者A社と連帯して保証する連帯保証債務になる。

　ただし、保証債務は可分債務であり、D・E・F相互間で連帯する理由はないから、D・E・Fはそれぞれ法定相続分の範囲で主債務者A社と連帯して保証することになる。

　したがって、Cの配偶者Dの法定相続分は2分の1であるから1,200万円の範囲で保証債務を承継し、子のEとFの法定相続分は各4分の1であるから各600万円の範囲で保証債務を承継し、各自A社と連帯して保証債務を負う。よって、(2)が正解である。

融資

応用問題

　甲銀行は、A社に対する証書貸付金の弁済期が到来したが、同社の資金繰りの都合で弁済期を延長することにした。ところが、A社の元代表取締役だった連帯保証人Bが行方不明で同人の同意を求めることができない。この場合のBの保証債務について、次のうち正しいものを指摘し、それぞれの正否の理由を述べてください。

(1) 弁済期を延長することによって更改により債務の同一性が失われるから、Bの保証債務も消滅する。

(2) 弁済期を延長しても、保証債務の付従性により延長の効果はBに及び、Bの保証債務が消滅することはない。

(3) 弁済期を延長すると、連帯保証人Bが保証債務を負う期間も延長されるので、Bの同意を得なければ弁済期の延長をBに対抗できない。

【応用問題解答例】

択一解答 (2)

　主債務の弁済期の延長は、債務の要素の変更に該当しないから更改とならず、債務の同一性が失われることはない。保証債務の付従性により、主債務について生じた事由は、原則として保証債務に効力を及ぼすから、甲銀行とA社との合意によって主債務の弁済期を変更しても、その効力はBの保証債務に及ぶ。なお、弁済期の短縮は保証人等の責任を加重するから保証人等に対抗できないとされているが、弁済期の延長は保証人等の責任を加重するものではないと解されている。

　以上により、(2)が正解である。

～ *follow up* ～

　　主たる債務者について相続が開始したときは、原則として、相続人は相続開始の時から被相続人が負担していた一切の債務を承継するのと同じく、連帯保証人について相続が開始したときは、相続人は連帯保証債務という債務を承継する。

　　次に、保証債務は可分債務であるから、共同相続の場合は、それぞれの相続人が法定相続分に応じて分割された債務を承継することになる。さらに、連帯保証債務は分別の利益を有しないから、他に連帯保証人がいても保証債務全額が相続の対象となる。ただし、共同相続人がそれぞれ承継した債務について各相続人が互いに連帯することはない。被相続人が主債務者と連帯して負担した保証債務を承継しただけで、相互に連帯する理由はないからである。

6　根保証の成立要件

出題【22年6月・問9／21年10月・問8】

基本問題

　甲銀行は、A株式会社に融資するにあたって、その代表取締役Bとの間で、民法の規定に基づき根保証契約を締結した。この根保証契約の成立要件について、次のうち正しいものを指摘し、それぞれの正否の理由を述べてください。

(1)　保証契約は、不要式の諾成契約であるから書面によらない根保証契約も有効である。

(2)　被保証債務の極度額は、極度額を超える利息・損害金も保証する元本極度額とすることもできる。

(3)　主たる債務の元本確定期日を定める場合には、根保証契約締結の日から5年以内の日としなければならない。

融資

☞本問のポイント

・書面契約の要否
・元本極度額と債権極度額の区別
・確定期日の定め方

問題理解と解答作成ポイント

　2004年改正民法（2005年施行）では、保証契約一般に書面によることを要する要式契約とされたほか、個人（法人以外の者）を保証人とする貸金等根保証契約（求償権について個人が保証する場合も含む）について根保証に関する規律が設けられた。さらに、2017年改正民法では、根保証に関する規律が、貸金等根保証契約に限らず、賃貸借契約上の保証や身元保証など、個人が保証人となる根保証契約一般に適用されることとされた。

　これにより、個人を保証人とする根保証契約（個人根保証契約）は全て、利息・損害金額その他一切を含む極度額の定めがなければ無効とされる（民法465条の2）。ただし、保証契約の内容に応じて、期間の制限や元本確定事由等については貸金等根保証契約（個人貸金等根保証契約）と一般の根保証契約では異なった規律が適用される。

　すなわち、個人貸金等根保証契約では、保証期間を制限するため、保証契約締結日から5年を経過する日よりも後の日を元本確定期日とする定めを無効とし（民法465条の3第1項）、元本確定日の定めがない場合、契約日から3年を経過する日をもって元本確定期日とすることとされている（同条2項）。また、元本確定事由について、①債権者が主たる債務者または保証人の財産について強制執行または担保権の実行を申し立てたとき（強制執行または担保権実行手続の開始があった場合に限る）、②主債務者または保証人が破産手続開始決定を受けたとき、③主債務者または保証人が死亡したときは、保証債務の元本が確定することとされている（同法465条の4各号）。

　一方、一般の個人根保証契約については期間の制限はなく、元本確定事由も主債務者または保証人の死亡のほかは、債権者による保証人の財産についての強制執行申立てや保証人の破産手続開始決定など保証人自身に関する事由に限定されている。

★関連事項

根保証

　2005（平成17）年4月1日施行の改正民法は、保証人保護のため、貸金等根保証契約について個人が根保証人となる場合に、その極度額、主たる元本の確定期日の定め、元本確定事由等の規定を新設し、これらの規定に違反する根保証契約は、契約全体、または違反する条項について効力を生じないものとした（民法446条・465条の2～465条の5）。

　なお、2017年改正民法では、個人根保証に関する規律の対象が貸金等根保証契約から根保証全般に拡大されている（ただし、元本確定期日や元本確定事由については貸金等根保証契約とは異なる規律が適用される）。

経営者保証ガイドライン

　日本商工会議所と全国銀行協会を事務局とする経営者保証ガイドライン研究会が平成25年に公表し、同26年から運用開始された準則で、一定の範囲の保証契約について、経営者保証に依存しない融資慣行の確立を求め、合わせて経営者保証を求めざるを得ない場合の債権者の説明義務や保証債務の整理手続等に関する規定を設けている。法的拘束力はないとされているが、主債務者である中小企業と経営者、債権者である金融機関による自主ルールとしての尊重・遵守が期待され、金融庁の監督指針においても、融資慣行として定着・浸透させることが求められている（主要行等向けの総合的な監督指針Ⅲ-9）。

第三者個人連帯保証

　金融庁の監督指針では、上記のように経営者保証ガイドラインの尊重・遵守に加えて、経営者以外の第三者の連帯保証を求めないこと等を原則とする融資慣行の確立が求められている（主要行等向けの総合的な監督指針Ⅲ-10）。

　また、信用保証協会保証については、2006（平成18）年3月31日に中小企業庁から「信用保証協会における第三者保証人徴求の原則禁止について」が公表されており、2006年度以降、協会に保証申込を行った案件については、経営者本人以外の第三者を保証人として求めることが、原則禁止とされている。

《関連判例》

●根保証契約の元本確定期日前に被保証債権が譲渡された場合の根保証の効力（最判平成24・12・14金融・商事判例1415号10頁）

「根保証契約の主たる債務の範囲に含まれる債務に係る債権を譲り受けた

融資

者は、その譲渡が当該根保証契約に定める元本確定期日前にされた場合で
あっても、当該根保証契約の当事者間において上記債権の譲受人の請求を
妨げるような別段の合意がない限り、保証人に対し、保証債務の履行を求
めることができる」

【基本問題解答例】

択一解答　(3)

　保証契約は、一般保証でも根保証でもすべて書面でしなければその効力
を生じない（民法446条2項）から、(1)は誤りである。

　次に、貸金等根保証契約は極度額を定める必要があるが、その極度額は
いわゆる債権極度額であり、主たる債務の元本のほか主たる債務に関する
利息、損害金等を含むものとして定めなければならないとされている（民
法465条の2第1項）から、(2)の説明も誤りである。

　また、貸金等根保証契約では、主たる債務の元本の確定期日を定める場
合は、根保証契約締結の日から5年以内の日としなければならない（民法
465条の3第1項）。以上により、(3)の説明が正しく正解である。

応用問題

　甲銀行は、A株式会社に融資するにあたって、その代表取締役Bと
の間で、民法の規定に基づき根保証契約を締結した。この根保証契約
における以下の事由のうち、確定事由とされていないものを指摘し、
それぞれの正否の理由を述べてください。

　(1)　Bが死亡したとき。

　(2)　Bに対して金銭債権を有する他の債権者がBに対して強制執行
　　　の申立てをしたとき（ただし、手続の開始があったときに限る）。

　(3)　甲銀行がBに対する担保権の実行を申し立てたとき（ただし、
　　　手続の開始があったときに限る）。

☞基本問題との相違点

・根保証契約の元本確定事由

【応用問題解答例】

択一解答　⑵

　貸金等根保証契約における主たる債務者または保証人の死亡は、主たる債務の元本確定事由（民法465条の4第3号）とされているから、Bが死亡したときは主たる債務の元本は確定する。貸金等根保証契約の当事者である甲銀行が、AまたはBの財産に対し金銭債権についての強制執行または担保権実行の申立てをしたときは、主たる債務の元本は確定する（ただし、手続の開始があったときに限る）。しかし、主たる債務者であるAまたは保証人Bに対して金銭債権を有する他の債権者による強制執行の申立てはこれに含まれないから、確定事由に該当しないのは⑵である。

融
資

7 会社と取締役間の利益相反行為

基本問題

　　甲銀行は、取引先X株式会社の代表取締役A個人に対する貸出にあ
たって、取締役会承認の議事録を徴求のうえX社を連帯保証人とした。
ところが、その後代表者が変更になり、新代表取締役Bから、取締役
会の決議はなく虚偽の議事録によるものであるからX社の保証は無効
である旨の申入がなされた。X社の保証行為について、次のうち正し
いものを指摘し、それぞれの正否の理由を述べてください。

　(1)　保証契約は甲銀行とX社との取引であって、本来、保証契約は
　　　会社法356条・365条1項に該当しない取引であるから、かりに
　　　議事録が虚偽であったとしても保証そのものは有効である。

　(2)　保証行為は無効であるが、取締役会の決議がないことについて
　　　甲銀行が悪意であったことをX社が立証できなければ、無効で
　　　あることを甲銀行に主張できない。

　(3)　甲銀行は、取締役会の決議がないことについて、善意かつ、そ
　　　う信じたことに過失がなかったことを立証できた場合に限り、
　　　X社に保証債務の履行を請求できる。

☞本問のポイント

・会社が取締役の債務を保証する場合と会社法356条・365条1項の適用
・会社法356条違反の効果（相対的無効説）

問題理解と解答作成ポイント

　会社と取締役間の利益相反行為に関する会社法356条の問題である。同
条の取引には、取締役と会社との間の直接取引のみならず、取締役個人の
債務について、取締役が会社を代表して債務引受をしたり、保証するなど、

取締役個人に利益となり会社に不利益となる間接取引も含まれる。同条違反の効力について、判例は、会社は取締役会の承認を受けていないことと、相手方である第三者が悪意であったことを主張・立証してはじめてその無効を主張しうるにすぎないものと解している（相対的無効説）。

　なお、会社法356条・365条1項は、取締役・会社間の手形行為にも適用される（判例）。したがって、会社が取締役に対して手形の振出・引受・裏書をするときは、原則として取締役会の承認が必要である。ただし、その場合も同じく相対的無効説に立つから、その手形が第三者に譲渡されたときは、取締役会の承認がなかったことについて第三者が悪意であったことを会社が主張・立証しないかぎり会社は手形上の責任を免れることはできない。

★関連事項

会社・取締役間の利益相反行為

73頁参照。

相対的無効

誰に対しても、いつでも無効を主張できる場合（絶対的無効）と異なり、一定の条件を満たす者についてしか無効と主張できない場合のこと。

《関連判例》

●会社が取締役の債務を保証する行為（最判昭和45・3・12判例時報591号88頁）

「会社は、会社が取締役の債務について債権者と連帯保証契約を締結することについて取締役会の承認を経なかったことを債権者が知っていた事実を主張、立証してはじめて、その無効を債権者に主張できる」

●会社・取締役間の手形行為（最判昭和46・10・13金融・商事判例282号2頁）

74頁参照。

融資

【基本問題解答例】

択一解答　(2)

　株式会社と取締役の利益相反行為については、取締役会の承認がなければ無権代理行為として無効となる（判例・通説）。そして、この利益相反行為には会社と取締役間の直接取引だけでなく、取締役個人の債務を会社が引き受けたり、あるいは会社が保証、担保提供するなど、実質的に取締役個人に利益となり会社に不利益をもたらすおそれのある間接取引も含まれる（会社法356条1項3号・365条1項）。次に、利益相反行為について取締役会の承認がないことを理由として、会社がその無効を第三者に主張するためには、その第三者が当該行為が利益相反行為であり、かつ取締役会の承認がないことについて悪意であることを会社において立証しなければならない。したがって、(2)が正しく、(1)、(3)は誤りである。

応用問題

　甲銀行は、取引先X株式会社の取締役Zが代表取締役であるその関連会社Y株式会社に対し貸付を実行するにあたって、X株式会社から連帯保証を申し受けることになった。なおX株式会社の代表取締役は、Y株式会社の取締役ではない。この場合のX株式会社およびY株式会社の取締役会承認の要否について、次のうち正しいものを指摘し、それぞれの正否の理由を述べてください。

　(1)　保証契約は、甲銀行とX株式会社の契約であって、X株式会社とZとの契約ではないので、いずれの会社においても取締役会の承認は必要としない。

　(2)　取締役ZはY株式会社の代表取締役なので、Y株式会社において取締役会の承認が必要となる。

　(3)　取締役ZはY株式会社の代表取締役なので、X株式会社において取締役会の承認が必要となる。

☞ 基本問題との相違点

・会社・取締役間の間接取引と取締役会の承認
・兼務取締役がいる会社間取引についての承認の要否

【応用問題解答例】

択一解答　(3)

　保証契約は債権者と保証人との契約であり、設問ではX株式会社とZの間に直接の取引はないが、会社法はこのような間接取引も利益相反取引に該当するとしている（356条・365条1項）。したがって、(1)は誤りである。

　次に、ある会社（A社）が、その取締役が代表取締役である別の会社（B社）と取引を行う場合は、A社から見て取締役個人との取引と同様に利益相反取引となると解されて、A社において取締役会の承認が必要となる。

　設問では、X株式会社が、その取締役Zが代表取締役であるY株式会社の債務を保証するので、X株式会社において取締役会の承認が必要である。

　したがって、(2)は誤りであり、(3)が正解である。

融資

8　信用保証協会保証と免責

基本問題

　　甲銀行が、Aに対して信用保証協会の保証付貸付を実行するについ
て、保証付貸付金の一部または全部が免責の対象となるかどうか次の
うち正しいものを指摘し、それぞれの正否の理由を述べてください。
　⑴　保証付貸付金の一部を、甲銀行の保証付代理貸に充当した場合
　　は免責の対象とならない。
　⑵　保証条件とされた保証人B以外のCを別途保証人に追加して保
　　証付貸付を実行した場合は免責の対象となる。
　⑶　保証付貸付金をAに対するつなぎ融資金の回収に充当しても免
　　責の対象とならない。

☞本問のポイント

・信用保証の法律的性格
・信用保証協会の免責事由

問題理解と解答作成ポイント

　信用保証協会の信用保証も民法上の保証であるとするのが多数説および
判例であるが（最判昭和49・11・5金融・商事判例445号7頁）、信用保証業
務の公共的性格から、銀行との間で締結している信用保証に関する「約定
書」「事務手続要領」等のなかでいくつか民法と異なる特約を設けている。
そのなかで、銀行にとってとくに重要なのは免責事由である。

　本問は、その免責に関する問題であるから、何が免責事由に該当するか
を理解していれば容易に解答は導かれる。保証付貸付金による代理貸への
一部充当は、銀行の固有の貸付金に充当する行為ではないが、不良債権の

信用リスクが信用保証協会に転嫁されるおそれや、債務者が借入金の一部しか使用できないなどの弊害があることは銀行のプロパー資金を返済した場合と異ならないので、旧債振替の禁止に抵触することになる。

　次に、保証条件とされた特定の保証人以外の者を保証人に追加し保証付貸付を実行した場合は、保証条件違反に該当することになる。なぜなら、保証人を追加することによって貸付金の保全は強化されるが、別途追加した保証人に対しては、共同保証人間の求償関係で保証協会の負担部分を排除する信用保証委託契約書の特約が適用されないからである。保証付貸付金をつなぎ融資の回収に充当した場合は、旧債振替に該当することは明らかである。

★関連事項

信用保証協会の保証の不成立または免責事由

1．被保証債務の不存在、債務者相違
2．保証免責事由
① 金融機関が保証付貸付金をもって、保証協会の承諾を得ないで既存の貸付金の回収にあてた場合（いわゆる「旧債振替」）
② 金融機関が保証契約に違反した場合
③ 金融機関が故意または重過失により被保証債権の全部または一部の履行を受けることができなくなった場合

《関連判例》
●信用保証協会の保証の性質（札幌高函館支判昭和37・6・12高民集15巻4号289頁）
「信用保証協会の保証の要件効力は、特約のないかぎり、民法上の保証の規定による」
●信用保証協会との信用保証取引約定書中の旧債振替禁止条項違反と保証債務の消滅の範囲（最判平成9・10・31金融・商事判例1033号3頁）

融資

「金融機関が、信用保証協会の保証に係る中小企業者等に対する貸付金の一部について、信用保証協会との間の信用保証取引に関する約定中のいわゆる旧債振替禁止条項に違反してこれを既存の債権の回収に充てた場合には、残額部分の貸付金では中小企業者等が融資を受けた目的を達成することができないなど、信用保証制度の趣旨・目的に照らして保証債務の全部について免責を認めるのを相当とする特段の事情がある場合を除き、当該違反部分のみについて保証債務の消滅の効果が生ずる」

●事後に債務者が反社会的勢力であることが判明した場合の信用保証協会
　保証の有効性（最判平成28・1・12金融・商事判例1489号28頁）

「(債務者が) 反社会的勢力でないという被上告人（信用保証協会）の動機は、それが明示又は黙示に表示されていたとしても、当事者の意思解釈上、これが本件保証契約の内容になっていたとは認められず、被上告人の本件保証契約の意思表示に要素の錯誤はない」

【基本問題解答例】

択一解答　(2)

　Aに対する保証付貸付金の一部を代理貸に充当した場合は、プロパー資金の返済充当でなくても、旧債振替とみなされ免責の対象となる。保証協会は、保証条件とされていないCとの間で共同保証の関係となるが、共同保証で保証人間に特約がない場合は、同じ割合で保証債務を負担することになるから、保証協会はCから求償されるなど不利益を被ることになる。なお、保証協会は保証委託契約書のなかで保証協会の負担部分を排除する特約をしているが、Cに対しては特約は適用されないから、この場合は契約違反として免責の対象となるとされている。保証付貸付金をAに対するつなぎ融資の回収に充当することが旧債振替に該当することは明らかである。よって、(2)が正しく正解である。

応 用 問 題

　甲銀行は、乙信用保証協会に申込みをした土建業者である株式会社
Ａ社について、同信用保証協会から斡旋を受けて、所定の書類を徴求
し審査したうえで、同信用保証協会の保証付きで500万円を貸し付けた。

　ところが、貸出実行後、Ａ社の実質的な経営者である代表取締役が
暴力団員であることが判明し、Ａ社は公共工事の入札を差し止められ、
資金繰りが破綻し倒産した。

　なお、Ａ社は、上記貸付前から反社会的勢力に該当していたが、甲銀
行も乙信用保証協会も、Ａ社が倒産するまでその事実を知らなかった。

　この場合の、乙信用保証協会の保証の効力について、次のうち正し
いものを指摘し、それぞれの正否の理由を述べてください。

(1)　乙信用保証協会は、Ａ社が反社会的勢力であることを知ってい
　　れば信用保証に応じなかったであろうから、乙信用保証協会の保
　　証は錯誤により取り消されることがある。

(2)　甲銀行が、貸付審査にあたって、当該時点で相当と認められる方
　　法により注意して確認すればＡ社が反社会的勢力であることを知
　　ることができた場合は、乙信用保証協会は免責されることがある。

(3)　協会斡旋保証については信用保証約定書の免責条項は適用され
　　ないから、乙信用保証協会が免責を主張することはできない。

【応用問題解答例】

択一解答　(2)

　金融機関が信用保証協会保証付融資を実行した後に、債務者が反社会的
勢力に属することが判明した場合の保証の効力については、下級審では有
効とする判例と錯誤無効（改正前民法）とする判例に分かれていたが、最
高裁は、債務者が反社会的勢力でないという動機は当事者の意思解釈上保
証契約の内容になっていたとは認められず、保証協会の意思表示に要素の

融

資

錯誤はないとして、錯誤無効の主張を認めなかった（最判平成28・1・12）。したがって、(1)は誤りである。

　上記判例は、金融機関と信用保証協会は、融資を実行するのに先立ち、相互に、主債務者が反社会的勢力であるか否かについて、その時点において一般的に行われている調査方法に鑑みて相当と認められる調査をすべき義務を負い、金融機関がこの義務に違反した場合は、免責事由である保証契約違反に該当すると解している。したがって、(2)は正しい。

　協会保証には、金融機関経由で信用保証協会に保証を申し込む金融機関経由保証と、信用保証協会が金融機関に融資を斡旋する協会斡旋保証の2種類があるが、信用保証約定書で両者は特に区別はされず、協会斡旋保証にも免責条項は適用される。したがって、(3)は誤りである。

～follow up～

　　中小企業政策審議会の「信用補完制度のあり方に関するとりまとめ」での提言を受け、2007（平成19）年10月より保証割合を80％とした「部分保証方式」と、保証協会が100％保証する代わりに保証利用額と代位弁済額の実績により算定される負担金（負担割合は部分保証と同じく20％）を金融機関が保証協会へ支払う「負担金方式」からなる「責任共有制度」が導入された。

　　また、信用保証協会の保証付融資の債務者が反社会的勢力であることが融資実行後に判明した場合の保証の効力につき、高裁の判断が分かれていたところ、最高裁は、平成28年1月12日、4件の同種の事件について、いずれも「債務者が反社会的勢力ではないことは保証契約の内容ではなく要素の錯誤はない」として、錯誤無効の主張を認めない判断を示した。

　　もっとも、最高裁は、一方で、金融機関および信用保証協会は、融資に先立ち、相互に主債務者が反社会的勢力であるか否かについて、その時点において一般的に行われている調査方法等に鑑みて相当と認められる調査をすべき義務を負い、金融機関がこれに違反した場合は「保証契約に違反したとき」に該当し、相互の調査状況等に応じて信用保証協会が免責される場合があり得ることを指摘している。

　　金融機関としては、協会保証があることで安易に融資に応じることなく、協会保証の制度趣旨に沿って必要な調査は尽くさなければならないことを認識する必要がある。

相　　殺

9　相殺通知の相手方

基本問題

　　甲銀行の融資先Ｘ社に対する貸付金を自働債権、Ｘ社の預金を受働
債権として相殺する場合の相殺通知の相手方について、次のうち正し
いものを指摘し、その正否の理由を述べてください。
　⑴　Ｘ社について破産手続開始決定があった場合は、同社の破産管
　　財人に通知する。
　⑵　Ｘ社の預金に対して仮差押えがあった場合は、仮差押債権者に
　　通知する。
　⑶　Ｘ社の預金に対する差押・転付命令が確定した後であっても、
　　Ｘ社に通知する。

融
資

☞本問のポイント

・相殺通知の相手方
・預金の差押え・仮差押えと預金債権の帰属

問題理解と解答作成ポイント

　相殺は、自働債権（貸付金）と受働債権とを対当額について消滅させる
ために、当事者の一方から、その相手方に対する意思表示（相殺通知）に
よって行われ（民法506条1項）、その意思表示が相手方に到達しないと効
力は生じない。相殺の意思表示は、口頭でも電話でもよいとされているが、
実務上は、相殺の意思表示があったことの証明のため、配達証明付内容証

明郵便の方法によるのが一般的である。

　なお、銀行が預金と貸金を相殺する場合の相殺通知の相手方は、以下の
とおりケースにより異なってくるので留意が必要である。

①　通常の場合

　　預金者が相手方となる。

②　預金について民事執行法・滞納処分による差押えがあった場合

　　預金者・差押債権者のいずれを相手方とすることもできると解されて
いるが（最判昭和39・10・27金融・商事判例529号188頁、最判昭和40・7・
20金融法務事情417号12頁）、実務上は預金者を相手方とし、差押債権者
にも相殺実行の旨を事後通知しておくことが望ましい。

③　預金について仮差押えがあった場合

　　仮差押債権者は当該債権について確定した権利を取得した訳ではなく、
取立権も認められないので、預金者を相手方としなければならない。な
お、この場合も、仮差押債権者には相殺実行の旨を事後通知しておくこ
とが望ましい。

④　預金について転付命令があった場合

　　転付命令の確定によって、預金債権は転付債権者に移転するので（民
事執行法159条）、転付債権者を相手方としなければならない（最判昭和32
・7・19金融・商事判例529号39頁）。

⑤　預金者について法的整理があった場合

・預金者について破産手続開始決定があった場合：破産管財人を相手方
とする。

・預金者について会社更生手続が開始された場合：管財人を相手方とす
る（更生手続開始決定前で保全管理人が選任されている場合：保全管理人
を相手方とする）。

・預金者について民事再生手続が開始された場合：預金者を相手方とす
る（保全管理人・管財人が選任されている場合：保全管理人・管財人を相

手方とする）。

【基本問題解答例】

択一解答　(1)

　破産手続開始決定後は、破産財団に属する財産の管理・処分権は破産管財人に専属するので（破産法 2 条 1 項12号・78条 1 項）、相殺通知の相手方は破産管財人となる。したがって、(1)は正しく、これが本問の正解である。

　X社の預金に対して仮差押えがあった場合は、第三債務者である銀行は弁済を禁止されることとなり（民事保全法50条 1 項）、X社は預金の払戻請求をすることはできなくなるが、仮差押命令に取立権は付与されておらず、また預金者に変更をきたすわけでもない。よって、甲銀行は、X社に対して相殺通知をしなければならない。したがって、(2)は誤りである。

　預金に対する差押・転付命令が確定すると、その預金債権は転付債権者に移転することになるので（民事執行法159条 1 項）、相殺通知は転付債権者に対して行うべきである（最判昭和32・7・19）。したがって、(3)は誤りである。

融資

10　担保預金に対する差押えと相殺の対抗力

> **基本問題**
>
> 　甲銀行は、取引先X社に対する貸付金について同社の定期預金に質権の設定を受けていたが、このほどこの定期預金に対してX社の債権者を申立人とする差押命令が送達された。担保差入証に確定日付は付していない。
>
> 　この定期預金に対する差押えの効力について、次のうち正しいものを指摘し、それぞれの正否の理由を述べてください。
>
> 　(1)　甲銀行は、質権を実行することによって差押債権者に対抗することができる。
>
> 　(2)　差押えの効力が優先し、甲銀行は質権の実行も相殺も対抗できない。
>
> 　(3)　X社に対する貸付債権を自働債権、差押預金を受働債権とする相殺をもって差押債権者に対抗することができる。

☞本問のポイント

・確定日付なき質権の第三者対抗力
・相殺における確定日付の要否
・預金に差押えがあった場合における相殺適状
・相殺が差押えに対抗できるための要件

問題理解と解答作成ポイント

　通常、いわゆる預担貸を実行する場合には質権設定としての担保差入証を徴求するが、相殺と質権実行は区別して考える必要がある。つまり、質権で第三者に対抗するとすれば担保差入証に確定日付が必要であり、相殺

で対抗するのであれば当事者間に同種の債権が対立して、ともに弁済期に
達していることが必要とされる。

　預金（保証人の預金でも）に対して差押命令等が発送された時点で、貸
出先は貸出金について期限の利益を失うので（銀行取引約定書5条1項）、
銀行は定期預金の期限の利益を放棄することによって相殺適状を生じさせ
ることができる。その後に、相殺の意思表示をすればよいだけである。差
押えと相殺の優劣に関しては、以前は差押えの効力発生時と相殺適状の生
じた時期の先後、自働債権と受働債権の弁済期の先後などにより諸説があ
り、相殺予約の効力についても議論が分かれていたが、最高裁判決（昭和
45・6・24）は自働債権が差押え後に取得されたものでない限り、弁済期
の先後等を問わず相殺可能とし、さらに2017年改正民法では、この規律が
明文化された（511条1項）。もちろん、担保預金でなくても相殺の対象と
なしうる。

融
資

★関連事項

預金担保差入証

　預金債権は、預金者の銀行に対する金銭債権であるから、それを担保に
とる場合は譲渡担保にとることもできるが、預金者が銀行に預金債権を譲
渡すると、その預金の債務者である銀行が同時に債権者にもなり、混同に
よって預金債権が消滅するとも考えられるので、質権によるのが通常であ
る。

保証債権

　保証人は銀行に対して保証債務を負担することになるが、銀行の立場か
らみて、その履行請求権を保証債権という。

自働債権・受働債権

　相殺する場合、相殺する側の債権を自働債権、相殺される側の債権を受
働債権といい、相殺により両債権は対当額で消滅する。

相殺・相殺適状

　互いに対立する同種の債権・債務を対当額で消滅させることを相殺とい
う。両債権が相殺できる状態にあることを相殺適状という。相殺適状にあ
るときは、一方当事者の単独の意思表示で相殺できる。銀行取引約定書で
は、銀行の意思表示により相殺できる場合について7条で、預金者の意思
表示により相殺できる場合（逆相殺）について7条の2で特約している。

確定日付

　証書の作成日について完全な証拠力があると法律上認められる日付をい
う。公正証書の日付、私署証書に登記所または公証役場で日付のある印章
を押印したときの日付、内容証明郵便の日付などが確定日付となる（民法
施行法5条）。

《関連判例》

●差し押えられた預金と貸付債権との相殺の要件・相殺予約の差押債権者
　に対する効力（最判昭和45・6・24金融・商事判例215号2頁）

「債権が差し押えられた場合において、第三債務者が債務者に対して反対
債権を有していたときは、その債権が差押後に取得されたものでないかぎ
り、右債権および被差押債権の弁済期の前後を問わず、両者が相殺適状に
達しさえすれば、第三債務者は、差押後においても、右反対債権を自働債
権として、被差押債権と相殺することができる」

「銀行の貸付債権について、債務者の信用を悪化させる一定の客観的事情
が発生した場合には、債務者のために存する右貸付金の期限の利益を喪失
せしめ、同人の銀行に対する預金等の債権につき銀行において期限の利益
を放棄し、直ちに相殺適状を生ぜしめる旨の合意は、右預金等の債権を差
し押えた債権者に対しても効力を有する」

●相殺の要件（最判平成25・2・28金融・商事判例1418号28頁）

「既に弁済期にある自働債権と弁済期の定めのある受働債権とが相殺適状
にあるというためには、受働債権につき、期限の利益を放棄することがで

きるというだけではなく、期限の利益の放棄または喪失等により、その弁
済期が現実に到来していることを要する」

【基本問題解答例】

択一解答　⑶

　質権者が質権をもって第三者に対抗するには、担保差入証に確定日付が
必要であるが（民法364条・467条2項）、差押えを受けた債権の第三債務者
は、差押え後に取得した債権でない限り、相殺をもって差押債権者に対抗
することができるから（民法511条1項）、本問では、甲銀行は担保差入証
に確定日付がなくても相殺をもって差押債権者に対抗できる。定期預金が
担保であってもなくても、また確定日付の有無に関係なく、甲銀行は保証
債権を自働債権、定期預金債権を受働債権とする相殺をもって第三者に対
抗することができる。預金に対して他から差押えがあった場合は、主たる
債務は当然に期限の利益を失い（銀行取引約定書5条1項）、定期預金が満
期前であっても、銀行は期限の利益を放棄することによって相殺適状とな
しうるから、甲銀行は、定期預金について期限の利益を放棄した上で相殺
権を行使することができる。以上により、⑶が正解である。

応用問題

　甲銀行は、取引先Aの定期預金に質権の設定を受け貸出取引を行っ
ていたところ、法定納期限の到来した税債権による滞納処分により定
期預金が差し押えられた。甲銀行は、質権設定の担保差入証に確定日
付は付していなかったが、相殺をもって差押えに対抗することにした。
その場合の預金と貸金との相殺について、次のうち正しいものを指摘
し、それぞれの正否の理由を述べてください。
　⑴　差押前に取得した債権を自働債権とするのであれば、質権設定

の有無にかかわらず相殺をもって差押えに対抗できる。

(2)　滞納税金の法定納期限以前に質権の設定を受けた預金である場合にかぎり、相殺をもって差押えに対抗することができる。

(3)　滞納税金の法定納期限以前に取得した貸金を自働債権とするのである場合にかぎり、相殺をもって差押えに対抗することができる。

☞ 基本問題との相違点

・滞納税金の法定納期限と貸金債権の取得時期との関係性

【応用問題解答例】

択一解答　(1)

　債権質である預金に対する質権と滞納処分による差押えとの優劣は、確定日付と法定納期限の先後によって決められる。しかし、質権設定の有無にかかわらず、担保預金に対して差押えがあった場合など債務者が期限の利益を喪失すれば、差押後に取得した債権でないかぎり、甲銀行は相殺をもって差押債権者に対抗することができる。よって、(1)が正解である。質権の実行と相殺とは、関連のない別個の権利行使であるから、法定納期限以前に質権が設定されていなくても、相殺適状となれば相殺をもって差押えに対抗することができる。また、差押前に取得した債権を自働債権とするのであれば、租税債権の法定納期限との先後に関係なく相殺をもって差押えに対抗することができる。したがって、(2)、(3)は誤りである。

融
資

~ follow up ~

　　債務者以外の第三者の預金について担保として提供を受ける
場合、従前は担保提供者（預金者）を連帯保証人として保証債
権と相殺できるようにする取扱いが一般的だったが、近年は保
証を謙抑的に扱う趣旨で連帯保証人としないで質権の設定を受
ける取扱いがなされているようである。その場合、差押債権者
などの第三者に対抗するには確定日付の取得が必要であり、ま
た租税債権との優劣は租税の法定納期限と確定日付の先後で決
まることに注意する必要がある。

11　相殺と払戻充当

基本問題

　甲銀行の取引先Xの預金に対して滞納処分による差押えがなされた。Xが行方不明であるので、甲銀行は銀行取引約定書の差引計算に関する次の条項に基づき差引計算し、貸金を回収したいと考えている。

　銀行取引約定書7条2項「前項の相殺ができる場合には、貴行は事前の通知および所定の手続を省略し、私にかわり諸預け金の払戻しを受け、債務の弁済に充当することもできます」

　上記特約に基づき貸金を回収するについて問題はないか、次のうち正しいものを指摘し、それぞれの正否の理由を述べてください。

　(1)　特約に基づき払戻充当により貸金を回収する。

　(2)　公示送達によるなどの方法で相殺により貸金を回収する。

　(3)　払戻充当により貸金を回収するが、差引計算の結果を公示送達により通知しなければならない。

☞本問のポイント

・払戻充当の法的性質と差押えへの対抗力

・行方不明者に対する通知方法

問題理解と解答作成ポイント

　本問は、いわゆる払戻充当が差押えに対抗できるかどうか、相殺に対比して問うものである。

　払戻充当は、銀行取引約定書7条2項に規定されているとおり、取引先が期限の利益を喪失して債務を弁済しなければならなくなったときに、相殺手続によらず、銀行が取引先（預金者）の代理人として取引先の預金を

払い戻し、払い戻した金銭を貸金の弁済に充当する行為である。こうした
銀行と取引先との関係は、一種の委任関係に基づくものであるから、払戻
充当の方法により貸金を回収したときは、受任者の報告義務として委任者
である取引先に充当結果を報告する義務がある（民法645条）。

　このように、払戻充当は銀行と取引先との事前の合意による預金払戻し
と弁済であるから、預金に対して差押え・仮差押えの効力が発生した後は、
その効力により払戻しを行うことができないため、払戻充当の方法により
貸金を回収することはできない。また、取引先について、後日、破産・会
社更生など法的整理手続が開始された場合には、払戻充当は「危殆時期に
おける弁済」として否認されるおそれがある。結論的に、取引先が倒産な
いしそのおそれがある場合は、払戻充当によらず相殺によって債権回収を
図った方が安全だということになる。

★関連事項

公示送達

　民法上の場合は、意思表示の相手方が行方不明のため意思表示ができな
いときに、簡易裁判所に申し立てて、意思表示に代わるものとして公示さ
れるものをいう（民法98条）。裁判上の場合は、相手方の住所・居所が不
明の場合に、裁判所の書記官が送達すべき書類を保管しておいて、受送達
者にいつでも交付する旨の公告を裁判所の掲示板に掲示することによって
なす送達手続をいう（民事訴訟法110〜113条）。

受任者の報告義務

　委任契約における受任者が委任者に対して負う義務の1つで、受任事務
の処理状況の報告義務、終了後の顛末の報告義務などである（民法645条）。

《関連判例》

●差し押えられた預金と貸付債権との相殺の要件・相殺予約の差押債権者
　に対する効力（最判昭和45・6・24金融・商事判例215号2頁）

融
資

188頁参照。

●相殺予約の差押債権者に対する効力（同上）

　188頁参照。

【基本問題解答例】

択一解答 ⑵

　払戻充当は、銀行が預金者に代わって預金の払戻しを受け、それを貸金の弁済に充てる行為である。特約により事前の通知を必要とせず、緊急の場合や取引先が行方不明の場合などに、簡易・迅速に貸金を回収するのに便利である。ただし、銀行が預金者の代理人として預金の払戻しを受けて貸金に充当するわけであるから、預金が差押えを受けた場合は許されず、行っても差押えに対抗はできない。差押えによって預金の払戻しが禁止されることになるからである。これに対して、相殺は貸金を自働債権、預金を受働債権とする債権者（甲銀行）の単独行為であり、差押えを受けた債権の第三債務者は、自働債権が差押え後に取得した債権でない限り相殺をもって差押債権者に対抗できる（民法511条１項）。なお、相殺は、相殺通知が相手方に到達しなければその効力を生じないが、相手が行方不明の場合は公示送達によることができる。払戻充当は、それ自体差押えに対抗できないものであるから、その結果を公示送達により通知しても差押えに対抗するうえでの意味はない。よって、⑵が正解である。

応用問題

　甲銀行は、取引先Ｘ社が会社更生手続開始の申立をし、同時に裁判所から会社に対して保全処分の命令があったことを新聞で知った。そこで、銀行取引約定書７条の差引計算の約定に基づき貸金を回収することにしたが、その方法について、次のうち正しいものを指摘し、そ

　　れぞれの正否の理由を述べてください。
　　(1)　払戻充当の方法による場合、保全処分に抵触して否認されるお
　　　　それがあるので、相殺によるべきである。
　　(2)　保全処分は、会社が自己の預金を払い戻すことを禁止するもの
　　　　ではないから、払戻充当の方法により貸金を回収しても差し支
　　　　えない。
　　(3)　更生手続の開始決定後であれば保全処分に抵触しないから払戻
　　　　充当により貸金を回収しても差し支えない。

融
資

☞基本問題との相違点

・会社更生手続における債権届出期間内での相殺
・払戻充当と保全処分への抵触
・会社更生手続開始決定後の払戻充当と否認

【応用問題解答例】

択一解答　(1)

　保全処分は、会社財産の散逸・隠匿を防ぐため会社に対して会社財産の
処分・債務の弁済・借財等を禁止するものであって、会社が自己の預金の
払戻しを受けることを禁止するものではない。したがって、甲銀行がX社
の代理人として預金の払戻しを受けることは差し支えないが、払戻しを受
けた金額をX社の代理人として貸金に充当すること、つまり払戻充当はま
さしく債務の弁済禁止に抵触する。よって、払戻充当の方法により貸金を
回収することは適当でない。また、保全処分は更生手続の開始決定がなさ
れるまでの処分で、その後は管財人が財産の管理・処分権を有することに
なるが、払戻充当は「危殆時期の弁済」（会社更生法86条）としてやはり否
認されるおそれがある。その点、相殺は、債権届出期間内であれば更生手
続によらないで行うことができる（同法48条）。よって、(1)が正解である。

12　不渡異議申立預託金に対する差押えと相殺

基本問題

　　甲銀行の取引先Ｘ社が振り出した約束手形の不渡異議申立のため甲銀行に預託した預託金返還請求権に対して、不渡手形の所持人Ｙの申立てによる差押・転付命令が送達された。預託金は甲銀行の貸出によるものであり、この際、相殺権を行使して貸出金を回収したいと考えている。

　　甲銀行が相殺権を行使するについて、次のうち正しいものを指摘し、それぞれの正否の理由を述べてください。

　(1)　差押・転付命令が優先するので、相殺による貸出金の回収はできない。

　(2)　甲銀行は、預託金返還請求権を受働債権として相殺することにより、差押・転付命令に対抗できる。

　(3)　甲銀行は、交換所により返還が許可されるまでは相殺により対抗できないので、返還前にＹを債権者とする転付命令が確定したらＹに支払わなければならない。

☞本問のポイント

・相殺と差押えの優劣
・不渡異議申立預託金の弁済期と相殺

問題理解と解答作成ポイント

　本問のポイントは、①不渡異議申立預託金返還請求権を受働債権とする相殺の可否とその時期、②預託金に対する差押えと相殺との優劣である。

　不渡異議申立預託金は委任事務の前払費用として手形支払人から預託されるものである。したがって、預託金の返還請求権は手形支払人が有する

ことになる。

　次に、預託金返還請求権を受働債権とする相殺の可否であるが、預託金返還請求権も預金と同じく銀行に対する債権であり、手形債権者が、これについて当然に優先的な権利を有するものではないので、銀行が相殺を行うことは妨げられない（最判昭和45・6・18。131頁参照）。なお、預託金の返還債務の履行期は支払銀行が交換所から返還の許可を受けた時に到来するが（電子交換所規則46条5項）、弁済期未到来の間は転付債権者に対して弁済する必要はないから、返還の許可を待って相殺してもよい。

　相殺と差押えとの優劣は、銀行取引約定書5条1項3号の特約に基づき、預託金に差押えがあったときに、手形支払人は貸出金について当然に期限の利益を失う。自働債権が差押え後に取得した債権でないかぎり、相殺が差押えに優先することはすでに最高裁判例で確定していたが、2017年債権法改正で明文化されている（民法511条1項）。

★関連事項

不渡異議申立預託金

128頁参照。

《関連判例》

● 不渡異議申立預託金の転付と反対債権による相殺（最判昭和45・6・18　金融・商事判例224号17頁）

「手形の不渡異議申立手続を委託した手形債務者から異議申立提供金に見合う資金として支払銀行に交付された預託金の返還請求権が手形債権者に転付された場合に、支払銀行が右債権の差押前から手形債務者に対して有する反対債権をもって被転付債権と相殺することが、預託金返還請求権の性質上制限されるものと解すべき理由はない」

融資

【基本問題解答例】

択一解答　(2)

　不渡異議申立預託金は、甲銀行に不渡異議申立の手続きを委託するについて、その委任事務処理の前払費用として甲銀行に預託されるものである。預託金の返還請求権はX社が有するから、甲銀行は預託金返還請求権を受働債権として貸付債権と相殺することができる。預託金返還請求権に対しては差押・転付命令が送達されているが、相殺と差押えとの優劣関係は、差押後に取得した債権を自働債権とするのでなければ、相殺が差押えに優先する（民法511条1項）。よって、(2)が正解である。

応用問題

　甲銀行は、融資取引先かつ当座勘定取引先であるAの依頼によりA振出の約束手形を「契約不履行」により不渡返還し、Aから不渡異議申立預託金の預入れを受けて異議申立を行ったところ、Aから預託された不渡異議申立預託金返還請求権に対して当該不渡手形の所持人であるBから差押えを受けた。

　この場合、甲銀行が預託金返還請求権との相殺により貸金を回収できるかどうかについて、次のうち正しいものを指摘し、それぞれの正否の理由を述べてください。

(1)　差押以前に貸出した貸金債権を自働債権として相殺するのであれば、差押えに対抗することができる。

(2)　預託金は不渡手形の支払を担保するものであるから、相殺の対象とすることはできない。

(3)　預託金は預金でないから相殺の対象とすることはできない。

☞基本問題との相違点

・不渡異議申立預託金の法的性質と相殺

【応用問題解答例】

択一解答　(1)

　受働債権につき差押えがあったとき、その第三債務者がすでにその債務者に対して反対債権を有するときは、両債権の弁済期の先後を問わず、相殺適状に達しさえすれば、差押後でも相殺をもって差押えに対抗できる（民法511条1項）。

　また、不渡異議申立預託金は、手形支払人が支払銀行に不渡異議申立を依頼するにあたって交換所規則に基づき委任事務の前払費用として預託するものであって、特定の手形債権の支払を担保するものではなく、預託金返還請求権も一般の預金と同様に相殺の受働債権とすることができる（最判昭和45・6・18）。

　次に、預託金は預金ではないが、その返還請求権は貸付債権と同じ金銭債権であり、銀行取引約定書5条1項3号に規定する「その他の貴行に対する債権」であるから、相殺の対象とすることができる。よって、(1)が正解である。

融
資

~ *follow up* ~

　　　不渡異議申立預託金を受働債権として相殺する場合は、預金相殺の場合と異なり、交換所規則等を念頭において処理する必要がある。

13　連帯保証人の預金に対する差押えと相殺

基本問題

　　甲銀行は、A社の依頼による手形割引を実行したところ、連帯保証人Bの満期前定期預金に対してBの債権者Cの申立てによる差押命令が送達された。A社は、甲銀行に銀行取引約定書を、BはA社が甲銀行に対して負担する銀行取引に基づく一切の債務について民法465条の2第1項に基づく根保証書を差入している。この場合の甲銀行が行う相殺について、次のうち正しいものを指摘し、それぞれの正否の理由を述べてください。

(1)　甲銀行は、割引手形が不渡返還されたことを確認してからでないと相殺できない。

(2)　甲銀行は、Bに対して有する保証債務履行請求権を自働債権、定期預金債権を受働債権とする相殺をもってCに対抗することができる。

(3)　甲銀行は、定期預金の満期到来後でなければ相殺できない。

☞本問のポイント

・銀行取引約定書における期限の利益喪失事由
・相殺の自働債権と受働債権
・期限前定期預金との相殺の可否

問題理解と解答作成ポイント

　本問は、預金の差押えと相殺に関する基本的かつ典型的な問題である。本問のポイントは、手形割引における期限の利益喪失事由と相殺の可否、相殺の自働債権と受働債権は何か、ということに尽きる。

　銀行取引約定書は、その5条1項と2項とで期限の利益喪失事由を定め、6条各号では、割引手形の依頼人または割引手形の主債務者について一定の事由が生じたときは買戻債務を負担することを特約している。さらに買戻債務が発生した場合は、銀行はいつでも相殺できることを特約している。また、連帯保証人Bは、A社が銀行取引約定書の中で特約した割引手形の買戻債務について保証している。

★関連事項

期限の利益喪失条項

　銀行取引約定書5条1項は、取引先について、一定の事由が生じたときは銀行から通知催告等がなくても銀行に対するいっさいの債務について当然期限の利益を失うこと、同条2項は、同じく銀行の請求によって銀行に対するいっさいの債務について期限の利益を失うことを特約している。さらに、同約定書6条各号では、割引手形の依頼人または割引手形の主債務者について一定の事由が生じたときは、当然にまたは請求により買戻債務を負担することを特約している。

相殺・相殺適状

　188頁参照。

《関連判例》

●差し押えられた預金と貸付債権との相殺の要件・相殺予約の差押債権者に対する効力（最判昭和45・6・24金融・商事判例215号2頁）
　188頁参照。

融資

【基本問題解答例】

択一解答 (2)

　銀行取引約定書6条1項では、割引依頼人について同5条1項に定める期限の利益当然喪失事由が生じたときは、割引依頼人は割引を受けた全部の手形について、なんら催告を要することなく買戻債務を負い、直ちに弁済するとされている。

　保証人の預金に対する差押命令の発送は同5条1項の期限の利益当然喪失事由であるから、A社は割引を受けた手形全部について直ちに買い戻す義務を負い、この債務は「銀行取引に基づく一切の債務」としてBの保証契約における主債務に含まれるから、甲銀行はBに対して、直ちにこれについて保証債務を履行するように請求できる。

　また、定期預金については、甲銀行は、自働債権であるBに対する保証債務履行請求権が弁済期にあれば、受働債権である定期預金のみずからの期限の利益を放棄して相殺することができる。

　なお、預金に対して差押命令が送達されても、自働債権がその後に取得した債権でなければ弁済期の先後にかかわらず差押債権者に対抗できる（民法511条1項）。

　したがって、甲銀行は、Bに対して有する保証債務履行請求権を自働債権、定期預金債権を受働債権とする相殺をもってCに対抗することができるから、(1)、(3)は誤りであり、(2)が正解である。

5　代理受領

14　代理受領の効力

基本問題

　　甲銀行は、Ｘ社に対する貸金担保のため、Ｘ社がＹ社に対して有する工事請負代金について代理受領の委任を受け、その際、委任状に第三債務者であるＹ社が代理受領を承諾した旨の奥書を受けたうえ確定日付を付しておいた。ところが、代理受領の目的債権に対してＸ社の債権者から差押えを受けた。

　　この場合の代理受領の効力について、次のうち正しいものを指摘し、それぞれの正否の理由を述べてください。

(1)　代理受領は債権質と同様の効力を有するから、確定日付をもって差押債権者に対抗できる。

(2)　代理受領は受領権の委任にすぎないから、確定日付の有無を問わず差押債権者に対抗できない。

(3)　代理受領は債権譲渡と同様の効力を有するから、確定日付をもって差押債権者に対抗できる。

融資

☞本問のポイント

・代理受領の法的性質
・代理受領承諾書の確定日付の第三者対抗力

問題理解と解答作成ポイント

　代理受領は正式担保に代わる担保手段として利用されており、通常、委

任状には、債権担保の目的で代理受領の委任をしたこと、委任者は受任者の承諾なく委任契約を解除できないことなどが記載され、これに第三債務者の奥書をなすものである。場合によっては、第三債務者は受任者のみに支払う旨の文言が記載されることもある。

　代理受領の法律的性質については、債権質に類似した無名契約、第三者のためにする契約、取立委任ないしこれに類似した無名契約とする説などさまざまであるが、本質は取立委任とするのが通説である。したがって、委任状に確定日付を付しても、債権譲渡ないし質権設定の承諾書または通知書の確定日付とは意味を異にし、第三者対抗要件とはならない。たんに、第三債務者が委任契約の成立を認めた日を公証するにすぎない。

　なお、第三債務者が代理受領を承認しながら受任者の承諾を得ないまま直接委任者に代金を支払った場合には、受任者から第三債務者に対して不法行為ないし債務不履行を理由とする損害賠償請求権が発生する場合がある。

★関連事項

債権譲渡

　債務者が第三債務者に対して有する債権の同一性を失わせることなく譲渡することをいう。新旧債権者間の契約によって成立する。担保目的で譲渡する場合が債権の譲渡担保である。債権の譲渡人から債務者に対する通知または債務者の承諾が債務者に対する対抗要件であり、さらにこれが確定日付ある書面によりなされることが債務者以外の第三者に対する対抗要件とされている（民法467条。221頁参照）。

担保物権

　債権担保を目的とした物権をいう。質権・抵当権・仮登記担保権・譲渡担保権など当事者間の契約によって成立する約定担保物権と、留置権・先取特権など法律上当然に成立する法定担保物権がある。

《関連判例》

●第三債務者の代理受領承認の効力（最判昭和44・3・4金融・商事判例159
号14頁）

「XのA会社に対する手形金債権を担保する目的で、AがYに対する請負
代金債権の代理受領をXに委任し、YがXに対し右代理受領を承認しなが
ら、請負代金をAに支払ったため、Xが手形金債権の満足を受けられなく
なった場合において、Yが右承認の際担保の事実を知っていたなどの事情
があるときは、Yは、Xに対し過失による不法行為責任を負う」

●担保のための代理受領契約（最判昭和61・11・20金融・商事判例762号3頁）

「①甲の債権担保のため債務者乙の有する債権について代理受領契約が結
ばれ、乙の債権の債務者丙がこれを承諾した場合においても、甲は取立委
任を受けて取立権能を取得したにすぎず、丙は直接甲に支払うべき債務を
負わない。②右の場合において、丙が乙へ弁済してしまったときは、甲が
他に保証人などの人的担保を有していても、甲は丙に対して代理受領によ
り得べかりし財産上の利益の損害賠償を請求することができる」

【基本問題解答例】

択一解答 (2)

　代理受領は、債権譲渡、債権質に類似した契約であるが、その実質は債
権の取立委任・受領委任の形式を借りた特殊な三面契約であり、たんなる
受領権の委任にすぎない。法律上の担保物権ではなく当事者間のたんなる
債権契約にすぎないから、債権譲渡あるいは債権質のように確定日付を付
したからといって第三者に優先弁済権を主張できない。本問の確定日付は、
第三債務者が委任関係の成立した日を公証するにすぎず、第三者対抗要件
としての意味をなさない。したがって、目的債権について他から差押えが
あった場合は、もはや代理受領しうる権能を失うことになる。よって、(1)、
(3)が誤りで、(2)が正しい。

応 用 問 題

　　甲銀行は、Aに対する貸金の保全を目的として、AがBに対して有
する土地売却代金について、BはAに直接代金を支払わず、甲銀行の
Aの預金口座に直接振り込むこと、甲銀行の承諾がないかぎり支払方
法を変更しないことを甲銀行とAの連名でBに申し入れ、Bの承諾を
得て承諾書に確定日付を付した。ところが、この約束にかかわらず、
Bは土地代金を直接Aに支払った。

　　その場合のBの責任について、次のうち正しいものを指摘し、それ
ぞれの正否の理由を述べてください。

　(1)　甲銀行に損害が生じれば、Bは甲銀行に対して損害賠償責任を
　　　負担することがある。

　(2)　振込指定は債権質でも債権譲渡でもないから、Bは甲銀行に対
　　　してなんらの責任を負担しない。

　(3)　承諾書に確定日付があるので、BはAに支払ったことを甲銀行
　　　に対抗できない。

☞ 基本問題との相違点

・振込指定の法的性質
・振込指定に違反した場合の第三債務者の責任
・振込指定承諾書の確定日付の第三者対抗力

【応用問題解答例】

択一解答　(1)

　　振込指定は、一般に債権質でも債権譲渡でもないと解されている。した
がって、AがBに対する土地売却代金請求権を第三者に譲渡あるいは質入
した場合には、甲銀行はその第三者に振込指定をもって対抗することはで

きない。また、Aに対する他の債権者がBを第三債務者として土地代金を差押えした場合にも、甲銀行は差押債権者に対抗することはできない。しかし、甲銀行とAの連名による振込指定についてBが承諾している以上、これを無視して正当な理由もなくAに直接支払い、それによって甲銀行に損害が生じた場合には、Bは甲銀行に対して債務不履行ないし不法行為による損害賠償の責任を負担すべき場合がある。確定日付は、たんにその日付に振込指定が成立したことを証するにすぎず、第三者対抗要件としての効力は有しない。よって、(1)が正解である。

融資

~ *follow up* ~

　　代理受領・振込指定は、正式担保ではないため問題はあるが、今日、金融機関において貸金の回収手段ないし担保目的として広く利用されている。たとえば工事請負代金債権は金銭債権であるので、債権質とか債権譲渡など正式な担保権の目的とすれば万全であるが、譲渡・質入禁止の特約があって第三債務者の承諾が得られない場合があるため、振込指定等がよく利用される。

6　債務引受

15　相続債務の引受

出題【22年10月・問7／20年10月・問7】

基本問題

　甲銀行の融資取引先Ａが死亡した。相続人は、その妻Ｂと成年の子
ＣとＤの3名である。相続債務はＡが借り入れした事業資金4,000万
円で、Ａの共同経営者である弟のＥが連帯保証している。この債務に
ついて、Ａの事業を承継するＣから、ＢとＤの相続債務を全額引き受
けたいとの要望があった。この場合の債務引受の方法や効力について、
次のうち正しいものを指摘し、それぞれの正否の理由を述べてくださ
い。

(1)　Ｃは、Ｂ・Ｄとの合意により、甲銀行の意思にかかわらずＢ・
　　Ｄの相続する債務計3,000万円を免責的に引受することができる。

(2)　Ｃが、Ｂ・Ｄの相続する債務計3,000万円を併存的に引受する
　　場合は、Ｅの保証はＢ・Ｃ・Ｄそれぞれが相続した債務につい
　　て当然に存続する。

(3)　Ｃが、Ｂ・Ｄの相続する債務計3,000万円を免責的に引受する
　　場合は、Ｅの保証はＣの引受した債務について当然に存続する。

☞本問のポイント

・免責的債務引受と併存的債務引受との法的性質の違い

・免責的債務引受における原債務者の同意

・免責的債務引受と併存的債務引受とにおける担保・保証への影響

問題理解と解答作成ポイント

(1)　併存的債務引受と免責的債務引受

　債務引受には併存的債務引受と免責的債務引受がある。併存的債務引受は、債務者をAとする原債務について引受人Bが新たに債務者として加わる契約である。その結果、AとBは同一内容の債務について連帯債務の関係となる（民法470条1項）。

　一方、免責的債務引受は、債務者をAとする原債務について引受人Bが債務者となりAが債務関係から離脱する契約である。

　銀行実務では、①設例のように相続債務を相続人の1人が引き受ける場合、②法人成りに際して法人が個人の債務を引き受ける場合、③営業譲渡に際して営業譲渡人の債務を譲受人が引き受ける場合、④業態悪化先の債務を利害関係のある第三者が引き受ける場合、⑤抵当不動産の第三取得者が被担保債務を引き受ける場合などによく利用される。

(2)　当事者

　併存的債務引受も免責的債務引受も、債権者、原債務者と引受人の全員の合意があればできることは争いがない。

　ほかに、併存的債務引受は①債権者と引受人との契約によってすることができ、また、②債務者と引受人の契約によってもできるが、この場合は、債権者が引受人に対して承諾した時に効力が生じる（民法470条2項、3項）。

　一方、免責的債務引受は、①債権者と引受人との契約によってすることができ、この場合は債権者が原債務者にその旨を通知した時に効力が生じ、②債務者と引受人が契約をして債権者が引受人に対しそれを承諾することによってもすることができる（民法472条2項、3項）。

(3)　担保権・保証

　併存的債務引受は、引受人が債務者として加わるだけであるから、原債

務の担保・保証の効力にはなんら影響はない。免責的債務引受の場合、債権者は原債務者が免責される債務の担保として設定された担保権を、引受人が負担する債務に移転することができる。但し、引受人以外の者が設定した場合には、その承諾を得なければならない。また、担保権の移転はあらかじめ、または引受と同時に引受人に対する意思表示によってしなければならない（民法472条の4第1項、第2項）。なお、根抵当権の被担保債権について免責的債務引受があった場合は、債権者はこの方法により根抵当権を引受人が負担する債務に移すことはできないから、根抵当権の債務者や被担保債権の範囲の変更が必要となる（同法398条の7第3項）。免責される債務について保証人がいる場合も同様に保証人の承諾と引受人に対するあらかじめまたは引受と同時の意思表示が必要である（同法472条の4第3項）。この保証人の承諾は書面または電磁的記録によらなければならない（同4項、5項）。

★関連事項

相続債務の引受

　債務者が死亡すれば、消極財産である債務も当然に相続人に承継される。しかも、金銭債務は可分債務であるから、共同相続の場合には、当然に法定相続分に従って各相続人に承継されることになる。ただし、共同相続人が法定相続分に応じて承継したそれぞれの債務は、当然には相互に連帯債務とはならないので債権管理上煩わしく、債権者である銀行としてはできれば1人に引受してもらいたい。そこで、銀行実務では、被相続人の営業を引き継いだ相続人や主要な積極財産を取得した相続人などに、免責的に相続債務である貸金債務の全額を引受してもらい、合わせて他の相続人から連帯保証を申し受けることがよくある。

併存的債務引受

　同一内容の債務について第三者（引受人）が新たに債務者に加わる契約

をいう。原債務者と引受人は連帯債務の関係となる。たんに債務者が追加になるだけであり、原債務についての保証・担保もそのまま存続する。

免責的債務引受

同一内容の債務について引受人が新たに債務者となり、原債務者は債務関係から脱退する契約をいう。免責的債務引受により原債務についての引受人以外の者による保証や担保権を引受債務に移転するには、保証人や担保設定者の承諾が必要である。

もっとも、法定担保物権である留置権や先取特権は、特定の債権を保全するため法律で特に認めた担保権であるから、当然に移転し、引受債務を担保することになる。

【基本問題解答例】

択一解答 ⑵

免責的債務引受は、債務引受が行われると従前の債務者は債務を免れ、引受人のみが債務者となることから、引受人の資力等の状況によって債権者の債権回収の可能性に重大な不利益が生じかねないため、債権者の意思に反して行うことはできない（民法472条3項）。したがって、⑴は誤りである。

併存的債務引受は、原債務者が債務関係から離脱することなく、第三者（引受人）が新たに債務者として加わるだけであるから原債務についての担保権や保証はそのまま存続する。よって、⑵が正解である。

免責的債務引受は、債務の同一性は失われないにしても、保証人は原債務者のために保証したものであるから、引受債務について保証を存続させるためには保証人の承諾が必要である。よって、⑶は誤りである。

融資

```
┌──────────────────────┐
│      応 用 問 題      │
└──────────────────────┘
```

　甲銀行の融資先Ａ社の業態が悪化していたところ、親会社のＢ社か
らＡ社の債務（第三者担保提供）を免責的に引受したい旨の申出があ
った。甲銀行としては、この際、申出に応じたいが、その場合の対応
について次のうち正しいものを指摘し、それぞれの正否の理由を述べ
てください。なお、Ａ社の甲銀行に対する債務については、Ｂ社取締
役のＣが担保提供している。

　⑴　甲銀行の意思にかかわらず、Ａ社はＢ社の債務引受により甲銀
　　行に対する債務を免れる。

　⑵　債務引受契約の当事者は原債務者Ａ社、引受人Ｂ社、債権者甲
　　銀行であって、担保提供者Ｃは当事者ではないが、Ｂ社との関係
　　では利益相反取引になる。

　⑶　免責的債務引受が行われた場合、債務の同一性は失われないか
　　ら、抵当権の附従性により引受債務は当然に抵当権により担保
　　される。

☞基本問題との相違点

・免責的債務引受と引受債務への抵当権の効力

【応用問題解答例】

択一解答　⑵

　債務者の変更は債権の保全に重大な影響があるから、免責的債務引受は
債権者の意思に反して行うことはできない（民法472条3項）。したがって、
甲銀行の意思に反してＡ社が債務を免れることはできない。

　Ｂ社の取締役Ｃは債務引受契約の当事者ではないが、Ａ社が債務を弁済
できない場合は自己の財産について抵当権を実行される地位にあるから、

その債務をB社が引き受けることは、B社とCの利益相反取引に該当する（会社法356条1項3号）。免責的債務引受であっても債務の同一性は失われないが、引受人ではないCが設定した担保権を引受債務に移すには、Cの承諾を得なければならない。

　以上により、(1)、(3)は誤りで、(2)が正解である。

～ *follow up* ～

・抵当権の扱い

　①併存的債務引受は、引受人が債務者に加わるだけであるから原債務を担保する抵当権になんら影響はない。

　しかし、そのままでは引受人の債務は担保されないから、引受人の債務にも抵当権の効力を及ぼしたいのであれば、抵当権設定者との合意により、重畳的債務引受を登記原因とする債務者の追加的変更の登記を行う必要がある。その結果、登記簿上、引受人が連帯債務者として登記される。

　②元本確定前の根抵当権は付従性が否定されているので、根抵当権の被担保債務について債務引受が行われても、引受債務は当然に担保されることにはならない。引受債務を当該根抵当権の被担保債務としたいのであれば、債務者の追加的変更とともに引受債務を被担保債権の範囲に追加する変更の登記が必要となる（後掲「根抵当債務者の法人成り」参照）。

・併存的引受か免責的引受か

　一般的には、免責的債務引受に比べて併存的債務引受の方が債権保全上有利なようにも思われる。

　併存的債務引受は、債務者が加わるだけであるから契約手続そのものは簡単であるが、民法の連帯債務の規定が適用されて、一方に生じた事由が他方の債務に及ぼすなどのデメリットがある。

　一方、免責的債務引受であれば、取引の相手方が1人に絞られるので事後の管理がきわめて容易となり便利である。免責的債務引受により原債務者が離脱することによる債権保全上の不安は、その者を引受債務の連帯保証人とすることによって克服される。

7　債権譲渡・動産譲渡担保

16　集合動産担保

> ### 基本問題
>
> 　甲銀行は、取引先Ｘ社に対する貸付金の担保として、同社が自社の倉庫内に有する集合動産（商品）を占有改定により譲渡担保とすることにした。
>
> 　Ｘ社が、倉庫内の商品を第三者のＹ社に売却した場合の担保権の効力について、次のうち正しいものを指摘し、それぞれの正否の理由を述べてください。
>
> (1)　甲銀行は、商品の引渡しを受け、現実に占有を継続していなければならず、Ｘ社の倉庫内の商品に譲渡担保権の効力は及ばない。
>
> (2)　売却した商品は譲渡担保の目的であるから、Ｙ社について民法192条の即時取得が成立することはない。
>
> (3)　Ｘ社が、Ｙ社に通常の営業の範囲内で商品を売却したときは、もはや担保権の効力は及ばず、Ｙ社は売却商品の所有権を取得する。

融資

☞ 本問のポイント

・集合動産に対する担保権設定の可否
・即時取得の成立要件

問題理解と解答作成ポイント

　集合動産に担保権を設定する方法として、質権または譲渡担保権のいずれによることも可能であるが、質権では債権者自ら目的動産の現実の引渡

しを受け継続して占有する必要があるから（民法344条・345条・352条）、設定者は継続利用できない。したがって、実際には占有改定の方法により動産を設定者に代理占有させたまま担保化できる（最判昭和62・11・10）譲渡担保権の設定が多用されている。

　動産の譲渡担保権の対抗要件には、民法上の引渡し（民法178条）と動産譲渡登記（動産・債権譲渡特例法）の2種類があるが、本事例では、登記についてとくに触れておらず、民法上の原則を答えればよい。

　引渡しには民法上、①現実の引渡し（同法182条）、②占有代理人がそのまま譲渡を受ける簡易引渡し（同法182条2項）、③取引先に占有させたまま引渡しを受ける占有改定（同法183条）、④占有代理人に対し以後は第三者のために保管するようにという指図による占有移転（同法184条）の4種類がある。実務上は商品を取引先の手元においたまま担保とする占有改定が利用されることが多い。

　次に、民法192条の即時取得の成立する場合とは「善意、無過失で、平穏かつ公然に占有した場合」を指し、占有改定の場合は含まれないとされているので（最判昭和32・12・27）、甲銀行による即時取得の適用はないが、一方、Y社がX社を真正な権利者と信ずることに悪意または過失がなく、現実に引渡しを受けていれば、即時取得が成立することになる。

★関連事項

現実の引渡し

　占有物の支配を現実に移転することによってなされる占有権の譲渡方法をいう。たとえば、動産であれば手から手へ渡すことであり、不動産である家屋であれば通常では鍵を引き渡すことである（民法182条1項）。

簡易の引渡し

　占有権を譲渡するにあたり、その物の譲受人またはその代理人が現にその物を占有している場合に、現実の引渡しをしないで意思表示のみによっ

て引渡しの効力を生ぜしめる方法である（民法182条2項）。

占有改定

譲渡人がある物を譲渡した後、譲受人の占有代理人として引き続きその物を所持することにより、譲受人が占有権を取得すること（民法183条）。なお、譲渡担保の場合は占有改定によっても担保権は成立するが、質権の場合は、占有改定によっては成立しない（同法345条）。

指図による占有移転

売主が占有代理人に預けていた物を売り渡して、買主も引き続きこの占有代理人に預けておこうとするような場合で、売主が占有代理人に以後買主のために占有せよと命じ、買主がそれを承諾したときに、現実の引渡しなしに買主が占有を取得することをいう（民法184条）。

《**関連判例**》

●集合動産担保の目的物の処分（最判平成18・7・20金融・商事判例1252号4頁）

集合動産を目的とする譲渡担保においては、設定者には、その通常の営業の範囲内で、譲渡担保の目的を構成する動産を処分する権限が付与されており、この権限内でされた処分の相手方は、当該動産について譲渡担保の拘束を受けることなく確定的に所有権を取得する。

他方、通常の営業の範囲を超える売却処分がされた場合、保管場所から搬出されるなどして当該譲渡担保の目的である集合物から離脱したと認められる場合でない限り、当該処分の相手方は目的物の所有権を承継取得することはできない。

【基本問題解答例】

択一解答 (3)

甲銀行は、商品の引渡しを受け、現実に占有を継続していなくても、占有改定の方法により商品の引渡しを受け譲渡担保権の目的とすることはで

きる。したがって、(1)は誤りである。

　Y社が、商品を占有しているX社を真正な権利者と信ずることに悪意または過失なく、商品について現実に引渡しを受けていれば、Y社について民法192条の即時取得が成立する。したがって、(2)は誤りである。

　譲渡担保の目的商品であっても、X社が通常の営業の範囲内で売却したときは、当該商品について、買受人は担保権の負担のない所有権を取得するとされている（最判平成18・7・20）。よって、(3)が正しく、これが本問の正解である。

応用問題

　「動産及び債権の譲渡の対抗要件に関する民法の特例等に関する法律」（動産・債権譲渡特例法）に基づく動産譲渡登記制度について、次のうち正しいものを指摘し、それぞれの正否の理由を述べてください。

(1) 動産譲渡登記制度は、譲渡人が個人であっても法人であっても利用することができる。

(2) 特例法に基づき動産譲渡の登記がされたときは、動産の譲渡につき第三者対抗要件を備えたことになる。

(3) 動産譲渡登記の存続期間は、原則として20年以内とされている。

☞基本問題との相違点

・動産譲渡登記制度（平成17年施行）の理解

【応用問題解答例】

択一解答　(2)

　動産譲渡登記制度は、法人でなければ利用できない（動産・債権譲渡特例法3条1項）。特例法に基づき動産譲渡登記がされたときは、民法178条に規定する引渡しがあったものとみなされ、第三者対抗要件を備えたことになる（同条同項）。動産譲渡登記の存続期間は、原則として10年以内とされている（同法7条3項）。以上により、(2)が正解である。

融資

17　債権譲渡の対抗要件

基本問題

　　甲銀行は、Ｘ社に対する貸金担保のためＸ社がＹ社に対して有する売買代金債権について債権譲渡を受けることにした。Ｙ社に対する債権譲渡の対抗要件を具備するについて、次のうち正しいものを指摘し、それぞれの正否の理由を述べてください。

　(1)　甲銀行からＹ社に対して債権譲渡の通知をする。

　(2)　甲銀行がＸ社に代位してＹ社に債権譲渡の通知をする。

　(3)　甲銀行がＸ社の代理人としてＹ社に債権譲渡の通知をする。

☞本問のポイント

・債権譲渡の第三債務者に対する対抗要件

問題理解と解答作成ポイント

　本問は、債権譲渡の債務者に対する対抗要件に関する基本的な問題である。債権譲渡の債務者に対する対抗要件には、譲渡人から債務者に通知する方法とその承諾を得る方法とがあるが（民法467条1項）、両者はどのように区別されるか理解しておく必要がある。すなわち、通知による場合は、譲渡人からの通知でなければ通知の効力は生じない。譲受人からの通知を認めると虚偽の通知が行われるおそれがあるからである。ただし、譲受人が譲渡人の委任を受けて代理人として通知することは認められる（最判昭和46・3・25金融・商事判例265号7頁）。一方、債務者の承諾は、譲渡人または譲受人のいずれに対してでもよいとするのが判例である（大判大正6・10・2民録23輯1510頁）。

★関連事項

将来債権の譲渡

改正前民法には将来発生する債権を譲渡できる旨の規定がなかったが、判例は、将来発生する債権についても、発生原因、譲渡に係る金額、期間の始期と終期などで特定されれば債権譲渡（担保）契約の目的となり、その対抗要件は一般の債権譲渡の対抗要件と同様に解していた。なお、2017年改正民法では、この点が明文化された（466条の6、467条1項）。

債権譲渡の対抗要件

債権譲渡を債務者に対抗するには、譲渡人から債務者に対する通知または債務者の承諾が必要で、さらに債務者以外の第三者に対抗するには、上記の通知または承諾が確定日付ある証書によってなされる必要がある（民法467条1項、2項）。内容証明郵便は確定日付ある証書に該当するので、通常は譲渡人（または譲渡人を代理して譲受人）から内容証明郵便で譲渡通知を行う場合が多い。

《関連判例》

●債権の譲受人のした譲渡通知の効力（最判昭和46・3・25金融・商事判例265号7頁）

「指名債権譲渡の通知は、右債権の譲渡人、その包括承継人またはそれらから委任を受けた者がなすべきで、右債権の譲受人が委任を受けないで、事務管理として右譲渡の通知をしても、債権譲渡の通知の効力を生じない」

●債権の二重譲渡の場合の優劣（最判昭和49・3・7金融・商事判例410号2頁）

「指名債権が二重に譲渡された場合、譲受人相互間の優劣は、確定日付ある通知が債務者に到達した日時又は確定日付ある債務者の承諾の日時の先後によって決すべきである」

●将来債権の譲渡の効力（最判平成11・1・29金融・商事判例1062号4頁）

融
資

「債権譲渡契約にあっては、譲渡の目的とされる債権がその発生原因や譲渡に係る額等をもって特定される必要があることはいうまでもなく、将来の一定期間内に発生し、または弁済期が到来すべきいくつかの債権を譲渡の目的とする場合には、適宜の方法により右期間の始期と終期を明確にするなどして譲渡の目的とされる債権が特定されるべきである」

●集合債権譲渡契約の対抗要件（最判平成13・11・22金融・商事判例1136号
　7頁）

「（将来生ずべき債権を含む集合債権譲渡担保契約について）同契約に係る債権の譲渡を第三者に対抗するには、指名債権譲渡（注　改正前民法）の対抗要件の方法によることができる」

●譲渡債権の特定の程度（最判平成12・4・21金融・商事判例1102号12頁）

「（債権譲渡担保契約の予約がされた事案で）譲渡の目的となるべき債権は、債権者及び債務者が特定され、発生原因が特定の商品についての売買取引とされていることによって、他の債権から識別ができる程度に特定されているということができる」

●債権譲渡通知の同時到達（最判昭和55・1・11金融・商事判例595号3頁）

「指名債権が二重に譲渡され、確定日付のある各譲渡通知が同時に債務者に到達したときは、各譲受人は、債務者に対しそれぞれ譲受債権全額の弁済を請求することができる」

●債権譲渡と差押命令の優劣（最判昭和58・10・4金融・商事判例685号3頁）

「債権の譲受人と同一債権に対し債権差押命令及び転付命令を得た者との優劣は、確定日付ある通知が債務者に到達した日時または確定日付ある債務者の承諾の日時と債権差押命令が第三債務者である右債務者に送達された日時の先後によって決すべきである」

【基本問題解答例】

択一解答　(3)

甲銀行が、Ｙ社に債権譲渡の通知をしても、債権譲渡の第三債務者に対する対抗要件を具備したことにはならない。債権譲渡の通知は、譲渡人または譲渡人から委任された代理人によらなければ効力が認められないからである。次に、債権譲渡の通知は観念の通知であって権利の行使に該当しないので債権譲渡の譲受人が、民法423条に規定する債権者代位権の行使により債権譲渡の通知をすることは認められない（大判昭和５・10・10民集９巻948頁）。甲銀行がＸ社の代理人としてＹ社に債権譲渡の通知をすることは認められる（最判昭和46・３・25）。

よって、(3)が正解である。

融資

応用問題

甲銀行は、Ｘ社に対する貸金１億円の担保のため、平成29年３月31日、Ｘ社がＹ社に対して有する売買代金債権2,000万円について債権譲渡を受け、同年４月４日、Ｘ社を代理してＹ社に対して内容証明郵便により譲渡通知を行い、当該譲渡通知は同月５日、Ｙ社に送達された。

ところが、同じＸ社のＹ社に対する債権について、同月４日、Ｘ社の債権者であるＺ社による、同社のＸ社に対する債権5,000万円を請求債権として、上記のＹ社に対する債権を5,000万円まで差し押さえる旨の差押命令が裁判所からＹ社に送達されている事実が判明した。

この場合の、債権譲渡を受けた甲銀行と、差押債権者であるＺ社の優劣について、次のうち正しいものを指摘し、それぞれ正否の理由を述べてください。

(1) 同一の債権について債権譲渡と差押命令が競合したときは、債権譲渡の第三者対抗要件である確定日付ある証書による譲渡通知の到達または債務者の承諾と、差押命令の第三債務者への送達の先後により優劣が決まるから、先に送達された差押命令が優先し、差押債権者Ｚ社は民事執行法の規定に従って当該債権を取り立て

　　　ることができる。

　⑵　当該債権は平成29年 3 月31日に甲銀行に譲渡され、甲銀行がＸ
　　　社を代理して確定日付ある証書である内容証明郵便により譲渡通
　　　知を行うことで第三者対抗要件が具備されているから、Ｚ社の差
　　　押えは空振りであり、甲銀行は当該債権を担保として取得できる。

　⑶　差押えと債権譲渡の優劣を定める法律はないから、甲銀行とＺ
　　　社はいずれも相手方に優先することはできず、それぞれの債権
　　　額に案分して当該債権を取得する。

☞基本問題との相違点

・債権譲渡と差押命令の優劣

【応用問題解答例】

択一解答　⑴

　差押命令は第三債務者であるＹ社に送達された時に効力が生じ、債権者
Ｘ社は債権の取立や処分を、第三債務者Ｙ社はＸ社に対する弁済を禁止さ
れる。Ｘ社から甲銀行への債権譲渡はその前に行われているから、債権譲
渡自体は有効に行われているが、同一債権について差押命令が送達されて
いることから、その優劣が問題となる。

　この点について、法律上の規定はないが、差押命令の第三債務者への送
達と第三者対抗要件を具備した譲渡通知または債務者の承諾の先後による
と解されており、差押命令の送達が先行していれば、劣後する譲渡通知・
承諾は差押債権者に対抗できず、第三者対抗要件を具備した通知・承諾が
先行していれば、差押えは空振りとなる。

　設問では、差押命令の送達が先行しているから、差押債権者であるＺ社
は民事執行法の規定にしたがって、債権を取り立てることができる。した
がって、⑴が正しく、本問の正解である。

＿＿＿＿＿＿＿＿＿ 応 用 問 題 ＿＿＿＿＿＿＿＿＿

　甲銀行は、融資取引先Ａ社から、同社がＢ社に対して有する売掛金債権100万円について、担保として譲渡を受けることとなった。甲銀行が事前に確認のためＡ社からＢ社との売買契約書を徴求したところ、「Ａ社は、当該契約から発生する債権についてはＢ社の承諾を得なければ譲渡できない」という条項が含まれていた。この場合の債権譲渡の効力等について、次のうち正しいものを指摘し、それぞれの正否の理由を述べてください。

(1)　ＡＢ間の契約により売掛金債権の譲渡は禁止されているから、この譲渡担保契約は無効である。

(2)　Ａ社から、内容証明郵便によりＢ社に対して債権を甲銀行に譲渡したことを通知した後は、Ｂ社は甲銀行からの支払請求を拒否できない。

(3)　Ｂ社が、この債権譲渡について特に異議をとどめないで承諾した場合でも、Ｂ社は、それまでにＡ社に対して有していた抗弁を甲銀行に対して主張することができる。

融資

☞ 基本問題との相違点

・譲渡禁止特約の効力
・異議をとどめない承諾の効力

【応用問題解答例】

択一解答　(3)

　債権は性質が許さない場合を除いて譲渡することができ、2017年改正民法では、当事者が譲渡を禁止または制限する意思表示（「譲渡制限の意思表示」）をした場合でも、債権の譲渡はその効力を妨げられないとされてい

る（民法466条1項、2項）。ただし、債務者は、譲渡制限の意思表示を知り、または重過失によって知らなかった譲受人に対しては、債務の履行を拒むことができ、また譲渡人に対する弁済その他の抗弁を対抗することができる（同3項）。

　設問では、甲銀行は事前に譲渡制限の意思表示を含む契約書を徴求しているから悪意または重過失があるといえるが、債権譲渡自体はそのために無効とはならない。したがって、(1)は誤りである。

　また、内容証明郵便は確定日付ある証書に該当するから、A社からの通知により債権譲渡の第三者対抗要件を具備しているが（民法467条2項）、それによって譲渡制限の意思表示が一方的に撤回されることにはならないからB社は甲銀行の請求を拒否することができる。したがって、(2)は誤りである。

　B社が承諾した場合は、対抗要件を具備するだけではなくB社は譲渡についても承諾したことになるから、甲銀行は、以後B社に対して請求でき、B社は甲銀行に対して弁済しなければならない。しかし、2017年改正民法では、単に承諾したことでそれまでに生じた抗弁を放棄することにはならないとしている（民法468条1項）。したがって、(3)は正しく、これが本問の正解である。

~ follow up ~

・譲渡制限特約

　改正前民法では、債権の譲渡を禁止・制限する合意（いわゆ
る「譲渡制限特約」）は絶対的効力があり、それに反する譲渡
は無効と解されていたが、2017年改正民法では、譲渡の効力は
妨げられないとした上で、悪意・重過失ある譲受人に対する弁
済拒絶権や抗弁の対抗、供託などの債務者保護の規定を設けて
いる（民法466条、466条の2）。

　なお、銀行等の預貯金債権については、従前通り悪意または
重過失の譲受人に対して譲渡制限特約を対抗できるとされてい
る（民法465条の5第1項。但し、差押債権者との関係は除く。
同2項）。預貯金債権について譲渡制限特約が付されているこ
とは周知されているので、通常は預貯金債権の譲受人は悪意・
重過失があるとみなされると考えられる。

・債権譲渡の対抗要件

　2017年改正民法では債権譲渡の対抗要件に関する規律は基本
的に改正前民法の規律が維持されたが、批判の多かった債務者
の異議をとどめない承諾の効力（旧468条1項）については見
直しが行われ、債務者対抗要件を具備するまでに譲渡人に対し
て生じた事由を譲受人に対抗できることとされた（改正後468
条1項）。

第三者弁済・代位弁済

18　第三者からの弁済の申出

出題【22年10月・問9】

【基本問題】

　甲銀行は、取引先Xに対する無担保の消費者ローンが延滞状況にあるため督促していたところ、Xの父親Yから、Xの債務全額をXに代わって弁済したい旨の申出があった。YはXの保証人でも物上保証人でもない。この場合の甲銀行の取扱いについて、次のうち正しいものを指摘し、それぞれの正否の理由を述べてください。

(1)　消費者ローンの債務は債務者・保証人以外の第三者は性質上弁済することができないので、Yの申出を承諾することはできない。

(2)　XとYは、親子という事実上の利害関係を有するので、甲銀行はYの申出を承諾して弁済してもらって差し支えない。

(3)　Xから事前に親に迷惑をかけるわけにはいかないから、Yから弁済の申し出があっても受けないでもらいたいとの連絡があった場合は、Yの申し出に応じることはできない。

☞本問のポイント

・第三者弁済の可否
・第三者弁済と債務者の同意
・法律上の利害関係を有する者の範囲

問題理解と解答作成ポイント

　本問は、第三者弁済に関する基本的問題である。民法は原則として第三

者による弁済を認めている（民法474条1項）。ただし、①一身専属的な債務など債務の性質上第三者が代わって弁済できない場合、②債権者と債務者との間で第三者弁済を認めない特約がある場合、③弁済につき正当な利益を有しない者による弁済で債務者の意思に反する場合は弁済できないとしている（同条2～4項）。

　銀行の貸金債権については、①、②は問題となることはないとしても、③の場合が問題である。主債務者の意思に反する弁済は無効となるおそれがあるからである。

　ここで、弁済につき正当な利益を有する者とは、物上保証人、連帯債務者、後順位担保権者、担保物件の第三取得者など、法律上の利害関係を有する者、つまり弁済しないとその債権者から強制執行を受けるとか担保権を実行されるなどにより自己の権利を失う者である。したがって、主債務者の親子兄弟や親戚知人など事実上の利害関係を有する者は、弁済するについて正当な利益を有する者と解されていない。

　なお、2017年改正民法は、弁済をするについて正当な利益を有さない第三者は債務者の意思に反して弁済することはできないという原則は維持しつつ、債務者の意思に反することを債権者が知らなかった場合は弁済は有効となるとしている。

★関連事項

第三者弁済

　債務は原則として第三者も弁済することができる。ただし、①一身専属的債務であるなど性質上第三者が代わって弁済できない場合、②債権者・債務者間で第三者弁済を認めない特約がある場合、③法律上の利害関係を有しない。第三者による弁済で債務者の意思に反する場合は許されない（民法474条）。

融資

《**関連判例**》

●民法474条2項の「利害ノ関係」(現「正当な利益」)を有する者の意義
　　(最判昭和39・4・21民集18巻4号565頁)

「民法474条2項にいう『利害ノ関係』とは、たんなる事実上の利害関係ではなく、弁済をするについて法律上の利害関係を有する第三者をいうものと解すべきである」

●利害関係を有する第三者(大判大正9・6・2民録26輯839頁)

「物上保証人、担保不動産の第三取得者、同一不動産の後順位抵当権者などは、法的利害関係を有する第三者であって、債務者の意思に関係なく有効な弁済をすることができる」

【基本問題解答例】

択一解答(3)

　一般に、債務は特別な場合を除き、債務者以外の第三者も原則として弁済することができる(民法474条1項)。とくに、金銭債務のように本人に代わって給付できるものは第三者でも弁済できる。ただし、弁済するについて正当な利益を有しない者は、債務者の意思に反して弁済することはできない。もっとも、債務者の意思に反することを債権者が知らなかったときは、弁済は有効となる(同条2項)。ここでいう正当な利益を有する者とは、物上保証人、担保物件の第三取得者など、弁済しないとその債権者から強制執行を受けるとか担保権を実行されるなど自己の権利を失う者をいう。主債務者の親子兄弟や親戚知人など事実上の利害関係にある者は、弁済をするについて正当な利益を有する者にあたらない。甲銀行は、事前にXからYの弁済を受けないように通知を受けているので、債務者の意思に反することを知っていたことになるから、Yの弁済は無効とされるおそれがある。したがって、(1)、(2)は誤りで、(3)の取扱いが正解である。

19　代位弁済と担保権

基本問題

　甲銀行の債務者兼根抵当権設定者であるＸ社が銀行取引停止処分を受けて事実上倒産し、代表者は行方不明となった。そこで、甲銀行はやむなく根抵当権の実行に着手し開始決定となったところ、連帯保証人Ｙが来店して、弁済するので根抵当権を移転してほしい旨の申出がなされた。

　この場合の甲銀行の対応について、次のうち正しいものを指摘し、それぞれの正否の理由を述べてください。

(1)　甲銀行は、Ｙが代位弁済したときはＹのために根抵当権の移転登記をするについて協力する義務がある。

(2)　根抵当権の確定登記をしなければＹに根抵当権を移転することはできない。

(3)　根抵当権をＹに移転するにはＸ社の承諾が必要である。

融資

☞本問のポイント

・法定代位弁済者の範囲
・根抵当権の確定事由（競売開始決定）と確定登記
・法定代位弁済による弁済者への権利移転と根抵当権の移転

問題理解と解答作成ポイント

　ＹはＸ社の保証人として保証債務を負担しているから、Ｘの債務を弁済するについて正当な利益がある者であり法定代位権者になる。法定代位権者には、保証人のほか連帯債務者、担保物件の第三取得者、抵当物件の後順位抵当権者などがある。法定代位権者は、弁済と同時に債務者に対して

取得する求償権を確保するため、その範囲内で債権者が有していた一切の権利を当然に行使することができる（同法501条）。債権者が有していた債権のほか、債権に随伴する物的・人的担保権も弁済者に移転する。このことを債権者に「代位」するという。債権者は弁済者の代位権行使を容易にするため、占有中の債権証書、手形および担保物を弁済者に交付するほか、登記・登録が必要な担保権であれば必要書類をすみやかに交付するなど移転登記（登録）に協力する義務がある。根抵当権者が抵当不動産について競売を申し立て、開始決定があったときは根抵当権は確定するから、保証人Ｙに代位弁済を登記原因とする根抵当権の移転登記をするについて確定登記は必要ない。

★関連事項

法定代位と任意代位

　債務者のために弁済した者は、債権者に代位する（民法499条）。改正前民法では、弁済について正当な利益を有する者は弁済により当然に債権者に代位し（法定代位）、それ以外の者は、債権者の承諾を得て債権者に代位する（任意代位）とされていたが、2017年改正民法では任意代位についても債権者の承諾は不要とされた。但し、弁済について正当な利益を有しない者が債務者・第三者に代位を対抗するには、債権譲渡の規定が準用され（同法500条）、債権者からの通知または債務者の承諾（第三者に対抗するには確定日付ある証書による通知または承諾）が必要である。弁済について正当な利益を有する者（法定代位権者）には、保証人、連帯債務者、物上保証人、担保物件の第三取得者、後順位抵当権者などが該当する。

　弁済により債権者に代位した者は、求償権の範囲内で債権の効力および債権者が有していた一切の権利を行使することができる（民法501条）。債権者は、弁済者の代位権行使に協力する義務がある。

債権の一部についての代位弁済

改正前民法は、債権の一部について代位弁済があったときは、代位者は、その弁済をした価額に応じて、債権者とともにその権利を行使すると規定し、債権者と代位者の優劣の規定をおいていなかったが、判例は、抵当権が実行された場合の配当について債権者が優先するとしていた。2017年改正民法では、抵当権の実行に限らず、債権の担保の目的となっている財産の売却代金その他当該権利の行使によって得られる金銭について、債権者が行使する権利は代位者が行使する権利に優先することを明文化している（民法502条3項）。

《関連判例》

●代位権行使に関する債権者の協力義務（大判昭和2・10・10民集6巻554頁）

「保証人から債権全額の弁済を受けた場合は、銀行は、保証人の代位権行使を容易にするために、債権に関する証書・手形および占有中の担保物を代位者（保証人）に交付するとともに（民法503条1項）、登記・登録のある担保物であれば、その付記登記・登録に協力しなければならない」

●民法474条2項の「利害ノ関係」を有する者の意義（最判昭和39・4・21民集18巻4号565頁）

230頁参照。

●債権の一部代位者の権利行使（最判昭和60・5・23金融・商事判例724号3頁）

「債権者が物上保証人の設定にかかる抵当権の実行によって債権の一部の満足を得た場合、物上保証人は、民法502条1項の規定により、債権者と共に債権者の有する抵当権を行使することができるが、この抵当権が実行されたときには、その代金の配当については債権者に優先される」

融資

【基本問題解答例】

択一解答 ⑴

　保証人Yは、X社の債務を弁済するについて正当な利益を有する者であるから、弁済したときは当然に甲銀行に代位し（民法500条）、YがX社に対して取得した求償権の範囲内で、甲銀行がX社に対して有していた一切の権利を行使できることになる。したがって、甲銀行はYのX社に対する求償権の行使を容易ならしめるため、甲銀行が有していた根抵当権についてもYのため代位弁済を登記原因とする移転登記に協力する義務がある。

　確定前の根抵当権の被担保債権について代位弁済があっても、弁済者に根抵当権を移転することはできない（民法398条の7第1項）。しかし、競売開始決定によって根抵当権は絶対的に確定し（同法398条の20第1項1号）、登記簿上確定したことは明らかであるから確定登記は必要としない。確定後の根抵当権は、担保物権の随伴性により当然に移転するからX社の承諾は必要としない。以上により⑴が正解である。

~ *follow up* ~

　債権の全額について保証人等の法定代位権者から弁済を受けたときは、受領書または代位弁済証書、金銭消費貸借契約証書等を弁済者に交付する。根抵当権については、弁済受領後、遅滞なく、弁済者に代位弁済を登記原因とする確定根抵当権移転の付記登記に必要な、①根抵当権設定契約証書、②委任状、③資格証明書等を交付する。

　ところで、保証人や連帯債務者は厳密な意味では民法474条の「第三者」に該当しないとも考えられるが、いずれも自己の債務として弁済でき、その結果債権者に代位できるので（同法499条）、同法474条の適用について論じる実益はないとされている。

9　連帯債務

20　連帯債務の効力

基本問題

　甲銀行は、事業を共同経営している個人AとBに対し、事業資金1,000万円をAとBの連帯債務として貸し付けた。しかし、A、Bは、この債務を期限に弁済できず、さらにBは行方不明となっている。なお、A・B間では負担割合について同割合という合意をしている。

　この場合の甲銀行の債権管理等について、次のうち正しいものを指摘し、それぞれの正否の理由を述べてください。

(1)　Aから定期的に債務承認書を徴求しても、Bの消滅時効は更新されない。

(2)　Aの預金100万円と貸付金を相殺した後でも、Bに対しては1,000万円全額を請求できる。

(3)　Bについて消滅時効が完成すると、Aに対して500万円の請求しかできなくなる。

融資

☞本問のポイント

・連帯保証と連帯債務の相違点
・連帯債務の時効

問題理解と解答作成ポイント

(1)　連帯債務と不可分債務

2017年改正民法では、不可分債務と連帯債務の定義について、債務の目

的が性質上不可分である場合に数人の債務者がいるときは不可分債務、債務の目的が性質上可分である場合において、法令の規定または当事者の意思表示によって数人が債務全額について履行義務を負うときは連帯債務という整理がなされた（430条、436条）。連帯債務の場合は、債権者は、連帯債務者の一人に対し、または同時にもしくは順次に全ての連帯債務者に対し、債務の全部または一部の履行を請求することができる。同様に債権についても債権の目的が可分か不可分かによって不可分債権と連帯債権に区別される（428条、432条）。

(2)　連帯債務の利用

　銀行実務では、人的担保を付す場合に連帯保証とするのが通例である。しかし、近年、親と子の二世代住宅ローンや夫婦共有名義で不動産を取得するような場合などに、親と子あるいは夫婦を連帯債務者とすることも多い。連帯債務と連帯保証とでは、債権担保の面においてほとんど差異はないが、債権管理上とくに時効の管理について留意しておく必要がある。保証人から弁済を受けているような場合、その間は保証債務のみ時効が更新され主債務の時効は更新されないため、結果的に主債務の時効が完成して保証人に主債務の時効を援用されるということになりかねない。

(3)　連帯債務と連帯保証の主な相違点

　①　連帯債務は、数人の債務者が同一内容の債務について各自が独立してその全部を履行すべき義務を負担し、債務者の数だけ、それぞれ独立した債務を負担すると解されている。連帯保証債務は、保証契約によって成立する主債務とは別個の債務であるが、保証債務の付従性により主債務が無効であれば保証債務も成立せず、主債務が取り消されれば保証債務も原則として遡及的に無効となる。一方、連帯債務者間にはそのような主従の関係は存在しない。連帯債務者の一人について無効・取消の原因があっても、他の連帯債務者の債務の効力に影響を及ぼすことはない（民法437条）。

　②　連帯保証の場合には、主債務の時効の更新または完成猶予の効力は

保証人に及ぶが（民法457条）、連帯債務の場合は、原則として他の連帯債
務者には及ばない。

　③　債権譲渡の場合、連帯保証では主債務について債権譲渡の対抗要件
を備えれば、その効力は保証人に及ぶが、連帯債務では債務者全員につい
て対抗要件を備える必要がある。

　④　主たる債務者との間で融資条件を変更する場合、従来より負担を重
くするような条件変更でないかぎり、連帯保証人に当然その効果が及ぶが、
連帯債務者の一人との間の契約条件の変更は他の連帯債務者には影響しな
い。

⑷　連帯債務の絶対効

　2017年改正前民法では、連帯債務者の一人について生じた事由のうち、
履行の請求、更改、相殺、免除、混同、時効の完成は他の連帯債務者に対
しても効力が及ぶが（但し免除及び時効の完成は、その債務者の負担部分に限
る）、それ以外の事由は他の連帯債務者には効力が及ばないとされていた
（相対的効力の原則。改正前民法434条ないし440条）。この規定は連帯保証に
も準用されていたことから（458条）、例えば連帯保証人に履行を請求すれ
ば、その効力は主債務者に及び、主債務の消滅時効を中断（2017年改正民
法では更新）する効力が生じた。

　しかし、連帯債務者の一人に対して履行を請求すると、他の連帯債務者
は自分が知らないうちに履行遅滞に陥ったり消滅時効が更新されること、
免除や時効の完成に絶対効を認めると、本来債権の効力を強化する目的で
あるはずの連帯債務において、かえって債権の効力を害することなどから、
2017年改正民法では、更改、相殺及び混同についてのみ絶対効が認められ
ることとされた（438条ないし441条）。

　但し、債務者及び他の連帯債務者の一人が別段の意思を表示したときは、
当該他の連帯債務者に対する効力は、その意思に従う（441条但書）。例え
ば、連帯債務者の一人Ａとの間で、他の連帯債務者Ｂに対する履行の請求

融
資

の効力がその連帯債務者Aに及ぶ旨を合意しておけば、Bに対する履行の請求がAに及ぶことになる。連帯保証の場合は、主債務者との間で、連帯保証人に対する履行の請求は主債務者にも効力が及ぶことを合意しておけば、改正前民法と同様に連帯保証人に履行の請求をすることにより主債務の時効完成を阻止することが可能となる。

《関連判例》

●連帯債務の共同相続（最判昭和34・6・19民集13巻6号757頁）

　165頁参照。

【基本問題解答例】

択一解答　(1)

　連帯債務者の一人について生じた事由の効力は、債権者と他の連帯債務者の間で別段の意思表示がされていない限り、更改、相殺、混同を除いて他の連帯債務者には及ばないとされている（相対的効力の原則。民法441条）。Aから債務承認書を徴求すると、Aについては消滅時効が更新されるが（同法152条）、その効力はBには及ばないからBの消滅時効は更新されない。したがって(1)は正しく、これが本問の正解である。

　相殺は上記のように絶対的効力が認められるから（民法439条）、Aの預金100万円と貸付金を対当額で相殺すると、その効力はBにも及ぶ。したがって、(2)は誤りである。

　2017年改正民法では消滅時効の完成は相対的効力しかないとされたため（441条）、Bについて消滅時効が完成してもAはBの負担部分について義務を免れることはできない。したがって、(3)は誤りである。

```
┌─────────────── 応 用 問 題 ───────────────┐
```

　甲銀行は、取引先AとBを連帯債務者として1,200万円を融資して
いたところBが死亡した。Bの相続人はその妻Cと子D・Eの三人で
ある。各相続人は相続した連帯債務をどのような割合で負担すること
になるのか、次のうち正しいものを指摘し、それぞれの正否を述べて
ください。
　(1)　C・D・Eは、Bが甲銀行に対して負担した1,200万円の連帯
　　　債務を相続人相互が連帯して負担することになる。
　(2)　Cは600万円、DとEはそれぞれ300万円ずつ法定相続分に応じ
　　　て分割した債務を相続人相互が連帯して各自負担することになる。
　(3)　Cは600万円、DとEはそれぞれ300万円ずつ法定相続分に応じ
　　　て分割した債務をAと連帯して負担するが相続人間で連帯するこ
　　　とはない。

融
資

☞基本問題との相違点

・連帯債務者の死亡と相続

【応用問題解答例】

択一解答　(3)

　金銭債務は可分債務であるから、相続人C・D・Eは、被相続人Bが負
担していた債務1,200万円を法定相続分に従って、C600万円、DとEは各
300万円ずつ承継する。
　相続債務は、Aを連帯債務者とする連帯債務であるから、相続人C・D
・Eも、それぞれ上記の金額についてAと連帯して債務を負担することに
なる。
　上記のように金銭債務は可分債務であり、別途合意がないかぎり相続人

相互間で連帯して債務を負担することはない。

　以上から、(3)が正解である。

10　時　　効

21　時効の更新と完成猶予

出題【23年6月・問8／21年10月・問7】

基本問題

　甲銀行の融資先Xが事実上倒産して行方不明となった。そこで、連帯保証人であるYに督促交渉したところ、割賦弁済する旨の申出があったので、Yから債務承認書を徴求し割賦弁済に応じてきた。

　このような場合、主たる債務について消滅時効の完成の障害となる効力は生じるか、次のうち正しいものを指摘し、それぞれの正否の理由を述べてください。

(1)　Yが弁済するつど主債務について時効は更新される。

(2)　債務承認書を徴求することによって主債務について時効は更新される。

(3)　甲銀行とXとの間で、Yに対する請求の効力はXに対しても及ぶ旨を合意していた場合は、Yに対して裁判上または裁判外で保証債務の履行を請求すれば、主債務について時効の完成は猶予される。

☞本問のポイント

・保証人の弁済（債務の承認）と主債務者の時効の更新
・保証人に対する履行の請求と主債務者の時効の完成猶予

問題理解と解答作成ポイント

　2017年民法改正は、主に債権法（民法第三編「債権」）を対象として行わ

れたが、総則などその他の分野でも関連して改正されたものがある。特に
消滅時効に関しては、改正前民法の規律を大きく変更する改正が行われた。
主要な改正点は以下の通りである。

①　消滅時効期間について、⑴債権者が権利を行使できることを知った
　　時から5年間行使しないとき、⑵権利を行使することができる時から
　　10年間行使しないときに債権が消滅するとされた。

　　なお、合わせて民法上の短期消滅時効（1～3年）と商法上の商事
　　時効（5年）の規定は廃止された。

②　改正前民法では「時効の中断」とされていた時効完成の障害となる
　　事由に関して、性質に応じて「時効の更新」、「時効の完成猶予」に整
　　理され、要件効果が明文化された。

③　協議による時効の完成猶予の制度が新設された。

　　銀行実務としては貸付に関して時効の完成を防止するため、時効の
　　更新、完成猶予の制度を熟知しておく必要がある。

★関連事項

時効

一定の事実状態が一定の期間継続した場合に、その状態が真実の権利関
係であるかどうかを問わず、その状態を尊重し、その状態に対応する法律
効果を認めようとする制度である。民法上、取得時効と消滅時効の2種類
がある。

主債務と保証債務

主たる債務者に対する時効の完成猶予及び更新は、保証債務の付従性に
より保証人に対しても効力を生ずる（民法457条1項）。

一方、改正前民法では、連帯保証人に対する履行の請求は主債務者にも
効力が及び主債務の時効を中断するとされていたが、2017年改正民法では、
原則として履行の請求は相対的効力とされ、債権者と主債務者が別段の合

意をした場合に限り、主債務者にも効力が及ぶとされている（458条、441条）。

時効の更新

改正前民法では、時効の完成の障害となる事由について、「時効の中断」と「時効の停止」として規定されていた。

2017年改正民法では、「時効の中断」が「時効の更新」と「時効の完成猶予」に分類され、改正前民法の「時効の停止」も「時効の完成猶予」に含まれるように整理されている。

時効の更新は、主に裁判の確定、和解や調停の成立、破産手続参加や強制執行、担保権の実行等の公の手続や承認により債権の存在が確認された場合に認められる。時効の更新があった場合は、その手続が終了した時から、時効は新たに進行する（民法147条2項、148条2項、152条）。

時効の完成猶予

改正前民法の「時効の中断」事由のうち、訴えの提起や調停の申立て、強制執行・担保権実行の申立て、仮差押え・仮処分や催告など債権者の権利行使の意思が明示された場合、及び改正前民法の「時効の停止」とされていた、未成年者等の法定代理人の不在や相続の発生、天災等により時効の完成を妨げる手続を行うことができない場合に認められる。時効の更新に該当する場合を除いて、それぞれの事由が終了後6か月間（天災等の場合は3か月間）、時効は完成しない（民法147条1項、148条1項、149条、150条、158条～161条）。例えば、調停を申し立てた場合は時効の完成猶予となり、相手方と合意して調停が成立すれば時効は更新する。一方、合意ができず調停が不成立となったときは、6か月以内に訴えの提起などの手段をとれば、ふたたび時効の完成猶予となる。

催告

債務履行を求める裁判外での請求をいう。書面か口頭かは問わないが、通常は催告の事実を証明するため、内容証明郵便等の書面による。催告を

すると、その時から6ヶ月間経過するまでは時効の完成が猶予されるが、その間に再度催告をしても時効の完成猶予の効力はない（民法150条）。

協議を行う旨の合意による時効の完成猶予

権利についての協議を行う旨の合意が書面でなされたときは、合意があった時から1年間または当該合意において当事者が定めた期間（1年未満に限る）は時効の完成が猶予される。また、当事者の一方から相手方に対して協議の続行を拒絶する旨の通知がなされたときは、その通知の時から6ヶ月間経過するまでは、時効の完成は猶予される。権利の存否等について争いがあるが当事者の合意で和解できそうな場合に、時効の完成を阻止するために訴えの提起や担保権の実行等が行われることを防ぐ趣旨とされている。なお、催告による時効の完成猶予と協議を行う旨の合意による事項の完成猶予は併用できない（民法151条）。

《関連判例》

●物上保証人が債務者の承認による消滅時効中断の効力を否定することの許否（最判平成7・3・10金融・商事判例969号14頁）

「物上保証人は、債務者の承認により被担保債権について生じた消滅時効中断の効力を否定することができない」

●物上保証人による債務承認と時効中断の効力（最判昭和62・9・3金融・商事判例825号3頁）

「物上保証人が債権者に対し当該物上保証及び被担保債権の存在を承認しても、その承認は、被担保債権の消滅時効について、（改正前）民法147条3号にいう承認に当たるとはいえず、当該物上保証人に対する関係においても、時効中断の効力を生ずる余地はない」

【基本問題解答例】

択一解答　(3)

　民法は消滅時効完成の障害となる事由について、時効の更新と時効の完

成猶予に整理して規定している。主たる債務者による債務承認は時効の更新事由であり、弁済や債務承認書の差入れは承認に当たるが（民法152条1項）、連帯保証人が承認しても主債務者には効力が及ばないので（同法458条、441条）、連帯保証人Yが弁済したり債務承認書を差し入れても主債務の時効は更新されない。したがって、(1)、(2)は誤りである。

　一方、従前の民法では、連帯保証人に対する履行の請求は主債務者に効力が及ぶとされていたが、2017年改正民法では、原則として請求には相対的効力しか認められず、債権者と主債務者が別段の合意をした場合に限り、その合意に従うとされている（同法441条、458条）。したがって、甲銀行とXとの間で、Yに対する請求の効力はXに対しても及ぶ旨を合意していた場合は、Yに対して履行の請求をすればXに対しても時効の完成が猶予される（同法147条1項、150条1項）。以上から、(3)が正しく、これが本問の正解である。

融資

━━━━━━━━━━━━━━━━━━━━━━━
　　　　　　　　　応 用 問 題
━━━━━━━━━━━━━━━━━━━━━━━

　　貸付先Xに対する貸付金の時効期間は満了まであと3週間を残すのみとなった。この場合の時効の完成を阻止する手続について、次のうち正しいものを指摘し、それぞれの正否の理由を述べてください。

(1)　配達証明付内容証明郵便によりXに履行を請求し、以後6か月ごとに同様の請求を繰り返しておけばよい。

(2)　配達証明付内容証明郵便によりXに履行を請求し、その後6か月以内に請求訴訟を提起すればよい。

(3)　配達証明付内容証明郵便によりXに履行を請求し、その後6か月以内にXとの間で協議を行う旨の合意を行えばよい。

☞**基本問題との相違点**

・**催告による時効の完成猶予の効力**

【応用問題解答例】

択一解答　(2)

　内容証明郵便による履行の請求をすると、「催告」として時効の完成は6か月間猶予されるが、その間に裁判上の請求などの手続をとらなければ、6か月を経過したときに時効は完成する（民法150条1項）。催告によって時効の完成が猶予されている間に再度催告を行っても、時効の完成猶予の効力は認められない（同2項）。したがって、(1)は誤りで、(2)が正しく、これが本問の正解である。

　2017年改正民法には「協議を行う旨の合意による時効の完成猶予」の制度が設けられたが、催告により時効の完成が猶予されている間に合意をしても時効の完成猶予の効力は認められない（同法151条3項）。Xに対して催告により時効の完成が猶予されている期間に当該合意をしても無効である。したがって、(3)は誤りである。

応　用　問　題

　甲銀行は、取引先Xに対する貸金債権を保全するためX所有の不動産を仮差押えし、その後、貸金請求訴訟を提起して勝訴判決を得たものの強制執行をしないまま判決確定後すでに10年が経過し、その間、別途時効の完成を阻止する手続はとられていない。なお、仮差押えは判決確定後も継続している。

　この場合の時効完成の有無について、次のうち正しいものを指摘し、それぞれの正否の理由を述べてください。

⑴　仮差押えの効力発生時から新たに時効が進行するから、貸金債
権の消滅時効はすでに完成している。

⑵　勝訴判決が確定した時点で、仮差押えによる時効の完成猶予の
効力はこれに吸収されて、その後10年経過したことにより消滅時
効は完成している。

⑶　仮差押えが継続している間は、時効の完成猶予の効力は失われ
ない。

☞基本問題との相違点

・仮差押えの効力の継続と時効完成猶予の効力
《関連判例》
●仮差押えによる時効中断の効力の継続（最判平成10・11・24金融・商事判
例1058号13頁）
「仮差押えによる時効中断の効力は、仮差押えの執行保全の効力が存続す
る間は継続する」

【応用問題解答例】

択一解答　⑶

　仮差押えがあった場合は、それが終了した時から6か月を経過するまで
の間は時効は完成しない（民法149条1号）。仮差押えの後に本案について
訴えが提起され判決が確定しても、仮差押えが終了しなければ時効の完成
猶予の効力は継続している（最判平成10・11・24）。したがって、⑴は誤り
で、⑶が正しく、これが本問の正解である。

　確定判決によって権利が確定したときは、時効は更新されて新たに進行
を始め（民法147条2項）、確定判決によって確定した権利は10年で消滅時
効が完成するが（民法169条1項）、設問では、上記のように仮差押えによ

る時効完成猶予の効果が継続しているから時効は完成しないため、⑵は誤りである。

> ### 応 用 問 題

　甲銀行のX社に対する抵当権の被担保債権の消滅時効期間がすでに経過していたところ、後順位抵当権者であるYが、X社の消滅時効を援用して抵当権抹消登記を要求してきた。Yの消滅時効の援用が認められるかどうかについて、次のうち正しいものを指摘し、それぞれの正否の理由を述べてください。

⑴　Yは、甲銀行の根抵当権の被担保債権が時効消滅すれば抵当権の順位が上昇するという利益を有するから消滅時効を援用することができる。

⑵　Yは、抵当不動産の第三取得者と同じ立場にあるから当該抵当権の被担保債権の消滅時効を援用することができる。

⑶　Yは、甲銀行の根抵当権の被担保債権の消滅により直接利益を受ける者に該当しないから、消滅時効を援用することはできない。

☞基本問題との相違点

・時効を援用できる者の範囲
・「時効消滅の利益を直接受ける者」と後順位抵当権者（最判平成11・10・21金融・商事判例1084号33頁）

【応用問題解答例】

択一解答　⑶

　Yは、抵当不動産の価額から甲銀行の根抵当権によって担保される債権

額を控除した価額についてのみ優先弁済を受ける地位を有するにすぎない。甲銀行の被担保債権の消滅により配当額が増加することがありうるが、この配当額の増加に対する期待は抵当権の順位の上昇によってもたらされる反射的な利益にすぎず、甲銀行の被担保債権の消滅により正当な利益を受ける者に該当しない。(1)の説明は誤りである。次に、抵当不動産の第三取得者が、先順位抵当権の被担保債権の消滅時効を援用することができないとすると、抵当権の実行によって不動産の所有権を失うという不利益を受けることがありうるのに対し、後順位抵当権者は、先順位抵当権の消滅時効を援用することができなくても、当該不動産の価額から抵当権の順位に応じた弁済を受けうるという地位が害されることはない。したがって、(2)は誤りで、(3)が正解である。

融資

応用問題

甲銀行は、X社に対する貸金債権合計2,500万円を請求債権とする根抵当権(ただし、担保提供者Y、極度額2,000万円)実行の申立をし、同開始決定正本はX社に送達されたが、Yが極度額に相当する2,000万円を支払ったので、競売の申立てを取り下げた。

残額500万円の消滅時効について次のうち正しいものを指摘し、それぞれの正否の理由を述べてください。

(1) X社に対する競売開始決定正本の送達に催告としての効力が認められるから、残額500万円についても送達があった時から6か月経過するまでは時効の完成が猶予される。

(2) 競売手続が甲銀行の申立て取下げにより終了した場合、手続終了の時から6か月間を経過するまでは時効の完成が猶予される。

(3) 根抵当権の実行申立てによる時効の完成猶予の効力は極度額の範囲に限られるから、2,000万円を超える金額500万円については、

時効の完成は猶予されていない。

☞ 基本問題との相違点

・競売開始決定正本の送達と時効
・競売申立の取下げと時効完成猶予の効力
・一部弁済における残額についての時効完成猶予の効力

【応用問題解答例】

択一解答 (2)

　競売開始決定正本は、債権者が債務者に対して支払を請求する意思を表示する書面ではないから、X社に送達されても催告（民法150条）として消滅時効の完成を猶予する効力はない。したがって、(1)は誤りである。

　一方、担保権の実行手続における差押えは消滅時効の完成猶予事由であり（同法148条2号）、物上保証人に対する差押えは競売開始決定正本が主債務者X社に送達されることにより時効の完成が猶予され（民法154条）、実行手続が申立ての取り下げにより終了した場合は、終了の時から6か月経過するまでの間は時効は完成しない。したがって、(2)は正しく、これが本問の正解である。

　根抵当権の実行としての競売を申し立てた場合、極度額の範囲にとどまらず請求債権全額について時効完成猶予の効力が生じるから、極度額の範囲を超える金額については時効の完成は猶予されないとする(3)は誤りである。

　以上から、(2)が正解である。

《関連判例》

●物上保証人に対する抵当権実行の申立てと時効中断事由としての「請求」（最判平成8・9・27金融・商事判例1007号3頁）

「債権者が抵当権の実行としての競売を申し立て、その手続きが進行することは、抵当権の被担保債権に関する裁判上の請求又はこれに準ずる消滅時効の中断事由には該当しないと解すべきであり、また、執行裁判所による債務者への競売開始決定正本の送達は、本来債権者の債務者に対する意思表示の方法ではないから、右の送達がされたことが、ただちに抵当権の被担保債権についての催告として時効中断の効力を及ぼすものと解することもできないことに照らせば、債権者が抵当権の実行としての競売を申し立て、その手続が進行すること自体は、(改正前)民法147条1号の「請求」には該当しない」

●根抵当権実行による時効中断の範囲（最判平成11・9・9金融・商事判例1082号8頁）

「被担保債権の消滅時効中断の効力は、極度額の範囲にとどまらず、請求債権として表示された被担保債権の全部について生じる」

~ follow up ~

　　2017年改正民法では、時効制度についての規律が大きく変更されている。具体的には、①改正前民法の「時効の中断」「時効の停止」に代えて、それまでの時効の進行が一度キャンセルされ新たに時効が進行する「時効の更新」と、時効の完成が一定期間留保される「時効の完成猶予」に整理、②債権の消滅時効期間を「債権者が権利を行使できることを知った時から5年または権利を行使できる時から10年」に変更、③1年から3年の短期消滅時効を廃止、④協議による時効の完成猶予の制度を新設などの改正がなされている。

　　なお、仮差押えによる時効中断の効力に関する判例（最判平成10・11・24）は2017年改正民法でも維持されていると考えられるが、異論もあるようなので今後の議論や判例に注意する必要がある。

融資

11　根抵当権

22　根抵当権の被担保債権の範囲

基本問題

　甲銀行は、Ａ社との間でＡ社を債務者、被担保債権の範囲を「銀行取引、手形債権・小切手債権」とする根抵当権を設定していた。この場合、甲銀行のＡ社に対する次の債権のうち、当該根抵当権で当然には担保されないのはどれか、次のうち正しいものを指摘し、それぞれの正否の理由を述べてください。

(1)　Ｂ社が甲銀行に対して負担する債務をＡ社が引き受けた場合の引受債務

(2)　Ｂ社を振出人とする約束手形上にＡ社が手形保証人として記名・捺印した場合の手形債務

(3)　Ｂ社が甲銀行に対して負担する債務をＡ社が保証した場合の保証債務

☞ **本問のポイント**

・根抵当権の被担保債権の範囲
・手形債権と保証債権

問題理解と解答作成ポイント

　銀行実務では、法人成りに際して根抵当債務者を個人から法人に変更すると同時に個人の債務を法人で引き受けることがあるが、この場合、引受債務は当然には当該根抵当権の被担保債権にはならない。引受債務は根抵

当権者である甲銀行と法人との直接取引によって生じた債務ではないからである。引受債務を当該根抵当権の被担保債権とするのであれば、引受債務を被担保債権の範囲に追加する手続が必要となる。

　次に、いわゆる回り手形上の債権も当該根抵当権の被担保債権となるが、手形上の保証債権も手形債権であるから当然に当該根抵当権の被担保債権となる。(3)の保証債権が根抵当権の被担保債権となるかについては、議論されたところであるが、判例は、被担保債権に含まれるとする。

　以上が本問のポイントである。

★関連事項

根抵当権

　一定の範囲に属する不特定の債権を極度額の限度において担保する抵当権をいう（民法398条の2〜22）。抵当権の一種である。

根抵当権の被担保債権

　銀行取引では、通常、根抵当権の被担保債権の範囲を「銀行取引」「手形債権・小切手債権」と定めている。これによって、根抵当債務者との銀行取引によって銀行が取得する一切の債権および回り手形債権・小切手債権が被担保債権となる。ただし、根抵当債務者の引受債務、銀行が譲り受けた債権等は当然には担保されない。

《関連判例》

●被担保債権の範囲を「信用金庫取引による債権」とする根抵当権の被担保債権に保証債権が含まれるか（最判平成5・1・19金融・商事判例918号3頁）

「被担保債権の範囲を『信用金庫取引による債権』として設定された根抵当権の被担保債権の範囲には、信用金庫の根抵当債務者に対する保証債権も含まれる」

融資

【基本問題解答例】

択一解答　(1)

　A社が引き受けた債務は、銀行取引によって生じた債務であっても、銀行とA社との直接取引によって生じたものとはいえないので、当然には当該根抵当権の被担保債権とはならない。よって、(1)が正解である。

　手形上に保証人として署名（記名・捺印）した場合の保証債権は、甲銀行とA社との直接取引により生じた債権ではないが、被担保債権である「手形債権」に含まれるから、当該根抵当権の被担保債権となる。

　B社が甲銀行に負担する債務をA社が保証した場合の保証債権は、根抵当権の被担保債権となるとするのが判例である（最判平成5・1・19）。

応用問題

　甲銀行は、Aとの間でAを債務者、被担保債権の範囲を「銀行取引」「手形債権・小切手債権」とする根抵当権を設定していた。この場合、Aの甲銀行に対する次の債務のうち、当該根抵当権で当然に担保されない債務はどれか、次のうち正しいものを指摘し、それぞれの正否の理由を述べてください。

(1)　甲銀行のBに対する手形貸付金についてAを保証人とした場合の保証債務。

(2)　甲銀行のBに対する手形貸付金をAが重畳的に引受けした場合の引受債務。

(3)　甲銀行が、Aとの当座勘定取引において過振りを行ったことによりAが負担する不足金支払債務。

【応用問題解答例】

択一解答 (2)

　Aの甲銀行に対する保証債務は、当該根抵当権の被担保債務の「銀行取引」による債務には保証債務も含まれるから、被担保債務となる。

　Bが甲銀行に負担している債務をAが引き受けても、当該債務は債務者Aと甲銀行との取引により発生したものではないから、引受債務は当然には担保されない（民法398条の2第2項）。

　甲銀行がAとの当座取引で過振りを行ったことによりAが負担する不足金支払債務は、当座勘定取引という銀行取引に基づく債務であるから、当該根抵当権の被担保債務となる。

　よって、(2)が正解である。

融資

23　共同根抵当権の設定

基本問題

　　甲銀行が、A・B・Cの 3 物件に共同根抵当権を設定するについて、次のうち正しいものを指摘し、それぞれの正否の理由を述べてください。

⑴　A・B物件を共同担保として設定登記した根抵当権とC物件に設定登記した根抵当権を後で合算して、 1 つの共同根抵当権として登記することもできる。

⑵　A・B物件を共同担保として設定登記をした根抵当権に、後からC物件を共同担保として追加の設定登記をすることもできる。

⑶　A・B・Cの 3 物件を共同担保として根抵当権を設定するについて、A・B物件に設定する根抵当権の債務者を甲、C物件に設定する根抵当権の債務者を乙として設定することもできる。

☞本問のポイント

・共同根抵当権の成立要件

問題理解と解答作成ポイント

　同一の債権を担保するため 2 個以上の不動産の上に設定された抵当権を共同抵当という。共同抵当には、民法392条・393条の規定が適用されるが、数個の不動産の上の根抵当権については、その「設定と同時に」共同担保の登記（不動産登記法83条 1 項 4 号）をした場合に限って同規定が適用される（民法398条の16）。ただし、すでに設定登記された不動産の根抵当権に、他の不動産を追加して共同担保とすることはできる。次に、数個の不動産が前述の共同根抵当権であるためには、被担保債権の範囲、債務者、極度額のいずれも同一であることが必要である（民法398条の17）。

★関連事項

累積式根抵当と共同根抵当

累積式根抵当とは、数個の不動産の上に設定された根抵当権のうち、共同担保の登記のされていない根抵当権のことをいう。各根抵当権の極度額を合算した額まで優先弁済を受けることができる（民法398条の18）。数個の共同担保の共同根抵当が累積式に設定されている場合も、累積式根抵当ということがある。

共同根抵当は、同一の債権の担保として数個の不動産の上に根抵当権を設定し、同時に共同担保の旨を登記をした根抵当権のことをいう。極度額を限度として各不動産の価格に応じて被担保債権の負担を分かち、その代価から優先弁済を受けることになる（民法392条・393条・398条の16・398条の18、不動産登記法83条1項4号）。累積式根抵当と共同根抵当は、それぞれ一長一短があるが、銀行実務で数個の不動産に根抵当権を設定する場合は、共同根抵当とすることが多い。

融資

【基本問題解答例】

択一解答 (2)

別々に設定登記された根抵当権を後から合算して1つの根抵当権とすることは、根抵当権の性質から認められない。A・B・C物件を共同担保として1つの根抵当権を設定するのであれば、A・B・C物件に根抵当権を設定すると同時に共同担保である旨の登記をする必要がある。民法398条の16でいう「設定と同時に」とは、当初の根抵当権の設定と同時に共同担保の登記をすることを意味するとは解されておらず、追加する場合を含めて共同担保となるものを設定すると同時にという趣旨と解されているので、A・B物件を共同担保として設定登記をした後にC物件を共同担保として追加設定することは可能である。数個の物件の上に共同担保として根抵当

権を設定する場合は、その被担保債権の範囲、債務者、極度額のいずれも同一であることが必要である（民法398条の16・398条の17）。以上により、⑵が正解である。

応 用 問 題

　甲銀行は、Ａ社所有の土地・建物を共同担保として根抵当権の設定を受けるにあたって、とりあえず請求権保全の仮登記をしておきたいと考えている。共同根抵当権の仮登記の可否について、次のうち正しいものを指摘し、それぞれの正否の理由を述べてください。

⑴　現行法上、根抵当権については共同担保の仮登記は認められないと解されている。

⑵　共同担保の抵当権設定の仮登記に付記登記することにより共同根抵当権の仮登記をすることができる。

⑶　仮登記に基づいて共同根抵当権の本登記をすれば、仮登記には順位保全効があるので、共同担保の効力が遡及して発生する。

【応用問題解答例】

択一解答　⑴

　現行民法においては、共同担保とする抵当権設定の仮登記は認められているが、共同担保とする根抵当権設定の仮登記は認められていない。民法398条の16は、根抵当権設定と同時に共同担保の旨を登記してはじめて共同担保の関係を生じるものと規定しているからである。また、共同根抵当権の仮登記を認めると、仮登記の状態で共同担保関係が生じているかのような公示となり、同条に違反する公示となる。なお、仮登記は順位保全の効力を有するが、仮登記に基づく本登記の効力は仮登記の時点まで遡及するわけではない。

　以上により、⑴が正解である。

24 根抵当権の全部譲渡

【 基 本 問 題 】

　甲銀行は、取引先Ｘ社が乙銀行に対して負担している債務全額を肩
代りするについて、乙銀行から確定前の根抵当権の全部譲渡を受けた
いと考えている。

　この場合の根抵当権の全部譲渡について、次のうち正しいものを指
摘し、それぞれの正否の理由を述べてください。

(1)　Ｘ社が乙銀行から負担している債務を完済し同行との取引を終
　了すると根抵当権は確定するから、甲銀行は乙銀行から根抵当
　権の譲渡を受けることはできない。

(2)　根抵当権の全部譲渡がなされると、甲銀行は乙銀行とともに１
　個の根抵当権を共有する関係となる。

(3)　甲銀行が全部譲渡を受けると、全部譲渡前の既存債権も含め甲
　銀行のＸ社との銀行取引によって発生する債権は譲り受けた根
　抵当権で担保されることになる。

融資

☞ 本問のポイント

・根抵当権の全部譲渡と根抵当権の確定事由
・全部譲渡と一部譲渡との差異

問題理解と解答作成ポイント

　根抵当権の譲渡には、全部譲渡、分割譲渡、一部譲渡の３つの方法があ
る。いずれも元本確定前の根抵当権にかぎり認められる根抵当権の処分で
ある。全部譲渡は、実務では取引先の他行債務を肩代りするに際して行わ
れることが少なくない。

　現行民法は、取引の終了等により担保すべき元本が発生しなくなった場合でも、それにより元本が確定するとはしていないから（同法398条の20参照）、設問のような肩代わりが行われても、それにより元本は確定しない。

　次に、根抵当権の全部譲渡は、根抵当権者の交替を意味するものであり、譲受人である甲銀行は単独で当該根抵当権の権利者となり、乙銀行と共有関係となるものではない。したがって、譲渡後は既存債権を含めて甲銀行とX社との取引によって発生する債権が当該根抵当権で担保されることになる。根抵当権の譲渡は前述のとおり3種類あるので、その区別を明確に理解しておく必要がある。

★関連事項

根抵当権の分割譲渡

　1個の根抵当権を極度額で2個の根抵当権に分割し、その一方を他の債権者に譲渡すること。その結果、1個の根抵当権が同順位で2個の根抵当権に分かれることになる（民法398条の12）。根抵当権の元本確定前にかぎり認められる。

根抵当権の一部譲渡

　1個の根抵当権を2人以上の債権者の共有関係にすることで、元本確定前の根抵当権にかぎり認められる（民法398条の13）。

共有根抵当権

　1個の根抵当権を複数の債権者が共有する状態の根抵当権をいう。根抵当権者間で優先弁済の割合を定めることもできる（民法398条の14）。

【基本問題解答例】

択一解答　(3)

　甲銀行の肩代わりにより、X社は乙銀行に債務を返済して取引を終了し、今後乙銀行との間で根抵当権で担保されるべき元本は発生しないことにな

るが、現行民法は取引終了を根抵当権の確定事由にしていないので、元本
は確定しない。

　根抵当権の全部譲渡は元本確定前にかぎり行うことができるが(民法398
条の12第1項)、上記のように本問のような肩代わりでは元本は確定しな
いから、当事者が合意すれば根抵当権の全部譲渡は可能である。根抵当権
の全部譲渡は、根抵当権者が交替することであって、譲渡人である乙銀行
の債権は担保されなくなる一方、甲銀行の債権は既存債権も含めて担保さ
れることになる。根抵当権の一部譲渡と異なり、甲銀行と乙銀行が1個の
根抵当権を共有することにはならない。したがって、(3)が正解である。

融
資

--- 応 用 問 題 ---

　甲銀行は、系列のノンバンクX社に確定前の根抵当権を一部譲渡す
ることにした。これについて、次のうち正しいものを指摘し、それぞ
れの正否の理由を述べてください。
　(1)　配当時にX社の被担保債権がゼロであれば、甲銀行は極度額ま
　　　での優先弁済を受けることができる。
　(2)　甲銀行がX社に優先して配当を受ける方法はない。
　(3)　X社が被担保債権の範囲を特定の債権に限定して登記すると、
　　　甲銀行の根抵当権を含め根抵当権は全体として確定してしまう。

☞基本問題との相違点

・根抵当権の一部譲渡の法律関係
・共有根抵当権の特質

【応用問題解答例】

択一解答　(1)

　甲銀行が根抵当権をX社に一部譲渡することによって、当該根抵当権は甲銀行とX社が共有することになる。その結果、甲銀行とX社はそれぞれ根抵当権の全部について権利を有し、ただ最終的には互いの持分によって制約を受けるという共有の本質から、配当時にX社の被担保債権がゼロであれば、甲銀行は極度額までの優先弁済を受けることができる。よって、⑴が正解である。

　次に、共有根抵当権は、根抵当権の確定前であれば共有者間の契約により優先弁済の割合、順序等を自由に定め登記することができる（民法398条の14第1項）。

　また、共有根抵当権であるX社の根抵当権の被担保債権が特定しても、他の共有者である甲銀行の根抵当権の被担保債権が不特定であれば、根抵当権の被担保債権は全体として不特定であり、根抵当権のまま存続し、全体が確定するということはない。したがって、⑵、⑶は誤りである。

～ *follow up* ～

　　根抵当権の全部譲渡は、譲渡人と譲受人との契約によって成立するが、設定者の承諾が必要である。元本確定前の根抵当権に限り認められ、登記が対抗要件である。共同担保の場合は、全物件について契約し、かつ登記する必要がある。後順位抵当権者の承諾は要しない。他行の債務の肩代りについて根抵当権の全部譲渡を受ける場合には、念のため根抵当債務者および根抵当権設定者から根抵当権は確定していない旨の確認書をとっておくことが望ましい。

　　銀行間の場合は、被担保債権の範囲が同じ「銀行取引」であるから問題ないが、銀行以外の金融機関から根抵当権の全部譲渡を受ける場合は、譲渡後に被担保債権の範囲を銀行取引に変更しておく必要がある。

25　根抵当債務者の死亡

　　甲銀行が根抵当権の設定を受けて融資取引を行っていた個人事業主
Aが死亡し、Aの事業は長男Bが承継することになった。なお、相続
人はBのほか妻Cと次男Dがいる。また、根抵当権はCの担保提供
（物上保証）によるものである。

　　甲銀行は、Aに対する既存の貸出金のほかBとの取引によって今後
発生する債権を当該根抵当権で担保したいと考えているが、次のうち
正しいものを指摘し、それぞれの正否の理由を述べてください。

(1)　A死亡後6か月以内に、Cとの間で根抵当権について相続によ
る債務者の変更登記と根抵当権の債務者をBとする合意の登記
をすればよい。

(2)　Cとの間で根抵当権の債務者をBとする通常の債務者の変更登
記をするだけでよい。

(3)　債務者をBに変更する登記手続を行うことにより、当然に相続
開始以前のBに対する貸出金も含めて当該根抵当権の被担保債
権となる。

融資

☞本問のポイント

・根抵当債務者死亡後、相続人の1人と取引する場合の手続
・新根抵当債務者の相続開始以前の債務の処置

問題理解と解答作成ポイント

　本問のポイントの第1は、元本の確定前に根抵当権の債務者が死亡した
場合は、相続開始時の既存の債務のほか、根抵当権者と設定者との合意に

より定めた相続人が、相続開始後に負担する債務を担保することができるということである（民法398条の8第2項）。

ポイントの第2は、そのためには相続開始後6か月以内に相続による債務者の変更登記と相続人のなかから定めた債務者について合意の登記をする必要があることである（民法398条の8第4項）。

第3に、上記手続はいずれも根抵当権者と設定者（共同担保の場合は設定者全員）との間で行い、かつ登記しなければならないということである。

なお、債務者の死亡後に、債務者を相続人の一人に変更する趣旨の民法398条の4第1項による債務者の変更登記を行ったとしても、相続開始後6か月以内に同法398条の8第2項による合意の登記をしなければ相続開始時に遡って元本が確定するので（同条4項）、債務者の変更の効力は生じない。

★関連事項

共同相続

28頁参照。

【基本問題解答例】

択一解答　(1)

A死亡後6か月以内に、甲銀行とCとの間で、根抵当権の債務者をいったんB・C・Dとする相続による債務者の変更登記を行い、同時に相続開始後の債務者をBとする合意の登記をすればよい。それによって、相続開始時にAが負担していた債務のほか、相続開始後にBが負担する債務が当該根抵当権の被担保債権となる。ただし、相続開始前にBが負担していた債務は別途被担保債権の範囲に追加しなければ被担保債権とならない。また、債務者の死亡後に、債務者を相続人に変更する趣旨の民法398条の4第1項による債務者の変更登記を行ったとしても、相続開始後6か月以内

に同法398条の8第2項による合意の登記をしなければ相続開始時に遡っ
て元本が確定するので（同条4項）、債務者の変更の効力は生じない。し
たがって、(1)が正解である。

応 用 問 題

　甲銀行の取引先Ｘが死亡したので、いずれもＸの子である相続人Ａ、
Ｂ、Ｃのうち事業を継承する被相続人の長男Ａが、根抵当物件を相続
し、Ａを根抵当権の債務者とする合意の登記等の手続を相続開始後6
か月以内に完了した。ところが、Ａから、Ｘ死亡時の相続債務900万
円のうち、ＢとＣが承継した600万円についても全額Ａが免責的に引
受したい旨の申入があった。
　この場合の対応について、次のうち正しいものを指摘し、それぞれ
の正否の理由を述べてください。
(1)　Ｘ死亡時の相続債務900万円は、相続開始時の特定債務として
　　担保されているので、Ａの申入に応じても引受債務は引き続き
　　被担保債権となるから問題はない。
(2)　Ａは相続による合意の債務者として登記されているので、Ａが
　　免責的債務引受をすればＡの債務として担保されることになる
　　から問題はない。
(3)　Ａが免責的債務引受をするのであれば、引受債務を被担保債権
　　の範囲に追加する根抵当権の変更手続きをして登記しないと被
　　担保債権とならない。

☞基本問題との相違点

・免責的債務引受と根抵当権による担保
・引受債務を根抵当権の被担保債権の範囲とする方法

【応用問題解答例】

択一解答 ⑶

　相続債務の900万円は、相続人A・B・Cの相続分に応じた分割債務と
して根抵当権で担保されている。しかし、Aが当該根抵当権の相続による
合意の債務者となっても、相続債務のうちBとCが承継した600万円を免
責的債務引受をすることにより、引受債務600万円は根抵当権の被担保債
権の範囲から離脱することになる（民法398条の7第2項）。引受債務は甲
銀行とAとの取引によって発生した債務ではなく、一方、免責的債務引受
によってB・Cの債務でもなくなるからである。なお、免責的債務引受が
あった場合に、引受人が負担する債務に担保権を移すことができるとされ
ているが（同法472条の4第1項）、元本の確定前の根抵当権についてはか
かる担保権の移転は認められていない（同法398条の7第3項）。もし、引
受債務を当該根抵当権の被担保債権とするのであれば、甲銀行とAとの間
で引受債務を特定の債務として被担保債権の範囲に追加する手続が必要と
なる。よって、⑶が正解となる。

～ *follow up* ～

　　　　根抵当債務者が死亡した場合の具体的な手続きとしては、債
　　務は相続人に承継されるから債務者の変更手続がまず行われ、
　　その上で当該根抵当権を確定させないで以後発生する相続人の
　　債務を担保させたいのであれば、指定相続人の合意の登記を行
　　う必要がある。この登記が相続開始後6か月以内に行われない
　　と当該根抵当権は相続開始時に遡って確定するから、その後に
　　債務者の変更登記を行っても効力が生じないことになる。通常
　　の債務者の変更と債務者の死亡による債務者の変更とは、明確
　　に区別して取り扱う必要がある。

26　根抵当債務者の合併

基本問題

　甲銀行の融資先で、いずれも根抵当権の設定者兼債務者であるＡ社
とＢ社が合併し、Ａ社が吸収合併存続会社になった。Ａ社の根抵当権
の極度額は2,000万円、合併時（合併登記時）の貸付金は1,500万円、
Ｂ社の根抵当権の極度額は3,000万円、合併時の貸付金は2,500万円で、
いずれも確定前の根抵当権である。この場合、甲銀行のＡ社とＢ社に
対する貸付金はどのように担保されるのか、次のうち正しいものを指
摘し、それぞれの正否の理由を述べてください。

(1)　合併後は、甲銀行が合併時にＡ社に対して有した貸付金2,000
　　万円とＢ社に対して有した貸付金2,500万円は、Ａ社とＢ社を債
　　務者としてそれぞれ設定されたいずれの根抵当権でも担保される
　　ことになる。

(2)　甲銀行がＢ社に対して有する合併時の貸付金2,500万円はＡ社
　　に承継されるが、Ｂ社は合併と同時に解散して消滅したから、Ｂ
　　社を債務者とする根抵当権も消滅し、貸付金は担保されない。

(3)　合併後に甲銀行がＡ社に対して融資した貸付金は、Ａ社を債務
　　者とする根抵当権とＡ社が承継した根抵当権の極度額を累積した
　　5,000万円の範囲内で担保される。

☞本問のポイント

・根抵当債務者の合併の態様

・合併時の貸付金と合併後の貸付金

・合併と被担保債権

問題理解と解答作成ポイント

　合併には、当事会社の一方が他方の会社を吸収して存続会社となる吸収合併と当事会社のいずれも解散して新たに会社を新設する新設合併がある。実務上は、会社が合併するときには、本事例のように合併手続が簡単な吸収合併による場合が多い。いずれにしても、相続の場合と同じく、合併により存続会社は消滅会社の一切の権利・義務を当然に承継することになる。

　根抵当債務者の合併については、さまざまな場面が考えられるが、本事例は、甲銀行の融資先がいずれも根抵当債務者である場合の合併である。

　本問のポイントは、合併時の貸付金は合併後もそれぞれの根抵当権で担保されるが、合併相手の根抵当権では担保されないこと、合併後の貸付金は累積した両方の根抵当権で担保されることである。

　ちなみに、銀行の融資先の合併により根抵当権に関する法律関係が変動するのは、融資先である根抵当債務者が他の会社に吸収合併された場合または他の会社とともに新設合併した場合である。融資先の根抵当債務者が他の会社を吸収合併して存続会社となっても、法人格に影響はなく債務者に変更をきたすことはない。

　なお、吸収合併の効力は、吸収合併契約であらかじめ定めた日に生じるから、その日に吸収合併により消滅する会社の権利・義務は吸収合併存続会社に承継される。しかし、合併登記をするまでの間は、第三者の善意・悪意を問わず、第三者に対抗することはできない。合併を登記原因とする根抵当債務者の変更登記等も合併登記後に行うこととされている。

★関連事項───────────────────

合併

　合併とは、2社以上の会社が法律の規定に基づいた契約により1つの会社に合同することで、新設合併と吸収合併がある。新設合併は、当事会社

のすべてが解散して同時に新会社を設立する合併である（会社法2条28号）。
吸収合併は、当事会社の一方が解散する他の会社を吸収して存続会社とな
る合併である（同条27号）。いずれの場合も、解散会社の権利・義務は法
律上当然に新設合併設立会社または吸収合併存続会社に承継されるが、実
際には手続が面倒な新設合併（同法754条）が利用されることは少なく、吸
収合併（同法750条）によることが多い。

　なお、合併の効力は、現行の会社法では、吸収合併契約であらかじめ定
めた日（効力発生日）に発生すると定められている（会社法749条1項6号）。
したがって、吸収合併消滅会社の権利・義務は、効力発生日に吸収合併存
続会社に承継される（同法750条1項）。ただし、吸収合併による消滅会社
の解散は、合併登記（会社法921条）の後でないと、第三者の悪意・善意を
問わず、第三者に対抗できない（同法750条2項）。

　新設合併の場合は、設立登記がなされた日に合併の効力が生じる（同法
754条）。

【基本問題解答例】

択一解答　(3)

　A社を存続会社とするB社との吸収合併により、A社は従前の自社の資
産・負債に加えて、B社の資産・負債を包括的に承継する。

　この場合の根抵当権の被担保債権については、合併前のA社を債務者と
する根抵当権Aも、合併前のB社を債務者とする根抵当権Bも、それぞれ
合併時に担保されていた債務のほか、合併後の存続会社であるA社が合併
後に負担する債務を担保するとされている（民法398条の9第2項）。

　したがって、本問では、根抵当権A（合併前のA社を債務者とする根抵当
権）は、合併時のA社を債務者とする債務と合併後にA社が負担した債務
を担保し、根抵当権B（合併前のB社を債務者とする根抵当権）は、合併時
のB社を債務者とする債務と合併後のA社が負担した債務を担保する。

融
資

　以上から、合併後に甲銀行がＡ社に対して融資した貸付金は、根抵当権
Ａと根抵当権Ｂの極度額を累積した5,000万円の範囲で担保されるとする
(3)が正解である。

応 用 問 題

　甲銀行の融資先で根抵当権設定者兼債務者であるＡ社が、無担保融
資先であるＢ社を吸収合併することになった。根抵当権は元本確定前
であるが、甲銀行は、この際、Ｂ社に対する貸付金をＡ社を債務者と
する根抵当権の被担保債権にしたいと考えている。その方法について、
次のうち正しいものを指摘し、それぞれの正否の理由を述べてくださ
い。

(1)　Ａ社は、合併によりＢ社の債権・債務を当然に承継するから、
　　合併と同時にＢ社に対する貸付金もＡ社を債務者とする根抵当権
　　の被担保債権となる。

(2)　合併後に、Ａ社を債務者とする根抵当権の被担保債権の範囲に
　　Ｂ社に対する貸付金を特定債務として追加する手続をとればよい。

(3)　合併前に、Ａ社がＢ社の債務を併存的債務引受または免責的債
　　務引受をしておけば、Ａ社を債務者とする根抵当権の被担保債権
　　となる。

【応用問題解答例】

択一解答 ⑵

　民法398条の9第2項によれば、甲銀行が合併時にA社に対して有した貸付金はそのまま当該根抵当権の被担保債権となるが、合併時にB社に対して有した無担保の貸付金は、そのままでは当該根抵当権で当然には担保されない。担保するためには、合併によりA社がB社から承継した債務を根抵当権の被担保債権の範囲に特定債務として追加する手続が必要となる。A社が、B社の債務について併存的債務引受または免責的債務引受をしても、A社が負担する債務は引受債務であって甲銀行とA社の間の銀行取引によって発生した債権ではないからA社を債務者とする根抵当権の被担保債権とはならないし、免責的債務引受においては根抵当権の移転も認められていない（民法398条の7第3項）。以上より、⑵が正解である。

融資

27　根抵当債務者の法人成り

基 本 問 題

　甲銀行は、個人取引先Ａとの間で、Ａ所有の不動産について、Ａを
債務者、被担保債権の範囲を「銀行取引、手形上・小切手上の債権」
とする根抵当権の設定を受け、融資取引を継続していたが、Ａは節税
のため法人成りしてＸ社を設立し、Ａ個人の債務は全額Ｘ社で免責的
に引き受けることとなった。引受債務と今後Ｘ社との取引によって発
生する債務をともに当該根抵当権で担保する方法として、次のうち正
しいものを指摘し、それぞれの正否の理由を述べてください。なお、
根抵当権について確定事由はないものとします。
　⑴　根抵当権の債務者をＡからＸ社に変更し、引受債務を被担保債
　　権の範囲に追加する。
　⑵　根抵当権の債務者をＡからＸ社に変更した後に、Ｘ社がＡの債
　　務を免責的に引受するだけでよい。
　⑶　根抵当権の債務者をＡからＸ社に変更すれば、引受債務も当然
　　に担保される。

☞本問のポイント

・根抵当権の債務者の変更
・引受債務の被担保債権への追加

問題理解と解答作成ポイント

　本問のポイントは、①根抵当権における債務者の変更と、②引受債務の
処理である。
　まず、元本確定前の根抵当権は、債権者と根抵当権設定者との契約によ

り、債務者・被担保債権の範囲を自由に変更することができるから、債務
者をAからX社に変更することは可能である。その結果、既存債務を含め
甲銀行とX社との取引によって発生する債務は、当該根抵当権で担保され
ることになる。一方、Aは債務者の変更によってもはや当該根抵当権の債
務者でなくなるので、Aに対する債権は担保されなくなる。

　次に、A個人の債務をX社が免責的引受をすることによってX社の債務
となるが、X社と甲銀行の銀行取引で発生した債務ではないため、当然に
は当該根抵当権では担保されない。引受債務を当該根抵当権の被担保債権
とするために、同じく甲銀行と根抵当権設定者との間で引受債務を特定債
権として被担保債権の範囲に追加する手続が必要となる。根抵当権の債務
者と被担保債権は、根抵当権における別個独立の要素であるから、その変
更も別々に考える必要がある。根抵当権の債務者をX社に変更したからと
いって、引受債務が当然に担保されることにはならない。

　なお、根抵当権の債務者と被担保債権の範囲は連動する場合が多いので、
一般に根抵当権の債務者を変更する場合は、同時に被担保債権の範囲の変
更を要しないかどうか留意する必要がある。

★関連事項

根抵当権の債務者の変更

　根抵当権の債務者は、元本確定前であれば債権者と根抵当権設定者との
契約により追加・交替・脱退など自由に変更することができる。被担保債
権の範囲の変更についても同様である（民法398条の4第1項）。共同担保
の場合は、全物件について変更契約しかつ登記する必要がある。

免責的債務引受

211頁参照。

確定前の根抵当権

元本確定前の根抵当権は随伴性が否定されているので、確定前の被担保

債務について債務引受が行われた場合には、当該根抵当権の被担保債権の範囲から離脱することになる。

【基本問題解答例】

択一解答　(1)

　元本確定前の根抵当権の債務者について変更があった場合には、被担保債権の範囲内であれば既存債務も含めて変更後の債務者が債権者との取引によって負担する債務が当該根抵当権で担保される一方、変更前の債務者が負担していた債務は担保されなくなる。したがって、根抵当権の債務者をAからX社に変更すれば、X社との銀行取引によって発生する債務は当該根抵当権で担保されることになる。しかし、X社が免責的に引き受ける債務は、X社と甲銀行の取引により発生した債務ではないので、根抵当権の債務者をX社に変更しても当然には担保されない。引受債務を担保するには、債務者をX社に変更するとともに、引受債務を特定債務として被担保債権の範囲に追加する変更手続が必要となる。よって、(1)が正解である。

> ## 応用問題
>
> 　甲銀行は、根抵当債務者であるX社の債務の一部を同系列の別会社Y社が免責的に引き受けることに同意したが、現在、X社との取引に利用している根抵当権を、Y社が引受した債務とともに今後Y社との取引によって発生する債務も担保するために利用したい。
>
> 　これについて次のうち正しいものを指摘し、それぞれの正否の理由を述べてください。根抵当権の被担保債権の範囲は「銀行取引、手形上・小切手上の債権」で確定事由はない。
>
> 　(1)　根抵当権の債務者にY社を追加し、甲銀行とX社およびY社の三者契約により免責的債務引受契約を締結するだけでよい。

　⑵　根抵当権の債務者にＹ社を追加するとともに、Ｙ社が引受した
　　債務を特定債務として被担保債権の範囲に追加する。
　⑶　根抵当権の債務者にＹ社を追加するだけでよい。

☞基本問題との相違点

・根抵当権の債務者の追加

【応用問題解答例】

択一解答　⑵

　　根抵当権の債務者にＹ社を追加すれば、甲銀行とＸ社およびＹ社のいずれの取引によって発生する債務も当該根抵当権の被担保債権となる。しかし、Ｘ社が負担していた債務の一部をＹ社が免責的に引受することによって、その引受債務は当該根抵当権で担保されなくなる。免責的債務引受によって引受債務はＸ社の債務でなくなる一方、甲銀行とＹ社との取引によって発生した債務でもないからである。したがって、根抵当権の債務者にＹ社を追加し、三者契約により免責的債務引受契約を締結しても、引受債務は被担保債権とならない。根抵当権の債務者にＹ社を追加するとともに、引受債務を特定債務として被担保債権の範囲に追加する手続が必要となる。よって、⑵が正解である。

　　以上のとおり、根抵当権の債務者にＹ社を追加しただけでは引受債務は担保されないから、⑶も誤りである。

28   根抵当権の元本の確定

基本問題

　根抵当権の元本確定に関する説明について、次のうち正しいものを指摘し、それぞれの正否の理由を述べてください。

(1)   根抵当権者は、確定期日の定めがない場合には、いつでも元本の確定を請求することができる。

(2)   根抵当権者が、根抵当不動産から生じる賃料債権に対して物上代位による差押えをしても根抵当権は確定しない。

(3)   根抵当不動産に対する他の債権者の申立による仮差押えがあったときは、根抵当権者が仮差押えがあったことを知ったときから2週間経過後に根抵当権は確定する。

☞本問のポイント

・確定登記を必要とする事由
・旧民法と改正民法との相違点
・根抵当権者による確定請求の可否

問題理解と解答作成ポイント

　現行民法の根抵当権の元本の確定事由は、大きく分けて、①元本確定期日の定めがある場合の期日の到来（同法398条の19第3項）、②根抵当権設定者または根抵当権者の元本確定請求（同条1項・2項）、③抵当不動産に対する差押えや抵当権設定者または債務者についての破産手続開始決定など一定の客観的事由の発生（同法398条の20第1項）に分類できる。

　平成16年以前の民法では、「担保すべき債権の範囲の変更、取引の終了その他の事由により担保されるべき元本の生ぜざることになりたるとき」

という事由が設けられていたが、現行民法では削除されている。

　なお、根抵当物件に対する仮差押えが元本確定事由とされていないことについては、民法398条の20第1項の条文上明らかである。

★関連事項

根抵当権の元本確定と確定事由

　①　根抵当権の元本の確定とは、根抵当権によって担保されている不特定の債権の元本が、ある一定時期の到来または一定事由の発生を原因として具体的に特定することをいう。根抵当権は確定することによって確定時に存在する元本債権とそれに付随する利息・損害金およびその後に発生する利息・損害金を極度額の限度で担保する普通抵当権と類似した権利となる。但し、極度額の範囲で利息・損害金等についても行使でき、普通抵当権と異なり「最後の2年分」のような制限（同法375条）はない。

　②　元本確定前は、根抵当権は債権に対する付従性はなく、被担保債権の範囲や債務者の変更、根抵当権の全部譲渡その他の処分が認められるのに対し、確定後は、債権に対する付従性が認められ、逆に確定前に認められた前記のような変更、処分は認められない。

融資

根抵当権確定事由・確定時期一覧表

確　定　事　由	確　定　時　期
①　確定期日が到来したとき(民法398条の6第1項)	同日の午前零時
②　相続開始後6か月以内に合意の登記がないとき(民法398条の8第4項)	相続開始の時
③　根抵当権者または債務者の合併につき設定者から確定請求があったとき（民法398条の9第4項）	合併の時
④　設定後3年経過後に設定者から確定請求があったとき（民法398条の19第1項）	確定請求の意思表示の到達した日から2週間経過した時
⑤　確定期日の定めのない根抵当権について根抵当権者が確定請求をしたとき（民法398条の19第2項）	確定請求のあった時
⑥　根抵当権者がみずから抵当不動産について競売もしくは担保不動産収益執行または物上代位による差押えを申し立てたとき（ただし、競売手続もしくは担保不動産収益執行手続の開始または差押えがあったときに限る）	競売もしくは担保不動産収益執行または物上代位による差押えの申立てをした時
⑦　根抵当権者である国または地方公共団体が抵当不動産に滞納処分による差押えをしたとき（民法398条の20第1項2号）	差押えをした時
⑧　抵当不動産に対する第三者申立てによる競売開始決定、滞納処分による差押えがあったとき（民法398条の20第1項3号）	根抵当権者が競売開始決定または差押えがあったことを知った時より2週間を経過した時
⑨　債務者または設定者が破産手続開始決定を受けたとき（民法398条の20第1項4号）	破産手続開始決定の時

【基本問題解答例】

択一解答　(1)

　根抵当権者は、元本確定期日の定めがない場合、いつでも元本の確定請求ができるとされているから（民法398条の19第2項・第3項）、(1)は正しく、本問の正解である。

　根抵当権の確定事由は、民法398条の20第1項の各号に列挙され、根抵当不動産の賃料に対する物上代位による差押えは確定事由とされているが

（同条1号）、抵当不動産に対する仮差押えは確定事由とはされていない。
よって、⑵と⑶は誤りである。

```
┌──────────────────  応 用 問 題  ──────────────────┐
```

　根抵当権の元本確定に関する説明について、次のうち正しいものを
指摘し、それぞれの正否の理由を述べてください。
⑴　根抵当権の債務者が合併した場合でも、その債務者が根抵当権
　設定者である場合には、合併を理由とする元本確定請求は認めら
　れない。
⑵　根抵当権者が根抵当不動産に対する収益執行の申立てをしても
　根抵当権は確定しない。
⑶　物上保証人である根抵当権設定者が破産手続開始の決定を受け
　ても、根抵当権は確定しない。

融資

【応用問題解答例】

択一解答　⑴

　根抵当権の元本確定前に根抵当権者または債務者について合併があった
ときは、根抵当権設定者は元本確定を請求できるが、根抵当権の債務者が
同時に根抵当権設定者である場合は、この合併を理由とする根抵当権の確
定請求をすることはできない（民法398条の9）。根抵当権者が根抵当不動
産に対して収益執行の申立てをした場合は、収益執行手続が開始されなか
った場合を除いて根抵当権は確定する（民法398条の20第1項1号）。債務者
または根抵当権設定者が破産手続開始の決定を受けたときは、根抵当権は
確定する（同項4号）。以上により、⑴が正解である。

12　借地上建物の担保取得

29　根抵当権設定者の地代不払い

基本問題

　甲銀行は、取引先X社所有の借地上の建物に根抵当権の設定を受けて融資していたところ、X社は銀行取引停止処分を受け事実上倒産した。そこで、根抵当権実行のため調査したところ、地代は不払いであり地主から賃借権である借地契約が解除される懸念があることがわかった。

　この場合の甲銀行の対応について、次のうち正しいものを指摘し、それぞれの正否の理由を述べてください。

(1)　根抵当権の効力は当然に敷地利用権に及ぶので、債権保全上問題はない。

(2)　建物に対して差押えがあった後は、地代不払いによる借地契約の解除はできなくなるので、直ちに抵当権の実行に着手すべきである。

(3)　競売の申立をすると同時に、借地権を保全するため裁判所の許可を受けて未払い地代をX社に代わって地主に弁済しておく必要がある。

☞ **本問のポイント**

・敷地利用権と根抵当権の効力の及ぶ範囲
・敷地利用権と差押えの効力の及ぶ範囲
・地代の代払許可制度

問題理解と解答作成ポイント

　実務では、借地上の建物に(根)抵当権を設定することが少なくないが、建物とその敷地の利用権は、主物と従物の関係と同様にとらえることができるから、建物に設定した抵当権の効力は設定時における敷地の利用権に及ぶとするのが判例である。したがって、借地人が一方的に借地契約を解除したり、地主との間で合意解除しても抵当権に対抗することはできない。建物に対する競売開始決定により差押えの効力が生じた後においても同様である。ただし、借地人について地代不払いなど債務不履行があった場合は、地主は一方的に借地契約を解除することができる。その場合は、建物は借地権を有しない建物になるから、抵当建物は材木としての価値しかないことになる。そこで、抵当建物の借地権を保全するため設けられたのが、民事執行法56条1項、188条の競売申立債権者の申立による地代の代払いの許可の制度である。もっとも、借地契約が債務不履行により解除された後に代払許可の裁判に基づき代払いしても、解除の効果をくつがえすものではない。代払いした地代は、共益費用として配当金から優先弁済を受けることができる。

★**関連事項**────────────────

借地権

　借地権には、物権契約に基づき成立する地上権（民法265条以下）と債権契約に基づき成立する賃借権とがある（借地借家法2条）。いずれも建物の所有を目的とする土地の利用権であるが、地上権であると地主の権利が大きく制約されるので、賃借権によるのが普通である。

敷地利用権

　敷地利用権とは、区分所有建物の区分所有者が、その占有部分を所有するため区分所有建物の敷地を使用しうる権利（建物の区分所有等に関する法

融資

律2条6項）を指す。敷地権の目的とされる権利には、所有権、地上権、賃借権、使用貸借権等があるが、原則として占有部分と分離して処分することができない（同法22条）。

《関連判例》

●建物の抵当権の土地賃借権に対する効力（最判昭和40・5・4民集19巻4号811頁）

「土地賃借人が当該土地上に所有する建物について抵当権を設定した場合には、原則として、右抵当権の効力は当該土地の賃借権に及び、右建物の競落人と賃借人との関係においては、右建物の所有権とともに土地の賃借権も競落人に移転する……」

●借地権付建物の抵当権実行と借地権の譲受人の地位（最判昭和52・3・11金融・商事判例527号6頁）

「土地の賃借人が地上に所有する建物に抵当権を設定しその登記を経た後に賃貸人の承諾を得て賃借人から土地の賃借権のみを譲り受けた者は、抵当権の実行により競落人が建物の所有権とともに土地の賃借権を取得したときに競落人との関係において賃借権を失い、競落人が右賃借権の取得につき賃貸人の承諾を得たときに賃貸人との関係においても賃借人の地位を失う」

●借地上の建物担保における事前通知条項（地主の念書）の効力（最判平成22・9・9金融・商事判例1355号26頁）

「土地の賃貸人（当該判決は、転貸された土地について転貸人が地代不払いを理由に転貸借契約を解除した事案のため、判決文は正確には「転貸人」「転貸借契約」である。なお、転貸人（法人）は賃貸人（土地共同所有者の個人）の資産管理会社であり、代表者は賃貸人の一人である。）は地上建物の根抵当権者に対し、借地権の消滅を来すおそれのある事実が生じたときは通知する旨の条項を含む念書を差し入れた場合において…上記念書の内容等について根抵当権者から直接説明を受けておらず…根抵当権

者から対価の支払を受けていなかったとしても、地代不払いの事実を土地賃貸借契約の解除に先立ち根抵当権者に通知する義務を負い、その不履行を理由とする根抵当権者の損害賠償請求が信義則に反するとはいえない」

※8割の過失相殺がなされているため、実質的には根抵当権者に対して厳しい判決である。follow up参照。

※地主が、抵当権者との事前通知条項に違反して賃貸借契約を解除しても、解除自体は有効であるというのが、最近の判例の趨勢である（東京地判平成11・6・29ほか）。

【基本問題解答例】

択一問題　(3)

　借地上の建物に抵当権を設定した場合、抵当権の効力は建物の従たる権利である敷地利用権に及ぶとするのが判例である。したがって、X社が賃借権を勝手に放棄したり、地主との間で合意解除しても、甲銀行に対抗することはできない。しかし、地代不払いなど債務不履行による場合は、地主は一方的に借地契約を解除することができる。その結果、抵当建物は借地権が存在しない建物となる。

　次に、競売開始決定に基づき建物の差押えが行われた後は、債務者であるX社は建物について処分を禁止されるが（民事執行法46条2項参照）、地主の解除権は制約されないので、地主は地代不払いを理由に賃貸借契約を債務不履行解除できる。以上より、(1)、(2)は誤りである。

　民事執行法は、借地上の建物について強制執行や担保不動産競売の開始決定がされた場合、建物所有を目的とする地上権または賃借権について債務者が地代または借賃を支払わないときは、借地権を保全するため、執行裁判所は申立により差押債権者が未払い地代を借地人に代わって地主に弁済することを許可することができるとしている（同法56条1項、188条）。よって、(3)が正解である。

融資

```
┌─────────── 応 用 問 題 ───────────┐
```

　甲銀行は、Ａ社に対して借地上の建物に根抵当権の設定を受け登記
を経て取引を継続していたところ、Ａ社は地主Ｃの承諾を得てその建
物の敷地の借地権（賃借権）のみをＢに譲渡した。

　その場合の抵当権の効力について、次のうち正しいものを指摘し、
それぞれの正否の理由を述べてください。

　(1)　建物と借地権は別々の存在であるから抵当権の効力は借地権に
　　　及ばない。

　(2)　地主の承諾があるから抵当権の効力は借地権に及ばなくなる。

　(3)　地主の承諾の有無にかかわらず抵当権の効力は借地権に及ぶ。

☞ 基本問題との相違点

・借地権の譲渡と根抵当権の効力の及ぶ範囲
・借地権の譲渡につき地主の承諾がある場合の抵当権の効力

【応用問題解答例】

択一解答　(3)

　建物と借地権は別個の客体であるが、借地権は建物の従たる権利として
建物の従物と同様抵当権の効力が及ぶとするのが通説・判例であるから、
(1)は誤りである。賃借権である借地権を譲渡するには地主の承諾が必要で
あるが、建物について抵当権設定登記がなされると、これによって抵当権
の効力は賃借権に及ぶことについても対抗力が生じると解するのが相当で
ある。地主が賃借権の譲渡を承諾したとしても抵当権の効力は借地権に及
ぶ。したがって、(2)も誤りであり、(3)が正解となる。

┌─────────────────────────────────┐
　　　　　　　　　　　応 用 問 題

　甲銀行は、Ａ社所有の借地上の建物に根抵当権の設定を受けるにあ
たって、地主Ｘ社から地代不払など借地権の消滅をきたす事由が生じ
た場合は、賃貸借契約を解除する前に甲銀行に通知する旨の念書の差
入れを受け、その写しをＸ社に交付していた。ところが、Ｘ社は甲銀
行に通知することなく賃料不払いを理由に借地契約を解除していたこ
とが後日判明した。

　この場合、Ｘ社の通知義務懈怠によって甲銀行の被った損害賠償責
任の有無について、次のうち正しいものを指摘し、それぞれの正否の
理由を述べてください。

　⑴　Ｘ社が借地契約を解除しても甲銀行に対抗できないから、Ｘ社
　　　は損害賠償責任を負うことはない。

　⑵　地主Ｘ社は、甲銀行に対して根抵当権が設定された借地上の建
　　　物の敷地所有者であるというだけで、根抵当権設定契約の当事者
　　　ではないから、甲銀行に対して損害賠償責任を負うことはない。

　⑶　事前通知条項に基づく通知義務は法的義務とされているから、
　　　Ｘ社は損害賠償責任を負うことがある。
└─────────────────────────────────┘

融
資

☞ 基本問題との相違点

・**賃貸借契約の解除にかかる事前通知義務条項の効力**
・**事前通知義務の懈怠による損害賠償責任の有無**

【応用問題解答例】

択一解答　⑶

　Ｘ社は、Ａ社に債務不履行がおこるときは、解除権を行使することが認
められるとするのが賃貸借契約当事者の合理的意思解釈とされている。し

たがって、解除権を行使しても甲銀行に対抗できないから損害賠償責任を負うことはないとする(1)は誤りである。

　地主X社は、根抵当権設定契約の当事者ではないが、甲銀行との間で念書に記載された内容の合意をしているから、その合意に反して甲銀行に損害が発生した場合は、損害賠償責任を負うことがあり、(2)も誤りである。

　事前通知条項に基づく通知義務は法的義務とするのが判例（最判平成22・9・9）である。X社は事情によっては甲銀行が被った損害に対して賠償責任を負うことがある。

　よって、(3)が正しく、これが本問の正解である。

~ follow up ~

　地代代払いの対象となる地代は競売開始決定前から発生しているものでもよいが、代払いの許可を得ないで立替払いしたものは共益費用とならないため、別途、回収策を講じる必要がある。

　借地上建物の抵当権の効力は借地権に及ぶが、建物の競落人は対地主との関係では借地権を継承するについてその承諾を必要とする（民法612条1項）。地主が承諾しない場合は地主の承諾に代わる許可の裁判を求めることができる（借地借家法20条）。地代代払許可の申立てにあたっては、借地権の内容、地代等の支払状況、未払い地代の有無、代払いすべき金額、借地契約の解除の有無等をあらかじめ調査しておく必要がある。

　なお、関連判例として掲載した判例（最判平成22・9・9）は、応用問題にあるような念書記載の内容を法的義務として認めたが、一方で債権者側の過失を認定し、8割の過失相殺を行っている。結論としては債権者に厳しい判断であり、借地上の建物の担保取得に当たって地主からこのような念書を徴求したとしても、さらに地代を自店から振り込ませて支払状況を確認するなど賃貸借契約が債務不履行解除されないような手段を講じるべきである。

13　抵当権の実行

30　担保不動産収益執行

　担保不動産に対する物上代位に基づく賃料差押えと当該不動産に対する収益執行との関係について、次のうち正しいものを指摘し、それぞれの正否の理由を述べてください。

　(1)　物上代位に基づく差押えが先行し、その後に担保不動産収益執行が開始された場合には、先行の差押えは停止されるから、先行の差押債権者は後行の担保不動産収益執行において配当を受領することはできない。

　(2)　担保不動産収益執行が先行している不動産に対して物上代位に基づく賃料差押えを行っても配当受領資格はなく、配当を受領するためには、みずから担保不動産収益執行の二重開始決定を受ける必要がある。

　(3)　競売中の担保不動産に対して物上代位に基づく賃料差押えまたは担保不動産収益執行の申立てをすることはできない。

融資

☞本問のポイント

・担保不動産の収益執行制度
・担保不動産に対する物上代位と収益執行
・担保不動産競売に対する物上代位または収益執行の可否

問題理解と解答作成ポイント

　担保不動産収益執行（民事執行法180条2号）は、担保不動産に対する競売手続とは別個の独立した制度で、その手続は強制管理に関する規定（同法93条以下）を準用するとしている（同法188条）。担保不動産の債権者が担保不動産の収益からの債権回収を図るとすれば、物上代位により担保不動産の賃料等から弁済を受けることもできるから（民法304条、350条、372条）、いずれの手続によるべきかその利害得失を検討して選択することになる。

★関連事項

強制管理

　金銭債権の弁済を得るため債務者所有の不動産から生じる収益に対して行う強制執行をいう。債権者は強制競売または強制管理のいずれかを自由に選択でき、また両者を併用することもできる(民事執行法43条・93条〜111条)。

物上代位

　先取特権・質権・抵当権の目的物の売却・賃貸・滅失・毀損によって、その物の所有者が金銭その他の物を受ける請求権（代金請求権・賃料請求権・保険金請求権）を取得した場合に、その物に代わるものとしてこれらの請求権の上に効力を及ぼすことをいう（民法304条・350条・372条）。

担保不動産収益執行

　担保不動産から生じる収益（賃料等）から債権回収を図ることを目的とする執行方法であり、強制管理の規定が準用される。不動産を目的とする担保権の実行は、「担保不動産競売」による方法と「担保不動産収益執行」による方法のいずれか、またはその両者を併用して行うことができる（民事執行法180条以下）。

担保不動産収益執行における管理人

　執行裁判所が開始決定と同時に選任する。信託会社、銀行その他の法人も管理人に就任できる（民事執行法94条）。管理人は対象不動産について管理、収益の収受及び換価をすることができるが、民法602条に定める期間を超える賃貸には債務者の同意を要する（同法95条1項、2項）。

《関連判例》

● 抵当不動産の賃料債権に対する抵当権者の物上代位の可否（最判平成元・10・27金融・商事判例838号3頁）

「1　抵当不動産が賃貸された場合においては、抵当権者は、民法372条、304条の規定の趣旨に従い、賃借人が供託した賃料の還付請求権についても抵当権を実行することができる。

　2　目的不動産に対して抵当権が実行されている場合でも、右実行の結果抵当権が消滅するまでは、賃料債権に対しても抵当権を実行することができる」

【基本問題解答例】

択一解答　(2)

　物上代位に基づく賃料債権の差押えが先行しその後に担保不動産収益執行が開始された場合には、先行の差押えの効力は停止されるが、当該差押債権者は、後行の担保不動産収益執行において当然に配当受領資格を有する（民事執行法93条の4第1項・3項）。担保不動産収益執行が先行している場合に、後で物上代位に基づく賃料差押えを行っても、差押債権者に配当受領資格はなく、配当を受領するためには、さらに収益執行開始の申立てをし二重開始決定を受ける必要がある（同法93条の2）。競売中の担保不動産に対しても物上代位に基づく賃料差押え、または担保不動産収益執行の申立てをすることができる。以上により、(2)の説明が正しく正解である。

融資

31　抵当権消滅請求

基本問題

　　甲銀行は、抵当不動産の第三取得者であるＡ社から抵当権消滅請求
申出の書面を受理したが、申出を承諾することはできないので、競売
の申立てをすることにした。甲銀行が競売の申立てをするにつき注意
すべき事項について、次のうち正しいものを指摘し、それぞれの正否
の理由を述べてください。

　(1)　２か月以内に競売の申立てをしないと申出を承諾したものとみ
　　　なされる。

　(2)　競売の申立てをする場合は、事前にＡ社に対して抵当権実行の
　　　通知をしなければならない。

　(3)　最終的に競落人が現れなかった場合は、甲銀行は競売不動産の
　　　買受義務を負うことになる。

☞**本問のポイント**

・**抵当権消滅請求制度の概要**

問題理解と解答作成ポイント

　抵当権消滅請求制度は、抵当不動産の第三取得者が抵当権者に一定の金
額を提示してその抵当権の消滅が請求できるとするもので、2004年（平成
16年）以前の旧民法下の滌除制度（旧民法378条以下）を大幅に改正したも
のである。その要点は、以下のとおりである。

　①　消滅請求権者が抵当不動産につき所有権を取得した第三者に限定さ
　　　れた。

　②　抵当権者は、抵当権実行にあたり事前に第三取得者に対して抵当権

実行の通知をする必要がなくなった。

③　第三取得者による消滅請求の時期が、競売開始決定による差押えの効力が生じるまでに改められた。

④　消滅の申出を受けた後の抵当権者による競売申立時期が、1か月から2か月に伸長された（ただし、この2か月以内に競売の申立てをしないときは、第三取得者の申出を承諾したものとみなされる）。

⑤　抵当権者の増価買受義務が廃止された。

⑥　競売の申立てをした抵当権者がその申立てを取り下げる場合、登記した他の債権者の承諾を得る必要がなくなった。

融資

★関連事項

旧民法の滌除制度

抵当権者が提示された金額で満足しないときは、増価競売をして滌除を拒否することができるが、その競売手続で売却できなかった場合には、提示された金額の1割増の価額で抵当権者がみずから買受けしなければならず、また抵当権者が抵当権を実行する時期を選択できなくなるなど不合理な点が多く、現行の抵当権消滅請求の制度に改められた。

【基本問題解答例】

択一解答　(1)

甲銀行が、抵当不動産の第三取得者であるA社から抵当権消滅請求申出の書面を受理したときは、2か月以内に競売の申立てをしないと申出を承諾したものとみなされる（民法383条3号・384条1号）。

現民法の抵当権消滅請求制度では甲銀行が競売の申立てをする場合は、事前にA社に対して抵当権実行の通知をする必要はない。また、最終的に買受人が現れなかったとしても甲銀行は競売不動産を買受義務を負うことはない。以上により、(1)が正解である。

32　抵当権設定後の賃貸借

基本問題

　甲銀行は、倒産したＡ社の建物の登記簿謄本を取り寄せてみたところ、甲銀行を１番、乙銀行を２番とする抵当権の後にＸを賃借人とする期間３年の賃借権が登記されていた。この場合の賃借権の効力について、次のうち正しいものを指摘し、それぞれの正否の理由を述べてください（借地借家法は考慮しなくてよい）。

(1)　Ａ社とＸとの賃貸借は、短期賃貸借であるから抵当権者および競売による買受人に対抗することができる。

(2)　Ａ社とＸとの賃貸借が、正常な賃貸借で執行妨害目的の濫用的賃貸借でなければ、抵当権者および競売による買受人に対抗することができる。

(3)　甲銀行と乙銀行が同意し、その旨の登記をした場合は、抵当権者および競売による買受人に対抗することができる賃貸借となる。

☞本問のポイント

・短期賃貸借制度の廃止
・抵当権者同意制度

問題理解と解答作成ポイント

　現行民法は、2004年（平成16年）以前の旧民法395条に定める短期賃貸借制度を廃止し、抵当権に後れる賃貸借は期間の長短を問わず抵当権者および当該不動産の買受人に対抗できないものとしている。

　ただし、抵当権に後れる賃貸借であっても、①その賃貸借が登記されており、②先順位の抵当権者がすべて同意し、かつ、③その同意がある旨も

登記されている場合は、同意した抵当権者および競売による買受人に対抗できるものとされている（民法387条）。

　なお、短期賃貸借制度の廃止とともに抵当権に対抗できない賃貸借の賃借人保護のため、新たに建物明渡猶予制度が創設された（民法395条１項）。

★関連事項

短期賃貸借

　民法602条に定める賃貸借のことで、樹木の栽植または伐採を目的とする山林については10年、その他の土地は５年、建物は３年、動産は６か月以内の賃貸借をいう。期間の更新はできるが一定の制限がある。短期賃貸借は、抵当権の登記後に登記されたものでも抵当権者および競売などによる買受人に対抗することができるとされていたが（旧民法395条）、2003（平成15）年の民法改正（2004年施行）により廃止された。

【基本問題解答例】

択一解答　(3)

　A社とXとの賃貸借が短期賃貸借であっても、対抗要件で劣後する場合は、抵当権者および競売による買受人に対抗することはできない。A社とXとの賃貸借が、正常な賃貸借であっても、対抗要件で劣後する場合は、抵当権者および買受人に対抗できない。すなわち、抵当権設定登記に後れる賃貸借は、その期間の長短にかかわりなく、すべて抵当権者および競売による買受人に対抗できない。ただし、登記をした賃貸借において先順位の抵当権者である甲銀行と乙銀行が同意し、その旨の登記をした場合は、抵当権者および競売による買受人に対抗できる賃貸借となる（民法387条１項）。よって、(3)が正解である。

融資

応 用 問 題

　甲銀行は、抵当権実行により融資先A社所有の建物を競売した。当該建物には、抵当権に対抗できない賃貸借であるが、競売手続の開始前から使用収益していた賃借人Bが存在していることが判明した。

　買受人CがBに対して建物の明渡しを猶予するについて、次のうち正しいものを指摘し、それぞれの正否の理由を述べてください。

(1) Cは、建物の所有権を取得した時点から6か月間はBに対して建物の明渡しを求めることはできない。

(2) Cは、明渡猶予期間経過後はBに対して直ちに明渡請求をすることができるが、Bが前所有者のA社に差し入れた敷金の返還義務を承継する。

(3) Cは、Bに対して明渡猶予期間中の建物の使用の対価を請求することはできない。

【応用問題解答例】

択一解答　(1)

　買受人Cは、建物の所有権を取得した時点から6か月間はBに対して建物の明渡しを求めることはできない（民法395条1項）。Cは、明渡猶予期間経過後は直ちに建物の明渡しを求めることができるが、この場合、賃貸借契約は終了しておりCは賃借人Bとの賃貸借契約上の地位を承継する訳ではないので、Cは敷金の返還義務を承継しない。Cは、Bに対して建物明渡猶予期間中の使用の対価を請求することができる（民法395条2項）。よって、(1)が正解である。

融資

14　法定地上権・一括競売

33　抵当土地上の建物新築

基本問題

　甲銀行は、X社に対する貸付金の担保として同社所有のA土地（更地）に第１順位根抵当権の設定を受けて取引を継続していた。ところが、同社が倒産したので早速A土地の現場調査に赴いたところ、A土地上に同社名義のB倉庫が建てられ、乙銀行にA土地２番・B倉庫１番とする共同根抵当権が設定されていることが判明した。

　甲銀行が根抵当権を実行するについて、次のうち正しいものを指摘し、それぞれの正否の理由を述べてください。

⑴　A土地に設定された根抵当権の効力はB倉庫に及ぶから、甲銀行はB倉庫の売却代金について乙銀行の後順位ではあるが一般債権者に優先して配当を受けることができる。

⑵　甲銀行は、A土地とB倉庫を一括して競売の申立てをすることができる。ただし、B倉庫について法定地上権が成立する。

⑶　甲銀行は、A土地とB倉庫を一括して競売の申立てをすることができる。ただし、優先弁済権はA土地の売却代金についてのみである。

☞本問のポイント

・根抵当権設定後に建築された建物に対する根抵当権の効力
・根抵当権設定後に建物を建築された場合の法定地上権の成立の可否
・上記の場合の土地・建物の一括競売の可否
・一括競売の場合の優先弁済権

問題理解と解答作成ポイント

　更地は、建付地より一般に換金性に優れているから、実務では歓迎すべきものとされている。しかし、本問のように抵当権設定後に建物が建てられることがあり、抵当権設定後の土地上の建物は抵当権に対抗できないにしても、実際問題として更地であった場合より換金性が劣ることは否定できない。本問のポイントは、一括競売の可否、法定地上権の成否、優先弁済権の範囲である。法定地上権の成否は民法388条、一括競売の可否は同法389条に規定されている。

　次に、法定地上権が成立するためにはいくつかの要件があるが、いずれにしても同一の所有者に属する土地または建物の一方または双方に抵当権を設定したときに、その土地の上に建物が存在することが必要である。本問では、A土地に根抵当権を設定した当時はB倉庫は存在しないから法定地上権は成立しない。

　また、現行民法では、抵当権設定後の土地上に築造された建物がある場合は、その築造者が抵当権設定者であると第三者であるとを問わず、土地とともに同建物を一括競売の対象とすることができることが認められている。ただし、抵当権者が優先弁済を受けられるのは土地代金についてのみであり、また、建物所有者が抵当地を占有するにつき抵当権者に対抗できる権限を有している場合は一括競売をすることができない（民法389条）。

★関連事項─────────────────────

法定地上権

　抵当権実行あるいは強制執行による土地・建物の売却について建物のために法律上当然に成立する地上権をいう（民法388条、民事執行法81条）。民法上の法定地上権の成立要件は、①抵当権設定時に土地上に建物が存在すること、②抵当権設定時に土地とその上の建物が同一の所有者に帰属する

こと、③土地または建物のみ、あるいはその両方に抵当権が設定されたこと、④競売の結果、土地と建物がそれぞれ別人の所有になったことである。

一括競売

2004年施行の改正民法により、抵当権設定後に抵当地に建物が築造された場合、その築造者が抵当権設定者であると第三者であるとを問わず、抵当権者は、抵当地とともにその建物を一括競売することが認められた（民法389条1項）。

もっとも、抵当権者が優先弁済を受けられるのは土地代金についてのみである。また、建物の所有者が、①抵当権設定登記前に借地権の設定および登記がある場合、②登記した賃貸借でその登記前に登記した抵当権を有するすべての抵当権者が同意し、かつ、その同意の登記がある場合など、建物の所有者が抵当地を占有するにつき抵当権者に対抗できる権限を有している場合は、土地とともに建物を一括競売の対象とすることはできない（同条2項）。

《関連判例》

●第2順位抵当権の実行と法定地上権の成否（最判昭和47・11・2金融・商事判例343号6頁）

「土地に対する第1順位抵当権の設定当時その地上に建物がなく、第2順位抵当権設定当時には建物が建築されていた場合に、第2順位抵当権者の申立により土地の競売がなされるときでも、右建物のため法定地上権が成立するものではない」

●土地建物が共同抵当の目的である場合の建物建替えと法定地上権の成否（最判平成9・2・14金融・商事判例1017号3頁）

「所有者が土地及び地上建物に共同抵当権を設定した後、右建物が取り壊され、右土地上に新たに建物が建築された場合には、新建物の所有者が土地の所有者と同一であり、かつ、新建物が建築された時点での土地の抵当権者が新建物について土地の抵当権と同順位の共同抵当権の設定を受けた

などの特段の事情のない限り、新建物のために法定地上権は成立しない」

【基本問題解答例】

択一解答　(3)

　A土地に設定した根抵当権の効力はA土地に対してだけ及ぶのであって、その後に建てられたB倉庫には及ばない。したがって、(1)は誤りである。ただし、甲銀行は民法389条1項により、A土地とB倉庫を一括して競売することができるが、B倉庫について法定地上権は成立しない。法定地上権が成立するためには、A土地に抵当権を設定した時にその上にすでにB倉庫が存在していたことが必要である。

　次に、甲銀行はA土地とB倉庫を一括競売することができるが、優先弁済を受けることができるのは、根抵当権の設定を受けたA土地の売却代金についてのみである（民法389条1項ただし書）。よって、(3)が正解である。

～ *follow up* ～

・一括競売と一括売却

　民法389条は、抵当地上の建物の競売について一括競売できることを規定しているが、民事執行法は、これとは別に、同時に複数の不動産について競売申立てがなされている場合、執行裁判所は土地とその上の建物、一団の土地など、相互の利用上一括して同一の買受人に買い受けさせることが相当であると認めるときは、これらの不動産を一括して売却することを定めることができるとしている（民事執行法61条・86条2項・188条）。

　なお、民法に定める一括競売と、民事執行法に定める一括競売は別個の制度である。

・法定地上権が成立する建物

　土地のみに根抵当権の設定を受けた場合、その土地上に設定当時、同一所有者の建物が存在すれば、その建物が未登記であっても、また、その後建物の所有者が変わっても法定地上権は成立すると解される。

34　抵当権設定後の事情と法定地上権の成否

基本問題

　　甲銀行は、Ｘ社に対する貸付金担保のため、Ｘ社所有のＡ土地とＡ
地上のＢ建物について根抵当権の設定を受けていたところ、Ｘ社は甲
銀行に無断でＢ建物を取り壊し、その跡地にＣ建物を築造したことが
判明した。

　　甲銀行が根抵当権を実行した場合の法定地上権の成否と一括競売の
可否について、次のうち正しいものを指摘し、それぞれの正否の理由
を述べてください。

　(1)　甲銀行は、Ａ土地とＣ建物を一括競売できるが、Ａ土地の対価
　　　（Ｃ建物のための法定地上権相当額は減額しない）についての
　　　み優先権がある。

　(2)　甲銀行は、Ａ土地とＣ建物を一括競売できるが、Ａ土地の対価
　　　からＣ建物のための法定地上権相当額を控除した価額について
　　　のみ優先権がある。

　(3)　甲銀行は、Ａ土地のみしか競売することができず、競売した場
　　　合にはＣ建物について法定地上権が成立する。

☞本問のポイント

・法定地上権の成立要件
・土地・建物の一括競売とその優先弁済

問題理解と解答作成ポイント

　土地と土地上の建物について抵当権の設定がされた後、建物が取り壊さ
れて再築され、他の債権者に対して抵当権の設定が行われた場合に、土地

について抵当権が実行されると新建物について法定地上権が成立するかどうか、かつては見解が分かれ裁判所の実務も統一されていなかった。

　法定地上権の成立を認める見解は、抵当権設定当時抵当権者が把握していたのは、法定地上権の価値を控除した土地の価値と法定地上権を含む建物の価値と考えて、建物が存在しない以上、抵当権者が把握しているのは法定地上権を控除した土地の価値であるとしていた。

　これに対し最高裁は、土地建物の一方にのみ抵当権を設定した場合とは異なり、抵当権者は設定時に土地および建物の全体の担保価値を把握しているから、新建物のために法定地上権の成立を認めると、土地についても当初は土地全体の価値を把握していたのに、その担保価値が法定地上権の価額相当の価値だけ減少した土地の価値に限定され不測の損害を被る結果になり、抵当権設定当事者の合理的な意思に反することを理由に、法定地上権の成立を否定した（最判平成9・2・14金融・商事判例1017号3頁）。

　したがって、本問のような場合は、再築建物について再築時の土地の抵当権者が土地の抵当権と同順位で共同抵当権の設定を受けたなど抵当権者が把握していた価値が侵害されないような特別な事情がないかぎり、法定地上権は成立しない。

　なお、再築建物は抵当権設定後に抵当地上に築造された建物であるから、法定地上権が成立しなければ、一括競売の対象になる（民法389条1項・2項）。

★関連事項────────────────────

法定地上権
296頁参照。

借地権
281頁参照。

借地権の対抗要件

「借地権は、その登記がなくても、土地の上に借地権者が登記されている建物を所有するときは、これをもって第三者に対抗することができる」（借地借家法10条1項）。

《**関連判例**》

●再築建物と法定地上権の成否（最判平成9・2・14金融・商事判例1017号3頁）

　297頁参照。

●抵当権設定後土地・建物が同一人に帰属した場合（最判昭和44・2・14民集23巻2号357頁）

「抵当権設定当時土地および建物の所有者が異なる場合においては、その土地または建物に対する抵当権の実行による競落の際、右土地および建物が同一人の所有に帰していても、民法388条の規定は適用または準用されない」

●第1順位抵当権の消滅後に第2順位抵当権が実行された場合の法定地上権の正否（最判平成19・7・6金融・商事判例1278号61頁）

「土地を目的とする先順位の甲抵当権と後順位の乙抵当権が設定された後、甲抵当権が設定契約の解除により消滅し、その後、乙抵当権の実行により土地と地上建物の所有者を異にするに至った場合において、当該土地と建物が、甲抵当権の設定時には同一の所有者に属していなかったとしても、乙抵当権の設定時に同一の所有者に属していたときは、法定地上権が成立する」

【**基本問題解答例**】

択一解答　(1)

　土地と土地上の建物が共同担保に供されていた場合において、建物が取り壊され再築された後、土地の抵当権が実行された場合、再築建物について法定地上権が成立するかどうかについては見解が分かれていたが、裁判

所は、抵当権設定当事者の合理的な意思を理由に、法定地上権の成立を否定した（最判平成9・2・14）。

　また、C建物は、抵当権の設定後に抵当地に築造された建物であるから、A土地と一括競売が可能であるが、抵当権者は、土地の対価のみから優先弁済を受けることができる（民法389条1項）。前記のように法定地上権は成立しないから、土地の対価から法定地上権相当額を減額する理由はない。

　以上から、(1)が正解である。

応用問題

　甲銀行は、X社に対する貸金担保のため、Y社所有のB建物の敷地であるX社所有のA土地に第1順位で根抵当権の設定登記を受けていた。その後、X社はY社からB建物を買取り、乙銀行に対してB建物第1順位、A土地第2順位で共同抵当権を設定登記した。

　この事案で乙銀行が抵当権を実行し、その結果A土地とB建物の所有者が異なることになったときの法定地上権の成否について、次のうち正しいものを指摘し、それぞれ正否の理由を述べてください。

(1)　甲銀行に根抵当権を設定した時点では、A・B物件とも同一の所有者に帰属していなかったので、法定地上権は成立しない。

(2)　乙銀行に抵当権を設定した時点では、A・B物件とも同一の所有者に帰属していたので、法定地上権は成立する。

(3)　抵当権実行による競売の時点で、A・B物件とも同一の所有者に帰属していれば、甲銀行の被担保債権と根抵当権が残存していても法定地上権は成立する。

☞基本問題との相違点

・法定地上権の成立と「土地・建物の同一人への帰属」の時期

【応用問題解答例】

択一解答 (1)

　法定地上権の成立要件（民法388条）の解釈については、判例上、以下のように確立している。すなわち、①抵当権設定当時、土地上に建物が存在すること、②抵当権設定当時、土地と建物が同一の所有者に帰属していたこと、③土地または建物の一方または双方に抵当権が設定されたこと、④競売の結果、土地と建物が異なる所有者に帰属したこと、が要件とされている。

　設問では、甲銀行がA土地について根抵当権の設定を受けた当時は、A土地とB建物は所有者を異にしていたので、競売の結果、A土地とB建物の所有者が異なることになったとしても、B建物について法定地上権は成立しない。したがって、(1)は正しい。

　乙銀行がA土地とB建物に抵当権の設定を受けた時点では、A土地とB建物の所有権はいずれもX社にあるが、法定地上権が成立すると、賃借権の負担はあるとしてもより強力な地上権の負担のないA土地を担保として取得した甲銀行の利益を害することになるから、甲銀行の被担保債権が残っている限り法定地上権は成立しない。この点は、抵当権実行の時点で土地建物の所有者が同一人であったとしても同様である。したがって、(2)(3)は誤りである。

融

資

応用問題

　甲銀行は、共同担保としてX所有のA土地とY所有のB建物について抵当権の設定登記を受けた。その後、乙銀行が、後順位でA土地について抵当権の設定登記を受けたが、その時点ではA土地とB建物はいずれもYが所有していた。その後、甲銀行の抵当権は消滅して登記

は抹消され、次いで乙銀行が抵当権を実行したところXが土地を競落した。

　この場合、Ｂ建物の法定地上権の成否について、次のうち正しいものを指摘し、それぞれの正否の理由を述べてください。

　(1)　乙銀行の抵当権設定時に法定地上権の成立要件を充足していたから、法定地上権は成立する。

　(2)　甲銀行の抵当権設定時にＡ土地とＢ建物が同一の所有者に属していなかったので、法定地上権は成立しない。

　(3)　乙銀行は、抵当権設定時に法定地上権は成立しないものとして抵当権を設定しているので、法定地上権は成立しない。

【応用問題解答例】

択一解答　(1)

　甲銀行の抵当権設定時には法定地上権の成立要件を充足していなかったが、抵当権の実行の時点では甲銀行の抵当権は消滅しており、一方、乙銀行の抵当権設定時には法定地上権の成立要件を充足していたから法定地上権は成立する。抵当権は、被担保債権の担保という目的の存する限度でのみ存続が予定されている担保権である。したがって、先順位の甲銀行の抵当権が被担保債権の弁済、設定契約の解除等により消滅することもあることは抵当権の性質上当然のことである。しかも、甲銀行の抵当権は競売前に既に消滅しているから甲銀行の利益を考慮する必要もなく、設定時に遡って法定地上権成立の有無を判断する必要はない（最判平成19・7・6）。以上により、(1)が正解である。

物上代位

35　物上代位に基づく差押えの効力

基本問題

　X銀行は、A社に対する貸金回収のため物上代位によりA社が根抵当物件の賃借人であるB（第三債務者）に対して有する賃料債権を差し押えたところ、さらに同賃料債権に対して一般債権者Yの申立による差押えがなされた。このように、物上代位による差押えと一般債権者による差押えが競合した場合の優劣の判断基準について、次のうち正しいものを指摘し、それぞれの正否の理由を述べてください。

(1)　Yの申立による差押命令のBへの送達とX銀行が有する根抵当権設定登記の先後によって両者の優劣が決まる。

(2)　A社に対するX銀行の物上代位による差押命令の送達とYの申立による差押命令の送達の先後によって両者の優劣が決まる。

(3)　根抵当物件の賃料債権について抵当権者の優先権は公示されないので、Yの申立による賃料債権に対する差押えが常に優先する。

☞本問のポイント

・物上代位の対抗関係における判断基準（最高裁平成10年3月26日判決）

問題理解と解答作成ポイント

　本問は、物上代位に関する基本的判例の1つである最判平成10年3月26日（金融・商事判例1044号3頁）を参考に出題したものである。すなわち、

同判例は、賃料債権について一般債権者による差押えと抵当権者の物上代位に基づく差押えが競合した場合の優劣の判断基準を、一般債権者の申立による差押命令の第三債務者への送達と抵当権設定登記の先後によって決すべきであるとした。物上代位をめぐる学説・裁判例はさまざまであるが、とくに銀行実務に関わりの深い最高裁判例に注目しておく必要がある。

★関連事項

物上代位

288頁参照。

《関連判例》

●抵当不動産の賃料債権に対する抵当権者の物上代位の可否（最判平成元・10・27金融・商事判例838号3頁）

「抵当不動産が賃貸された場合においては、抵当権者は、民法372条、304条の規定の趣旨に従い、賃借人が供託した賃料の還付請求権についても抵当権を行使することができる」

●債権について一般債権者の差押えと抵当権者の物上代位権に基づく差押えが競合した場合における両者の優劣の判断（最判平成10・3・26金融・商事判例1044号3頁）

「債権について一般債権者の差押えと抵当権者の物上代位権に基づく差押えが競合した場合には、両者の優劣は、一般債権者の申立てによる差押命令の第三債務者への送達と抵当権設定登記の先後によって決すべきである」

●抵当権者による物上代位権の行使と目的債権の譲渡（最判平成10・1・30、最判平成10・2・10金融・商事判例1037号3頁）

「抵当権者は、物上代位の目的債権が譲渡され第三者に対する対抗要件が備えられた後においても、自ら目的債権を差し押さえて物上代位権を行使することができる」

●抵当権の物上代位と租税債権の優劣の判断基準（東京地判平成11・3・26金融・商事判例1084号46頁）

「抵当権の物上代位に基づく差押えと租税債権に基づく滞納処分としての差押えの優劣は、抵当不動産についての抵当権の設定登記と法定納期限等の先後によるべきである」

●抵当権者による転貸賃料に対する物上代位権行使の可否（最決平成12・4・14金融・商事判例1096号49頁）

「抵当権者は、抵当不動産の賃借人を所有者と同視することを相当とする場合を除き、右賃借人が取得すべき転貸賃料債権について物上代位権を行使することができない」

●物上代位に基づく賃料債権の差押えと賃借人の反対債権による相殺の優劣（最判平成13・3・13金融・商事判例1116号3頁）

「抵当権者が物上代位権を行使して賃料債権を差押えした後は、抵当不動産の賃借人は、抵当権設定登記の後に賃貸人に対して取得した債権を自働債権とする賃料債権との相殺をもって、抵当権者に対抗することはできない」

●転付命令と物上代位による差押えの優劣（最判平成14・3・12金融・商事判例1148号3頁）

「転付命令に係る金銭債権が抵当権の物上代位の目的となり得る場合においても、転付命令が第三債務者に送達される時までに抵当権者が被転付債権の差押えをしなかったときは、転付の効力を妨げることはできない」

【基本問題解答例】

択一解答　(1)

　抵当物件から生じる賃料債権について、一般債権者による差押えと抵当権者の物上代位権に基づく差押えが競合した場合の優劣の判断基準について、最高裁は一般債権者の申立による差押命令の第三債務者への送達と抵

融資

当権設定登記の先後によって決すべきであるとしている。抵当権者の物上
代位権に基づく第三債務者への差押命令の送達と一般債権者の申立による
第三債務者への差押命令の先後によって優劣が判断されるわけではない。
賃料債権についての抵当権者の優先権は公示されないので、抵当権設定登
記を基準に優劣を判断するのは好ましくないとする見解もある。しかし、
物上代位の対抗要件は、抵当権の対抗要件である設定登記に求めざるをえ
ないし、それにより公示されているとも考えられる。以上により、(1)が正
解である。

<hr>

応 用 問 題

　X銀行は、A社に対する貸金回収のためA社所有の抵当物件に対し
て競売の申立をすると同時に、A社が抵当物件の賃借人Bに対して有
する賃料債権を物上代位に基づき差し押えた。ところが、A社はX銀
行がA社から抵当権設定登記を受けた後にBに対する将来の賃料債権
の全部をY社に包括譲渡し、差押命令の送達前にBに対してその旨を
確定日付のある通知により、通知していたことが判明した。このよう
な場合、賃料債権に対する物上代位による差押えが許されるか、次の
うち正しいものを指摘し、それぞれの正否の理由を述べてください。

(1)　物上代位による差押えは許される。

(2)　債権譲渡は、民法304条1項ただし書の「払渡し又は引渡し」に
　　含まれるから、物上代位による差押えは許されない。

(3)　Yは、債権譲渡の対抗要件をX銀行による差押えの前に備えて
　　いるのであるから、物上代位による差押えは許されない。

☞ 基本問題との相違点

・賃料債権の譲渡と抵当権の物上代位の優劣
・債権譲渡と民法304条の「払渡し又は引渡し」

【応用問題解答例】

択一解答　(1)

　抵当権に準用される民法304条ただし書は、物上代位の成立要件として債務者が受けるべき金銭その他の物が「払渡し又は引渡し」前に差し押えるべきことを規定しているが、これは二重弁済を強いられる危険から第三債務者（賃借人B）を保護することを目的とする規定である。しかし、債権譲渡はこれに含まれないとするのが最高裁の判例であるから、物上代位による差押えは許されることになる（最判平成10・2・10）。物上代位が許されないとすると、抵当権設定者は物上代位による差押前に第三者に賃料債権を譲渡することによって容易に物上代位権の行使を免れることができ、抵当権者の利益を不当に害することになるからである。また、物上代位と債権譲渡の優劣は、抵当権の設定登記と債権譲渡の先後により決まるのであって差押えと債権譲渡の先後で決まるわけではないから、差押命令の送達前に債権譲渡の対抗要件が具備されたとしてもYがX銀行に優先することはない。よって、(1)が正解である。

融資

16　不動産競売における保全処分・妨害排除請求

36　保全処分命令の要件

基本問題

　甲銀行は、融資取引先Ａ社が倒産したため、同社から設定を受けた抵当権に基づき担保不動産競売を申し立てたが、第三者が執行妨害目的で不法占有しているため、買受人が容易に現れそうになく建物価格も減少している。占有者を特定することができないが、甲銀行は執行裁判所に執行官保管の保全処分の発令を求めたいと考えている。

　この場合の保全処分の発令要件について、次のうち正しいものを指摘し、それぞれの正否の理由を述べてください。

(1)　占有者が特定できないと、執行官保管の保全処分の発令を求めることはできない。

(2)　第三者が不法占有していることによって競売建物の価格が著しく減少しなければ、執行官保管の保全処分の発令を求めることはできない。

(3)　占有者を特定できなくても、執行妨害目的の第三者が占有していることによって建物価格が減少している場合は、その程度が軽微であるときを除いて執行官保管の保全処分の発令を求めることができる。

☞**本問のポイント**

・売却のための保全処分（民事執行法55条１項２号）
・相手方の特定（民事執行法55条の２）

問題理解と解答作成ポイント

　本問は、民事執行法の売却のための保全処分の要件に関する出題である。実務では、債権回収のため担保建物に対して競売の申立てをしても、その建物に妨害目的の不法占有者がいると買受人が現れないため、妨害排除の保全処分の申立てをする事例が少なくない。

　2004年（平成16年）の民事執行法改正にあたっては、そのような競売不動産の妨害事件をめぐる数多くの判例をふまえ、民事執行法上の保全処分の発令要件のうち、「不動産の価格を著しく減少する行為またはそのおそれのある行為」の「著しく」を削除し、「不動産の価格の減少またはそのおそれの程度が軽微であるときを除き」保全処分を命ずることができることとした（民事執行法55条1項・77条1項・187条1項）。

　また、競売不動産の不法占有者が特定できなくても、執行官保管の保全処分を発令することができることとされた（民事執行法55条の2）。

融
資

★関連事項────────────────────

保全処分の類型

① 　禁止命令（民事執行法55条1項1号、77条1項1号、187条1項）

　不動産の価格減少行為の禁止を内容とする。

② 　作為命令（民事執行法55条1項1号・77条1項1号・187条1項）

　占有者等に一定の行為をすることを命ずる保全処分である。その一般的な類型に、退去命令、収去命令、原状回復命令がある。

③ 　執行官保管命令（民事執行法55条1項2号・68条の2第1項・77条1項2号・187条1項）

　価格減少行為をする者に対し不動産の執行官への引き渡しを命じたり、執行官に不動産の保管をさせることを内容とする。

④ 　占有移転禁止命令（民事執行法55条1項3号ロ・77条1項3号ロ・187

条1項)

　訴訟や執行・保全の相手方を恒定するため、不動産の占有の移転を禁止することを内容とする。

《関連判例》

●抵当不動産の不法占有者に対する抵当権者の妨害排除請求（最判平成11・11・24金融・商事判例1081号4頁）

「第三者が抵当不動産を不法占有することにより、競売手続の進行が害され、適正な価額よりも売却価額が下落するおそれがあるなど、抵当不動産の交換価値の実現が妨げられ抵当権者の優先弁済請求権の行使が困難となるような状態があるときは、これを抵当権に対する侵害と評価することを妨げるものではない。そして、抵当不動産の所有者は、抵当権に対する侵害が生じないよう抵当不動産を適切に維持管理することが予定されているものということができる。したがって、右状態があるときは、抵当権の効力として、抵当権者は、抵当不動産の所有者に対し、その有する権利を適切に行使するなどして右状態を是正し抵当不動産を適切に維持又は保存するよう求める請求権を有するというべきである。そうすると、抵当権者は、右請求権を保全する必要があるときは、民法423条の法意に従い、所有者の不法占有者に対する妨害排除請求権を代位行使することができると解するのが相当である。なお、第三者が抵当不動産を不法占有することにより抵当不動産の交換価値の実現が妨げられ抵当権者の優先弁済請求権の行使が困難となるような状態があるときは、抵当権に基づく妨害排除請求として、抵当権者が右状態の排除を求めることも許されるものというべきである」

【基本問題解答例】

択一解答　(3)

　執行官保管の保全処分においては、執行前に不法占有している相手方を

特定することを困難とする特別の事情があるときは、相手方を特定せず保全処分の発令を求めることができる（民事執行法55条の2）。抵当不動産の価格を減少させ、または減少させるおそれがある行為（価格減少行為）があれば、当該行為による不動産の価格の減少またはそのおそれの程度が軽微であるときを除き、保全処分を発令を求めることができる（同法55条1項2号）。以上により、(3)の記述が正しく正解である。

応用問題

　　甲銀行は、Ａ社への融資について、Ａ社所有の土地・建物に抵当権の設定を受けていたが、Ａ社が銀行取引停止処分を受けたため、抵当権に基づき競売手続の申立を行った。ところが、当該不動産は、抵当権設定登記後に競売手続を妨害する目的でＡ社と賃貸借契約を締結した反社会的勢力のＢに占有されていることが判明した。

　　この場合の甲銀行の抵当権に基づく妨害排除請求権等について、次のうち正しいものを指摘し、それぞれの正否の理由を述べてください。

(1)　抵当権者である甲銀行は、Ｂに対し、妨害排除請求権を行使することができる。

(2)　抵当権は非占有の担保権であるので、抵当権者である甲銀行は、Ｂに対し、直接自己への不動産明渡しを求めることはできない。

(3)　抵当権者である甲銀行は、Ｂの占有により賃料額相当の損害を被るものであるから、Ｂに対しその賠償を求めることができる。

融資

☞基本問題との相違点

・所有者から占有権原の設定を受けた占有者と抵当権者との関係

《関連判例》

●所有者から占有権原の設定を受けて抵当不動産を占有する者に対する抵

当権に基づく妨害排除請求（最判平成17・3・10金融・商事判例1218号29頁）

「1　抵当不動産の所有者から占有権原の設定を受けてこれを占有する者であっても、抵当権設定登記後に占有権原の設定を受けたものであり、その設定に抵当権の実行としての競売手続を妨害する目的が認められ、その占有により抵当不動産の交換価値の実現が妨げられて抵当権者の優先弁済請求権の行使が困難となるような状態があるときは、抵当権者は、当該占有者に対し、抵当権に基づく妨害排除請求として、上記状態の排除を求めることができる。

2　抵当不動産の占有者に対する抵当権に基づく妨害排除請求権の行使に当たり、抵当不動産の所有者において抵当権に対する侵害が生じないように抵当不動産を適切に維持管理することが期待できない場合には、抵当権者は、当該占有者に対し、直接自己への抵当不動産の明渡しを求めることができる。

3　抵当権者は、抵当不動産に対する第三者の占有により賃料額相当の損害を被るものではない」

【応用問題解答例】

択一解答　(1)

　抵当権設定登記後に、設定者より賃借権の設定を受けた者であっても、抵当権に劣後するだけであって、占有権原を有している。したがって、抵当権者は、抵当権に劣後するということのみをもって、賃借権に基づく占有者に対して妨害排除請求権を行使することはできない(民法395条参照)。

　しかし、近時の判例は、抵当権設定登記後の占有権原の設定に競売手続の妨害目的が認められ、その占有により抵当不動産の交換価値の実現が妨げられ、抵当権者の優先弁済権の行使が困難となるような状態があるときは、抵当権者は占有者に対し抵当権に基づき妨害排除請求をすることがで

きるとする（最判平成17・3・10）。本事例においても、反社会的勢力のB
が、競売手続を妨害する目的で賃借権契約を締結したことによる占有であ
るから、本判例にいう状態に該当するといえる。したがって、⑴は正しく、
これが本問の正解である。

　また、前掲判例は、抵当権に基づく妨害排除請求権の行使にあたり、抵
当不動産の所有者において抵当権の侵害が生じないように抵当不動産を適
切に管理維持することが期待できない場合には、抵当権者は、占有者に対
し、直接自己への明渡しを求めることができるとしている。したがって、
⑵は誤りである。

　さらに、前掲判例は、第三者による抵当不動産の占有があった場合、抵
当権者は抵当不動産の使用およびその使用による利益の取得を目的とする
ものではないことから、賃料相当の損害を被るものではないとしている。
この判例の考え方によれば、抵当権者である甲銀行は、占有者Bに対して
賃料相当の損害賠償を求めることはできない。したがって、⑶は誤りであ
る。

融

資

17　破産手続

37　融資先の破産と相殺

基本問題

　甲銀行の融資先X社が破産手続開始決定を受けた場合に、破産債権と預金との相殺について次のうち相殺可能であるものを指摘し、それぞれの正否の理由を述べてください。

(1)　破産手続開始後にX社の口座に振り込まれた預金との相殺

(2)　破産手続開始後にX社を振出人とする約束手形を第三者から取得した場合の手形債権と預金との相殺

(3)　破産手続開始後にX社の保証人Yの口座に振り込まれた預金と保証債権との相殺

☞本問のポイント

・破産法上の相殺禁止規定（破産法71条・72条）
・主債務者の破産と保証人への影響

問題理解と解答作成ポイント

　破産債権者は、破産手続開始の時において破産者に対して債務を負担するときは、破産手続によらないで、相殺することができるのが原則である（破産法67条1項）。しかし、この原則を無条件に認めると、破産手続が目的とする債権者間の平等の確保が阻害されるおそれがある。そこで、破産法は、①相殺の前提となる破産債権者が債務を負担する債務負担行為（同法71条）と、②破産者に債務を負担する者が破産債権を取得する債権取得

行為（同法72条）の２つに分けて一定の場合については相殺を禁止している。なお、それぞれ例外規定（同法71条２項・72条２項）が設けられているが、本問の(1)と(2)は、いずれも破産手続開始後に負担した債務（預金）あるいは取得した債権（手形債権）との相殺であり、かつ例外規定に該当しない。なお、2005年施行の改正破産法では、危機時期を画する基準時の１つとして、従前の支払停止に代えて「支払不能」基準が導入された。

★関連事項

支払不能

支払不能は、「①債務者が、支払能力を欠くために、②その債務のうち弁済期にあるものにつき、③一般的かつ継続的に弁済することができない状態」をいうとされ（破産法２条11項）、破産手続開始の原因となる（同法15条１項）。

債務超過

債務超過は、「債務者が、その債務につき、その財産をもって完済することができない状態をいう」（破産法16条１項）。資産と負債の比較の問題であって、資産の流動性や債務の返済期限等はさまざまであるから、必ずしも債務超過である場合に支払不能とは限らず、逆に債務超過ではなくても支払不能となる場合もある。

相殺時期

破産管財人は、破産債権調査期間経過後または一般調査期日終了後、１か月以上の期間を定め、その期間内に相殺するかどうかを確答すべき旨を催告できることになっており、その期間内に確答しなければ相殺の効力を主張できない（破産法73条）。

したがって、なるべく破産債権調査期間経過前または一般調査期日終了前に相殺しておくべきである。

融資

《関連判例》

● 取立手形の取立代り金による相殺（最判昭和63・10・18金融・商事判例810
号3頁）

「破産債権者が、破産者が債務の履行をしなかったときには破産債権者の
占有する破産者の手形の取立または処分をしてその取得金を債務の弁済に
充当することができる旨の条項を含む取引約定を締結したうえ、支払の停
止または破産の申立てのあったことを知る前に破産者から手形の取立を委
任されて裏書交付を受け、支払の停止等の事実を知った後、破産宣告前に
右手形を取り立てたことにより負担した破産者に対する取立金引渡債務は、
破産法104条2号但書にいう『支払ノ停止若ハ破産ノ申立アリタルコトヲ
知リタル時ヨリ前ニ生ジタル原因ニ基』づき負担したものに当たる」

　（注）破産債権者が信用金庫だったため商事留置権の成立が認められなかった
　　　事例。

● 手形割引により取引先が振出人となっている手形を取得した後、振出人
について破産手続が開始された場合の相殺（同行相殺）の可否（最判昭
和53・5・2金融・商事判例549号24頁）

「約束手形の裏書を受けてこれを所持する者が、その手形の支払を受ける
ことができなくなった場合において、そのまま当該手形を自己の手中にと
どめて振出人に対し手形上の権利を行使することとするか、または手形の
買戻請求権ないし遡求権を行使することとするかは、その者が自由な意思
により選択することができる（から、振出人の預金と相殺しても不当利得
とはならない）」

【基本問題解答例】

択一解答 （3）

　破産法は、破産債権者が破産手続開始時に破産者に対して債務を負担し
ているときは、破産債権とその債務とを破産手続によらないで相殺できる

ことを認めている（破産法67条1項）。しかし、破産手続開始後に破産者に対して負担した債務との相殺は許されない（同法71条1項1号）。したがって、破産手続開始後にX社の口座に振り込まれた預金との相殺は認められない。

　また、破産手続開始後にX社を振出人とする約束手形を第三者から取得した場合の手形債権との相殺は認められない。当該手形債権は、破産手続開始後に他人から取得した破産者に対する債権であるからである（同法72条1項1号）。

　破産手続開始後にX社の保証人Yの口座に振り込まれた預金と保証債権との相殺は許される。X社が破産手続開始の決定を受けても、甲銀行と保証人Yとの間の相殺は制約されないからである。よって、(3)が正解である。

融資

応用問題

　甲銀行乙支店の預金取引先X社が、甲銀行としてはまったく予期しないうちに支払不能となり破産手続開始決定を受けた。一方、甲銀行丙支店では、X社が支払を停止する直前に、X社が支払不能であるとは知らないで取引先Y社からX社を振出人とする手形を割引により取得した（手形の満期日は破産手続開始後に到来する）。

　この場合に、甲銀行は、X社に対する手形債権と乙支店のX社に対する預金債務を相殺することができるか、次のうち正しいものを指摘し、それぞれの正否の理由を述べてください。

　(1)　甲銀行乙支店では破産手続開始後に手形を取得することになるから、破産法72条の相殺禁止規定に該当し相殺は禁止される。

　(2)　乙支店、丙支店とも法人としては同一の甲銀行なので、支払停止を知らず割引により手形を取得したのであれば、相殺は禁止されない。

(3)　甲銀行は、Y社に対して買戻請求権を行使できるから、Y社も
　　支払不能の状況にある場合でなければX社の預金との相殺は禁
　　止される。

☞基本問題との相違点

・取引先について破産手続開始決定があった場合の、他の取引先から手形
　割引により取得した手形債権と、破産者に対する預金債務との相殺の可
　否

【応用問題解答例】

択一解答　(2)

　支払の停止があった後に破産債権を取得した場合は相殺は禁止されるが、
本問では乙支店、丙支店とも同一の法人である甲銀行の支店であり、甲銀
行は支払の停止前に当該手形を取得しているから、相殺は禁止されない。
したがって、(1)は誤りであり、(2)が正解である。
　甲銀行は、Y社に対して買戻請求権を行使することができ、またほかに
裏書人等がいれば遡求権を行使することもできるが、これらの権利を行使
するか手形債権を行使するかは甲銀行が任意に選択することができる（最
判昭和53・5・2）。したがって、(3)は誤りである。

~ follow up ~

　　　・保全処分と相殺
　　　　破産の申立後の裁判所による破産財団に対する保全処分は、
　　　債務者に対するものであって、債権者に対するものではないた
　　　め、保全処分がなされても相殺権の行使に影響はない。

38　融資先の破産と保証債権

基本問題

　甲銀行は、破産したＡ（個人）に対する融資1,000万円のうち、200万円は破産手続に従って配当を受けたが、残りの800万円は連帯保証人Ｂに請求したいと考えている。Ａは残額800万円について免責決定を得て確定しているが、Ｂに対する請求の可否について、次のうち正しいものを指摘し、それぞれの正否の理由を述べてください。
- (1)　Ａが免責決定を得ても、Ｂの保証債務に影響を及ぼすことはないから、Ｂに対して残金を請求することができる。
- (2)　Ａが免責されたことにより、保証債務の付従性により甲銀行のＢに対する保証債権も消滅する。
- (3)　Ａが免責決定により身分上の地位を回復した後は、Ｂに対して残金を請求することができる。

融資

☞本問のポイント

・連帯保証債務の性質
・免責決定の効力

問題理解と解答作成ポイント

　本問は、主債務者が破産し免責許可決定を受けた場合に、保証債務の付従性により連帯保証人も免責されるかどうかを問う問題である。

　免責許可決定を受けた破産者は「破産手続による配当を除き、破産債権について、その責任を免れる」とされ（破産法253条1項柱書）、その法的性質については見解が分かれているが、債務が消滅するのではなく、自然債務（強制力のない債務）になると考えるのが一般的である。また、破産

法は、免責許可決定があっても保証人や物上保証人に対する権利には影響
しないことを明文で規定している（同条2項）。

《関連判例》

●同時破産廃止決定確定後免責決定確定までの間にされた強制執行による
破産債権への弁済と不当利得の成否（最判平成2・3・20金融・商事判例
841号3頁）

「同時破産廃止の決定が確定し、破産債権に基づく強制執行手続により同
債権に対する弁済がされた後に、破産者を免責する旨の決定が確定しても
右弁済は法律上の原因を失わず、不当利得とはならない」

【基本問題解答例】

択一解答 (1)

　破産者に対する免責許可決定が確定したときは、破産者は破産手続によ
る配当を除き、破産債権について責任を免れるとされているが（破産法253
条1項柱書）、この規定は一般に債務が消滅するのではなく、履行を強制
することができなくなる趣旨と解されている。また、同条2項は、破産者
に免責許可決定があっても、保証人や物上保証人の義務には影響しない旨
を明文で定めている。したがって、Aが免責許可決定を受けても、Bの保
証債務には影響がなく、甲銀行は残額800万円をBに請求できる。

　また、Aは免責許可決定が確定したときは復権するが、Aの身分上の地
位はBの保証債務にはなんら影響しない。以上から、(1)が正解である。

╭─────────╮
│　応 用 問 題　│
╰─────────╯

　甲銀行は、融資先X社について破産手続が開始されたので、開始時
の融資金残高2,000万円で債権届をしたが、その後連帯保証人Yから
保証債務2,000万円のうち1,000万円の弁済を受けた。次のうち正しい
ものを指摘し、それぞれの正否の理由を述べてください。

(1)　Yは、弁済した1,000万円の求償権に基づき破産手続に参加す
　　ることができる。

(2)　甲銀行は、破産申立裁判所に届出債権2,000万円のうち1,000万
　　円につき減額届を提出する必要がある。

(3)　甲銀行は、届出債権の減額届を提出する必要はなく、破産手続
　　開始時の届出債権2,000万円全額で破産手続に参加できる。

融
資

☞基本問題との相違点

・破産手続開始後の連帯保証人による代位弁済

【応用問題解答例】

択一解答　(3)

　破産債権者は、破産債権に第三者の保証が付されていても、原則として
破産手続開始決定時点の残債権全額で破産手続に参加できる（破産法104条
1項）。破産手続開始後に保証人から一部弁済を受けても、全額の弁済を
受けないかぎり、減額届を提出する必要はなく、開始時に存在した破産債
権全額について破産手続に参加することができ（同条2項）、保証人は全
額弁済しなければ破産手続において債権者が有した権利を行使することは
できない（同条4項）。以上により、(3)が正解である。

39　融資先の破産と手形の留置

基本問題

　甲銀行は、融資先Ａ株式会社の破産手続開始申立前に取立依頼され
たＢ社振出の約束手形を所持していたところ、Ａ社の破産管財人が手
形の返還を請求してきた。甲銀行は、この際、手形の取立金を貸付金
に充当したいと考えているが、この場合の甲銀行の対応について、次
のうち正しいものを指摘し、それぞれの正否の理由を述べてください。

　(1)　Ａ社の破産により甲銀行の取立権は消滅するから、手形を管財
　　　人に返還しなければならない。

　(2)　甲銀行の手形取立権は消滅しないが、取立金は破産管財人に返
　　　還しなければならない。

　(3)　甲銀行は商人であるから、商事留置権を主張して破産管財人の
　　　返還請求を拒むことができる。

☞本問のポイント

・商事留置権の成立要件
・破産法上の商事留置権の扱い
・最高裁判例の見解
・銀行取引約定書上の特約

問題理解と解答作成ポイント

　本問のポイントは、①取立手形について商事留置権の成立の有無と、②
破産手続開始決定を受けた場合の商事留置権の効力の２点である。①の点
について、最高裁判例（平成10・7・14金融・商事判例1057号19頁）は、「銀
行取引約定書４条４項に基づき破産財団に属する手形に存在する商事留置

権を有する者は……」としているから、商事留置権の成立を認めていることになる。

次に、②の点について、同じく前記判例は、「破産宣告後においても、手形を留置する権能を有し、破産管財人からの手形の返還請求を拒むことができる」としている。

一方、破産法は、破産財団の上に存する商事留置権は、これを特別の先取特権とみなす旨を規定（破産法66条1項）しているから、甲銀行は取立手形について優先弁済権を有すると解される。しかし、破産管財人に対する手形の返還義務の有無については定かではなかったところ、前記最高裁判例により、返還義務が否定されたことになる。

なお、A社は破産手続開始の申立てをしたことによって当然に期限の利益を喪失することになる（銀行取引約定書5条1項1号）。結局本問は、前記判例に即して解答すればよいことになる。

★関連事項

商事留置権

商人間において、その双方のために商行為によって生じた債権が弁済期にあるときに、債権者が別段の意思表示のない限り、弁済を受けるまで、その債権者との間の商行為によって自己の占有に帰した債務者所有の物または有価証券を留置することができる権利をいう。民法上の留置権は破産財団に対し効力を失うが、商事留置権は特別の先取特権とみなされ優先弁済を受ける効力を有する（商法521条、破産法66条1項）。

《関連判例》

● 手形の商事留置権に対する破産管財人の手形返還請求権の可否（最判平成10・7・14金融・商事判例1057号19頁）

「1　破産財団に属する手形の上に存在する商事留置権を有する者は、破産宣告後においても、右手形を留置する権能を有し、破産管財人から

　の手形返還請求を拒むことができる（商法512条、旧破産法93条1項）。
2　銀行は、銀行取引約定書4条4項に基づき、商事留置権を有する手
　　形を手形交換によって取り立て破産者に対する債権の弁済に充当する
　　ことができる」

●会社から取立委任を受けた約束手形につき商事留置権を有する銀行が、
　同会社の再生手続開始後に取立に係る取立金を銀行取引約定書に基づき
　同会社の債務の弁済に充当することの可否（最判平成23・12・15金融・商
　事判例1387号25頁）。

「会社から取立委任を受けた約束手形につき商事留置権を有する銀行は、
同会社の再生手続開始後の取立に係る取立金を、法定の手続によらず同会
社の債務の弁済に充当することができる」

【基本問題解答例】

択一解答　(3)

　本問について、最高裁判例（平成10・7・14）に基づき解答すれば以下
のとおりである。A社の破産手続開始の申立ては、銀行取引約定書5条1
項に規定する期限の利益の当然喪失事由に該当すると同時に、破産手続開
始決定により取立委任契約は終了するが（民法653条2号）、A社から取立
委任を受けた手形については、甲銀行は商事留置権（商法521条）を有する
から管財人に対して返還を拒むことができ、また銀行取引約定書4条4項
に基づき取立金をA社に対する債権の弁済に充当することができる。以上
により、取立権は消滅するから手形を管財人に返還しなければならないと
する(1)の説明は誤りであり、同じ理由により取立金は返還しなければなら
ないとする(2)の説明も誤りである。甲銀行は、商事留置権を主張して破産
管財人の返還請求を拒むことができる。よって、(3)が正解である。

```
┌─────────────────────────┐
│        応 用 問 題        │
└─────────────────────────┘
```

　甲銀行は、融資先Ｘ社の民事再生手続開始前に同社より取立委任された複数の約束手形を再生手続開始後に取り立てた。そこで、甲銀行はＸ社が差し入れた銀行取引約定書の条項に基づき、取立金を同社の債務の弁済に充当したいと考えている。この場合の甲銀行の処理について、次のうち正しいものを指摘し、それぞれの正否の理由を述べてください。

　なお、同約定書には「取立金を法定の手続によらず債務の弁済に充当できる」旨の約定がある。

(1)　Ｘ社の再生手続開始後であっても、取立金をＸ社の債務の弁済に充当することができる。

(2)　民事再生法には商事留置権に優先弁済権を認める規定はないから、取立金を債務の弁済に充当することは許されない。

(3)　民事再生法85条１項の弁済禁止に抵触するから、Ｘ社の債務の弁済に充当することは許されない。

☞基本問題との相違点

・民事再生手続開始後に取り立てた手形の取立金
・銀行取引約定書の条項による債務の弁済への充当の可否

【応用問題解答例】

択一解答　(1)

　取立金を法定の手続によらず債務の弁済に充当できる旨の銀行取引約定書の定めは、別除権の行使に付随する合意として、民事再生法上も有効とされた（最判平成23・12・15）。したがって、甲銀行は、Ｘ社から取立委任を受けた約束手形の取立金をＸ社の再生手続開始後であっても、法定の手

続によらず債務の弁済に充当することができる。優先弁済権がないことを
理由とする(2)の説明および再生手続開始後の弁済禁止を理由とする(3)の説
明は、いずれも前記判例に抵触する。よって、(1)が正解である。

〜 follow up 〜

　信用金庫は「商人」(商法4条)ではないと解され、商事留
置権(同521条)の成立は認められていない。
　一方、取立委任契約は「委任契約」であるから、委任者であ
る取引先の破産により終了する(民法653条2号)。
　したがって、信用金庫が取引先の支払停止等を知らずに取立
委任を受けて預かっている手形等については、破産手続開始決
定前に取り立てた場合は支払停止を知る前の原因により取得し
た債権として相殺できるが、当該取引先について破産手続開始
決定があれば手形を留置する権限がないから返還しなければな
らず、期日に取り立てて貸付金の回収に充当することはできな
い(最判昭和63・10・18金融・商事判例810号3頁)。

40　融資先の破産と抵当権実行

　甲銀行は、Ａ社に対する融資金担保のため物上保証人Ｂ所有の不動産に根抵当権の設定を受けていたところ、Ａ社は経営不振により自己破産の申立てをして破産手続開始決定を受けた。甲銀行の根抵当権の被担保債権の範囲は、「銀行取引、手形・小切手上の債権」であるが、この場合の甲銀行の根抵当権実行について、次のうち正しいものを指摘し、それぞれの正否の理由を述べてください。

(1)　Ａ社の破産手続開始申立後、開始決定までの間に、それを知って甲銀行が第三者から取得したＡ社振出の割引手形も被担保債権に含めて根抵当権実行の申立てをすることができる。

(2)　融資先の破産手続開始の申立ては銀行取引約定書に定める期限の利益当然喪失事由とされ、また破産手続開始決定により根抵当権は確定しているので、甲銀行は直ちに根抵当権実行手続を開始することができる。

(3)　破産手続開始決定後に根抵当権を実行する場合は、裁判所の許可を必要とする。

☞本問のポイント

・破産と根抵当権の確定
・確定後の根抵当権の被担保債権
・銀行取引約定書の期限利益喪失事由

問題理解と解答作成ポイント

　本問は、さまざまな問題を含んでいるが、その１は、融資先が破産手続開始を受けた場合の根抵当権の確定とその被担保権の範囲、その２は、

融
資

融資先の破産と期限の利益喪失事由、その3は、破産手続における担保権の行使である。

　融資先が破産手続開始の決定を受けたときは、その時に根抵当権は確定する（民法398条の20第1項4号）。割引手形のように、第三者から取得した手形上または小切手上の請求権や電子記録債権（いわゆる「回り手形・小切手債権」）も根抵当権の被担保債権に含まれるが、債務者の破産手続開始の申立てや支払停止等を知って取得したものについては根抵当権を行使できない（同法398条の3第2項）。融資先の破産手続開始の申立ては、期限の利益当然喪失事由とされている（銀行取引約定書5条1項1号）。主債務者（破産者）が提供した担保については抵当権は別除権としていつでも実行することができるし（破産法65条1項、2条9項）、主債務者について破産手続が開始されても物上保証人が提供した担保についての担保権実行は制約されない。

　解答の要点は以上のとおりである。民法の規定に即してポイントをまとめればよい。

★関連事項

根抵当権の被担保債権

　根抵当権の被担保債権の範囲を、「銀行取引」「手形・小切手上の債権」と定めた場合は、債務者との直接取引によって生じた一切の債権のほか、銀行が第三者との取引によって取得した手形上・小切手上の債権、いわゆる回り手形債権・小切手債権も被担保債権となる。ただし、根抵当権者が債務者に支払停止や破産手続開始の申立てなど一定の信用不安事由が発生した後に取得した回り手形・小切手は、その事実を知って取得した場合は、根抵当権確定前に取得したものであっても、根抵当権の被担保債権とすることはできない（民法398条の3第2項）。根抵当権者が、債務者の信用不安を知って、極度枠まで手形・小切手を安値で買い集めるような行為を防

止する趣旨とされている。

破産手続開始決定

　債務者に支払不能または債務超過の原因があるときに、債権者または債務者自身の申立てもしくは裁判所の職権により破産手続開始を命じる裁判をいう（破産法15条1項・30条1項、民事再生法250条ほか）。破産手続開始決定がなされると、債務者はその時から破産者となり（同法30条2項）、破産手続開始決定当時に有する財産の一切をもって破産財団が構成され、その財団の管理・処分権はすべて破産管財人が有することになる。

期限の利益喪失条項

　201頁参照。

【基本問題解答例】

択一解答 ⑵

　A社が自己破産の申立てをしても、根抵当権者は破産手続に関係なくB所有の不動産に対して根抵当権を実行することができるが、債務者が破産手続開始の申立てを行った後に、その事実を知って取得した回り手形・小切手は根抵当権確定前に取得したものであっても根抵当権の被担保債権に含まれない（民法398条の3第2項）。融資先の破産手続開始の申立ては、銀行取引約定書5条1項1号の定めにより期限の利益当然喪失事由とされ、また破産手続開始決定により根抵当権は確定しているので（民法398条の20第1項4号）、甲銀行は直ちに担保権を実行することができる。根抵当権を実行するについて裁判所の許可は必要としない。以上により、⑵の説明が正しく正解である。

41　支払不能後の担保取得と否認

基本問題

　　甲銀行は、債務者であるＡ社所有の土地に根抵当権の設定を受けた
うえ融資取引を継続していたところ、Ａ社は資金繰りがつかず支払を
停止して銀行取引停止処分を受け、支払不能の状態であった。そのこ
とを知って、甲銀行は既存債権保全のため急遽、Ａ社が別途所有する
建物を追加担保として設定登記を受けたが、その後Ａ社は破産手続開
始決定を受けた。この場合、追加担保の設定が破産法上の否認の対象
となるのか、次のうち正しいものを指摘し、それぞれの正否の理由を
述べてください。

　(1)　追加担保の設定であるから、否認の対象とならない。

　(2)　破産手続開始決定前の設定であるから、否認の対象とならない。

　(3)　支払不能後の追加設定であるから、否認の対象となる。

☞本問のポイント

・支払不能後の追加担保
・破産手続開始の効力

問題理解と解答作成ポイント

　本問のポイントは、支払不能になった後破産手続開始決定前の追加担保
の設定登記が、破産法上の否認の対象となるかどうかということである。
破産法162条１項１号は、破産者の支払不能後の担保の供与等その他破産
債権者を害する行為は否認の対象となると規定している。ただし、支払不
能等のあったことを知っていたときに限るとしているが、甲銀行は支払不
能であったことを知って追加担保の設定を受けたから、否認の対象となる

ことは明らかである。

　ちなみに、破産法164条1項は、登記など対抗要件の具備について、担保権の設定など権利の設定、移転や変更があった日から15日を経過した後、支払の停止等を知って行ったときは否認の対象となると規定している。実務では、融資先が信用不安に陥った場合に、債権保全のため担保権の設定を急ぐことがあるが、否認の対象となるがどうかに留意して対応する必要がある。

★関連事項

支払不能と支払停止

　支払不能とは、債務者が、支払能力を欠くために、その債務のうち弁済期にあるものについて一般的かつ継続的に弁済することができない状態をいう（破産法2条11項）。

　支払停止とは、債務者が支払不能であることを外部に表示する行為をいう。弁護士が債務整理の受任通知を送付したり、「破産準備中」という貼り紙を本社に掲示するなどの明示的な行為のほか、「夜逃げ」のような黙示的行為、銀行取引停止処分を受けた事実なども含まれる。

　支払停止の場合に真に支払不能であるとは限らないが、債務者が支払を停止したときは、支払不能にあると推定される（破産法15条2項）。

　破産法は、債務者の状態である「支払不能」（同法15条1項・162条1項1号など）と、外部に表示された行為や事実である「支払停止」（同法160条1項2号・164条1項など）を使い分けているので注意する必要がある。

【基本問題解答例】

択一解答 ⑶

　破産法162条1項は、破産者が支払不能、破産手続開始の申立ての後にした担保の供与等その他破産債権者を害する行為は、否認の対象となると

規定している。ただし、それによって利益を受ける者がその行為の当時、支払不能であったこと等を知っていたときに限るとしている。甲銀行は、A社が支払不能であることを知って追加担保の設定を受けたのであるから、否認の対象となることは明らかである。追加担保の設定も破産法でいう担保権の設定と異なることはなく、追加担保であるから否認の対象とならないとする(1)は誤りである。破産手続開始前は、破産者は自由に財産を処分する権能を有する。しかし、支払能力が不足しているにもかかわらず、債権者全体に対する責任財産を一部の債権者のため減少させることは債権者平等の原則に反することになるから、A社が所有する建物を甲銀行のために追加担保とすることが否認の対象となることは明らかであり、(2)は誤りである。以上により、(3)が正解である。

応用問題

　甲銀行は、融資先A社に対する証書貸付金担保のため、融資と同時に同社所有の不動産について抵当権の設定を受け仮登記を付していた。ところが、同社は、融資日から20日経過した後に支払を停止し取引停止処分を受けたので甲銀行は仮登記に基づく抵当権設定の本登記をした。

　この場合、抵当権設定の本登記が破産法上の否認権の対象となるのか、次のうち正しいものを指摘し、それぞれの正否の理由を述べてください。

(1)　抵当権設定日から20日経過後の本登記であるから、否認の対象となる。

(2)　仮登記に基づく本登記であるから、否認の対象とならない。

(3)　抵当権設定日から20日経過後の支払停止であるから、否認の対象とならない。

【応用問題解答例】

択一解答　(2)

　A社の支払停止後第三者対抗要件として登記を行った場合、その原因行為である権利変動の日（抵当権設定契約日）から15日を経過し、かつ甲銀行がA社の支払停止の事実を知って登記をしたときは否認の対象となる（破産法164条1項本文）。ただし、その登記が抵当権設定の仮登記に基づいてなされた本登記である場合は、否認の対象とならない（同項ただし書）。以上により、(1)と(3)は誤りで、(2)が正解である。

融
資

18　民事再生手続

42　民事再生と担保・保証

基本問題

　甲銀行の融資先X社について、主債務の40％を免除する民事再生計画が認可された。甲銀行は、免除された40％について保証人Yに保証債権に基づき請求したいと考えているが、その可否につき次のうち正しいものを指摘し、それぞれの理由を述べてください。

(1)　保証債務の付従性により保証債権も消滅するから、請求できない。

(2)　保証債権は別除権であるから、主債務の免除に関係なく請求できる。

(3)　再生計画に関係なく請求できる。

☞**本問のポイント**

・再生計画の保証人への影響
・保証債権と別除権との差異

問題理解と解答作成ポイント

　保証債権は、民法の付従性の原則（民法448条）からすれば、主債務が減免されれば、それに応じて保証債権も減免されることになる。しかし、民事再生法は、例外的に再生計画で主債務が減免されても保証債権に影響を及ぼさないとした（民事再生法177条2項）。会社更生法にも同趣旨の規定が置かれている（会社更生法203条2項）。保証は、債権者が主債務者から満足を受けられない場合に備えることを主目的とした制度であり、主債務

者が窮境に陥った場合にこそ効用を果たすべきものであるからである。同じく、民事再生法は、再生計画は、同法53条1項に規定する別除権、すなわち再生債務者の財産の上に存する特別の先取特権、質権、抵当権または商法もしくは会社法の規定による留置権に影響を及ぼさないとしている。

★関連事項

民事再生法

債務者の事業または経済生活の再生を目的とする（民事再生法1条）再建型の法的倒産処理手続である。民事再生は、開始決定後も原則として債務者が財産の管理・処分権を失わない制度を採用している自主的後見的な手続である。

保証債務の付従性

164頁参照。

別除権

別除権とは、担保権の実行を倒産手続とは別に行って債務者の所有する担保権の目的財産から優先弁済を受けうる権利をいう。民事再生法で認める別除権には、再生債務者の財産の上に存する特別の先取特権、質権、抵当権または商法もしくは会社法の規定する留置権などがある（民事再生法53条1項）。

公示保全処分（民事執行法55条1項3号・同9項・77条1項3号）・187条1項）

保全処分は相手方に送達されるほか公示による方法もあり、送達前に公示による保全処分を執行することもできる。実務上は原則として送達前に公示されるとされている。

競売中止命令（民事再生法31条1項）

裁判所は、再生手続開始の申立てがあった場合、再生債務者の一般の利益に適合し、かつ競売申立人に不当な損害を及ぼすおそれがないと認める

融資

ときは、再生債務者の財産につき存する担保権の実行手続きの停止を命ずることができる。

担保権消滅の許可請求（同法148条）

再生債務者が設定した担保権がある場合、当該財産が再生債務者の事業の継続に不可欠なものであるときは、再生債務者等は、裁判所に対し、当該財産の価額に相当する金銭を納付して当該財産にかかる全ての担保権を消滅させることについての許可の申立てをすることができる。

再生債権

再生債務者に対して、①再生手続開始前の原因に基づいて生じた財産上の請求権（民事再生法84条1項）、②その他民事再生法にとくに定める請求権をいう。共益債権（同法119条）や一般優先債権（同法122条）に該当する請求権は再生債権ではない。また、別除権（同法53条）で担保される部分については再生債権者としての権利行使はできない（同法88条参照）。

【基本問題解答例】

択一解答　(3)

民法の原則によれば、主たる債務の一部が免除されたときは、保証債務の付従性により保証債務もその一部につき免除されることになる。しかし、民事再生法177条2項は、「再生計画は、……再生債権者が再生債務者の保証人その他再生債務者と共に債務を負担する者に対して有する権利……に影響を及ぼさない」と規定している。すなわち、民法所定の原則の例外として、再生計画の効力は保証債権に及ばないとした。したがって、甲銀行は、再生計画に関係なくYに請求できる。別除権は、質権、抵当権など再生債務者の特定の財産から優先弁済を受けうる権利であるから、保証債権は別除権ではない。よって、(3)が正解である。

┌─────────────────────────────┐
　　　　　　　　　応 用 問 題
└─────────────────────────────┘

　　民事再生手続開始の申立てをした甲銀行の融資先兼根抵当権設定者
　であるＸ社に対して、申立裁判所は、申立てと同時に旧債務弁済禁止、
　財産処分禁止および借財禁止の保全処分命令を発した。保全処分の効
　力について、次のうち正しいものを指摘し、それぞれの正否の理由を
　述べてください。
　　(1)　保全処分により、担保権の実行は一切禁止される。
　　(2)　保全処分に関係なく、担保権を実行することができる。
　　(3)　保全処分は、再生債権に基づく個別の強制執行を禁止する。

融
資

☞基本問題との相違点

・再生手続開始決定前の保全処分と担保権の実行
・再生手続開始決定前の保全処分と強制執行

【応用問題解答例】

択一解答　(2)

　保全処分は、再生手続開始の申立てがあった場合に、裁判所が利害関係
人の申立または職権で、申立てから再生手続開始または申立棄却の決定ま
での間、再生債務者の業務および財産が散逸しないよう凍結、保全するこ
とを目的とする仮の処分である。この保全処分は、再生債務者に対する命
令であって、再生債権者に対して再生債権の取立を禁止するものではない。
保全処分に関係なく、担保権の実行はもちろん再生債権に基づく個別の強
制執行も許される。ただし、再生手続の開始決定がされると、強制執行等
の手続は中止される（民事再生法39条）。また、再生債権者の一般的利益に
適合し、かつ、競売申立人に不当な損害を及ぼすおそれがない場合には、
裁判所は相当の期間を定めて、抵当権等の担保権の実行としての競売の手

続中止を個別的に命じることができるし（同法31条）、そのほか、強制執
行等を個別または包括的に禁止することもできるが（同法26条・27条）、保
全処分から直ちにこのような効力が発生するのではない。
　よって、(2)が正解である。

~*follow up*~

　　再生計画認可の決定が確定すると、再生債権者表の記載は確
　定判決と同一の効力を有するから、主たる債務の時効はこの時
　点から10年になる（民事再生法180条2項、民法169条1項）。
　しかし、免責された部分の債権は当然に10年に延長されないか
　ら、保証債務の時効に留意する必要がある。

43　民事再生手続と相殺

基本問題

　甲銀行の融資先X社は、民事再生手続開始の申立をした。そこで、甲銀行は、預金相殺により融資金を回収することにしたが、次のうち相殺可能であるものを指摘し、それぞれの正否の理由を述べてください。

(1)　甲銀行がX社の民事再生手続開始の申立てを知った後にX社の口座に振り込まれた預金との相殺

(2)　甲銀行がX社の民事再生手続開始の申立てを知った後にX社の保証人Yの口座に振り込まれたYの預金と保証債権との相殺

(3)　甲銀行がX社の民事再生手続開始の申立てを知った後にX社を振出人とする約束手形をY社の依頼により割引した場合の手形債権とX社の預金との相殺

融資

☞本問のポイント

・民事再生法上の相殺禁止規定
・主債務者の再生申立と保証債権への影響

問題理解と解答作成ポイント

　再生債権者は、再生手続によらないで相殺権を行使することができる（民事再生法92条1項）。ただし、民事再生法は、債務者の財産確保と債権者の平等を図るため、一定の場合に相殺を禁止している。それには、①相殺の受働債権となる債務負担の時期に関係する相殺禁止（同法93条1項）と、②相殺の自働債権である再生債権の取得時期に関する相殺禁止（同法93条の2）とがある。本問の(1)は、相殺の受働債権となる預金との相殺の可否を問うものであり、(3)は、相殺の自働債権となる手形債権との相殺の

可否を問うものである。

★関連事項─────────────────────

自働債権・受働債権
187頁参照。

相殺・相殺適状
188頁参照。

相殺可能な時期
破産法では、相殺を禁止されている場合以外は、原則として破産手続の進行との関係で相殺の時期に制約はない（但し、破産管財人は、一定の期間を定めて破産債権者に対し相殺するかどうか確答するように催告できる。344頁参照）。

一方、民事再生法では、再生計画を作成するために再生債務者の債権債務を確定する必要があることから、債権届出期間内に限り相殺が認められる（同法92条1項）。会社更生法も同様である（会社更生法48条1項）。

相殺禁止
相殺が禁止されるのは、概ね以下のような場合である（民事再生法93条、93条の2）。

(1)　受働債権（銀行が相殺する場合は預金等）について
① 　再生手続開始後に再生債務者に対して債務を負担したとき
② 　再生債務者が支払不能となった後に、それを知って相殺に供する目的で再生債務者の財産処分を内容とする契約を締結し、または再生債務者に対する債務を引き受ける契約を締結したとき
③ 　再生債務者の支払停止後に、それを知って再生債務者に対して債務を負担したとき（支払不能ではなかった場合を除く）
④ 　再生手続開始の申立て等があった後に、それを知って再生債務者に対して債務を負担したとき

(2)　自働債権（銀行が相殺する場合は貸金債権、手形債権等）について

　①　再生手続開始後に他人の再生債権を取得したとき

　②　支払不能となった後に、それを知って再生債権を取得したとき

　③　支払停止後に、それを知って再生債権を取得したとき（支払不能で
　　はなかった場合を除く）

　④　再生手続開始の申立て等があった後に、それを知って再生債権を取
　　得したとき

【基本問題解答例】

択一解答　(2)

　民事再生法は、再生債権者が再生手続開始時に再生債務者に対して債務
を負担しているときは、再生手続によらないで再生債権とその債務とを相
殺できることを認めている（民事再生法92条1項）。しかし、この原則を無
条件に認めると再生債務者の財産の確保と債権者間の平等が害されるため、
相殺禁止規定を設けている。それによると甲銀行が再生手続開始の申立て
を知って再生債務者に対して負担した債務等を受働債権とする相殺は許さ
れない（同法93条1項4号）。また、甲銀行が再生手続開始の申立てを知っ
て取得した再生債権を自働債権とする相殺も許されない（同法93条の2第
1項4号）。

　したがって、甲銀行がX社の(1)の再生手続開始の申立てを知った後にX
社の口座に振り込まれた預金を受働債権とする相殺は許されない。また、
(3)のX社を振出人とする手形債権は、甲銀行がX社の再生手続開始の申立
てを知った後に取得した再生債権であるから、これを自働債権とする相殺
も許されない。甲銀行がX社の再生手続開始の申立てを知った後に保証人
Yの口座に振り込まれたYの預金との相殺は、Yに対する保証債権を自働
債権、Yの預金を受働債権とする相殺であるから、再生手続に関係なく行
うことができる。よって，(2)が正解である。

融
資

☆ **本書の内容等に関する追加情報および訂正等について** ☆
本書の内容等につき発行後に追加情報のお知らせおよび誤記の
訂正等の必要が生じた場合には，当社ホームページに掲載いた
します。
（ホームページ 書籍・DVD・定期刊行誌 メニュー下部の 追補・正誤表）

銀行業務検定試験　公式テキスト　**法務2級**　2024年6月・10月受験用

2024年3月31日　第1刷発行　　編　　者　　経済法令研究会
　　　　　　　　　　　　　　　発行者　　志　茂　満　仁
　　　　　　　　　　　　　　　発行所　　㈱経済法令研究会
　　　　　　　　　　　　　　　〒162-8421　東京都新宿区市谷本村町3-21
　　　　　　　　　　　　　　　電話 代表03-3267-4811　　制作03-3267-4897
　　　　　　　　　　　　　　　https://www.khk.co.jp/

営業所／東京03(3267)4812　大阪06(6261)2911　名古屋052(332)3511　福岡092(411)0805

制作／経法ビジネス出版㈱・佐々木健志　印刷／日本ハイコム㈱　製本／㈱ブックアート

©Keizai-hourei Kenkyukai 2024　　　　　　ISBN978-4-7668-4449-8